全国教育科学规划国家青年课题
"一带一路"开放教育资源共建共享机制、运作模式暨研究成果

国际开放教育资源
共建、共享及组织方式

王晓晨 许兴瑜 相 尚 ◎ 著

知识产权出版社
全国百佳图书出版单位
—北京—

图书在版编目（CIP）数据

国际开放教育资源：共建、共享及组织方式 / 王晓晨，许兴瑜，相尚著. —北京：知识产权出版社，2024.1

ISBN 978-7-5130-8961-6

Ⅰ. ①国… Ⅱ. ①王… ②许… ③相… Ⅲ. ①国际教育-开放教育-教育资源-研究 Ⅳ. ①G51

中国国家版本馆 CIP 数据核字（2023）第 204512 号

内容提要

本书较为全面地分析了国际开放教育资源：以国际开放教育资源运动为研究背景，通过文献计量方法梳理主要国家的国际开放教育资源发展现状；使用案例研究方法，分析开放教育资源的发展成果；通过比较研究，深度剖析典型国际开放教育资源运作平台、运作机制，为进一步研究提供启示。

本书适合开放教育相关从业人员及研究者阅读。

责任编辑：安耀东　　　　　　　　　责任印制：孙婷婷

国际开放教育资源——共建、共享及组织方式
GUOJI KAIFANG JIAOYU ZIYUAN —— GONGJIAN、GONGXIANG JI ZUZHI FANGSHI

王晓晨　许兴瑜　相尚　著

出版发行：知识产权出版社有限责任公司		网　　址：http://www.ipph.cn	
电　　话：010-82004826		http://www.laichushu.com	
社　　址：北京市海淀区气象路 50 号院		邮　　编：100081	
责编电话：010-82000860 转 8763		责编邮箱：laichushu@cnipr.com	
发行电话：010-82000860 转 8101		发行传真：010-82000893	
印　　刷：北京中献拓方科技发展有限公司		经　　销：新华书店、各大网上书店及相关专业书店	
开　　本：720mm×1000mm　1/16		印　　张：15.25	
版　　次：2024 年 1 月第 1 版		印　　次：2024 年 1 月第 1 次印刷	
字　　数：244 千字		定　　价：88.00 元	

ISBN 978-7-5130-8961-6

出版权专有　侵权必究

如有印装质量问题，本社负责调换。

目录

第一篇 开放教育资源概述

第一章 开放教育资源的背景 / 3
第一节 蓬勃发展的开放教育资源 / 3
第二节 教育2030行动框架：全纳、公平和全民终身学习 / 7
第三节 开放教育资源发展的新契机 / 9

第二章 开放教育资源的内涵 / 14
第一节 开放教育资源的定义 / 14
第二节 开放教育资源的特征 / 19
第三节 开放教育资源的类型 / 22

第二篇 开放教育资源的相关研究与发展

第三章 开放教育资源文献计量分析 / 27
第一节 发表年份分析 / 27
第二节 来源期刊分析 / 28
第三节 所属国家分析 / 29
第四节 所属机构分析 / 30
第五节 作者情况分析 / 31
第六节 关键词共现分析 / 32
第七节 共被引分析 / 33
第八节 文献计量述评 / 35

第四章　开放教育资源的发展历程与瓶颈 / 38
　　第一节　开放教育资源相关政策 / 38
　　第二节　开放教育资源典型项目 / 46
　　第三节　开放教育资源发展的瓶颈 / 61

第三篇　开放教育资源平台与机制

第五章　典型开放教育资源平台及功能 / 81
　　第一节　OpenStax / 81
　　第二节　Coursera / 85
　　第三节　可汗学院 / 89
　　第四节　OpenLearn / 93
　　第五节　edX / 97

第六章　开放教育资源平台的建设标准 / 101
　　第一节　开放教育资源平台的类型及发展模式 / 101
　　第二节　典型开放教育资源平台建设指标 / 109

第七章　开放教育资源平台的"1+X"评价 / 123
　　第一节　"1+X"评价的理论构想 / 123
　　第二节　基础性必选指标"1"的重构 / 128
　　第三节　特色性扩展指标"X"的取向 / 133

第八章　开放教育资源的可持续发展 / 139
　　第一节　开放教育资源的多语言问题 / 140
　　第二节　开放教育资源的质量保障问题 / 151
　　第三节　开放教育资源的版权问题 / 174
　　第四节　开放教育资源的运营问题 / 186

第九章　不同国家 OER 组织方式 / 199
　　第一节　国家战略驱动的典型国家 / 200
　　第二节　区域政府驱动 OER 的典型国家 / 217
　　第三节　教育机构驱动 OER 的典型国家 / 221

附录　缩略语对照表 / 237

第一篇

开放教育资源概述

信息化的社会里，以数字化、网络化、信息化为特征的开放教育资源得到了极大的发挥舞台。它通过网络载体实现资源共享，为学习者提供了便利。自2002年开放教育资源被首次提出至今，经历了20多年的研究、实践与发展，人们对于开放教育资源的认识不断加深。开放教育资源的发展，也推动着教育公平与终身学习的实现。本篇主要介绍了开放教育资源的概念、发展历程、特点和分类，为后续学习奠定基础。

第一章 开放教育资源的背景

为了更好地了解开放教育资源的内涵与意义,本章对开放教育资源的发展进行简单回顾。在"终身学习"理念的背景下,"开放"的概念被引入教育领域。开放课件、开放学习资源等教育资源的研究受到教育研究者的关注。在国际组织、各国政府及各类教育机构的支持下,开放教育资源运动蓬勃发展。联合国教育、科学及文化组织(United Nations Educational,Scientific and Cultural Organization,UNESCO)第 38 届大会通过的"教育 2030 行动框架",使开放教育资源"开放"和"共享"理念进入更为深入的层面。2019 年新型冠状病毒肺炎在全世界暴发,各个国家积极寻求教育变革的道路,倒逼着开放教育资源的快速发展,开放教育运动迈入新的发展阶段。

第一节 蓬勃发展的开放教育资源

1965 年,UNESCO 在成人教育促进国际会议上正式提出"终身教育"一词。之后短短数年间,"终身学习""开放教育"理念在世界各国广泛传播。为了减少教育差距,实现教育公平,越来越多的教育组织机构和教学研究人员投身于开放教育(Open Education,OE)的事业中。2001 年,麻省理工学院(Massachusetts Institute of Technology,MIT)宣布开放课件(Open Course Ware,OCW)计划,由此拉开了开放教育资源的序幕,也让"开放"和"共享"的理念传播开来。2002 年 7 月,UNESCO 在召开的"开放课件对发展中国家高等教育的影响"论坛上,第一次提出用"开放教育资源"替代"开放课件",并定义了开放教育资源(Open Educational Resource,OER)这一概念,经由 UNESCO 的推动,OER 迅速由一种理念转变为全球范围的实践运动。

其实，OER 早在多年前就出现了。例如 1971 年，迈克·哈特（Michael Hart）发起"古登堡计划"，基于互联网提供免费的电子书籍，成立了世界上第一个数字图书馆。此项目的目的是提供大量的、自由的、电子化的并且版权过期的文献著作等，从而实现知识共享。❶❷ 1983 年，MIT 人工智能实验室宣布革奴计划（GNU's Not UNIX, GNU），该计划旨在建立一个完全兼容于 UNIX 的软件系统，提供给机构和个人免费使用。❸ 1985 年 10 月，美国民间非营利组织自由软件基金会（Free Software Foundation, FSF）成立，其主要任务是执行 GNU 计划，开发更多自由软件并进行推广。❹ 1998 年，该组织将自由软件（Free Software）修改为开放源代码软件（Open Source）。开放源代码软件主要是指那些可以被用户自由复制、使用、研究、修改而不附带任何条件的软件，如后来的 Linux 操作系统。开放源代码的发展促进了教育资源的开放和共享。虽然在 2002 年之前 OER 的概念没有明确提出，但其中蕴含的"开放""共享""免费"与 OER 的思想不谋而合，也为 OER 概念的正式提出奠定了基础。

自 2002 年 OER 概念正式提出之后的十多年间，包括哈佛大学（Harvard University, HU）、英国开放大学（The Open University, OU）等在内的世界顶尖大学纷纷响应、发动、参与建设 OER 项目，这使得 OER 日渐发展为高等教育信息化、全球化背景下的一场重要的潮流和运动。❺

如表 1.1 所示，OER 经历了从开放与共享思想提出，到开放教育概念生成（为面向所有人的教育开放，通过开放共享资源、工具以及在金融、

---

❶ WILEY D. Connecting learning objects to instructional design theory: A definition, a metaphor, and a taxonomy[EB/OL]. (2002-04-04)[2022-05-10]. http://reusability.org/read/chapters/wiley.doc.

❷ 俞树煜,朱欢乐. 从开放课件到视频公开课:开放教育资源的发展及研究综述[J]. 电化教育研究,2013(5):55-61.

❸ 蔡春燕. 开放教育资源模式及运行情况比较研究——以 MIT OCW 与北京市精品课程网上资源为例[D]. 厦门:厦门大学,2007:5.

❹ About the Free Software Foundation[EB/OL]. (2023-09-18)[2023-09-21]. https://www.fsf.org/news/forty-years-of-gnu-and-the-free-software-movement.

❺ 李倩慧. 高等教育国际化视野下的开放教育资源共建共享机制研究[D]. 北京:首都师范大学,2019:10.

法律、技术或社会方面的实践，使学生可以随时随地通过任何方式进行学习）的变迁过程。全世界也开始了对开放教育资源运动的实践和探索，国际组织、各国政府、高校、科研机构甚至企业等都采取了相应的措施，试图通过学习资源的开放来促进知识共享、降低教育成本，从而提升教育质量，实现教育公平。

表1.1 开放教育资源重要会议事件

年份	开放教育资源重要会议及事件	相应的发展变化
2002	UNESCO论坛提出了OER的概念，用于描述以开放方式共享教育资源的全球新现象	描述开放共享的教育资源的新趋势，提出了OER概念
2004	UNESCO组织OER专题讨论会议，讨论OER应包含学习资源、支持教师的资源、确保教育和教育实践质量的资源	讨论OER应该包含哪些内容
2005	UNESCO组织的OER论坛总结报告中重新定义了OER：OER是基于网络数字化素材，人们在教育、学习和研究中可以自由、开放地使用和重用这些素材	重新定义了OER
2006	OU发起Open Learn项目，不仅面向用户提供高质量的课程资源，还为用户建立了协同学习的社区	OER课程获得新发展
2007	美国犹他州立大学（Utah State University, USU）的戴维·威利（David Wiley）教授基于Wiki发起了一门名为"Intro to Open Education（INST 7150）"的网络开放课程，世界各地的用户都可以分享课程资源并参与该课程	OER课程获得新发展
2008	加拿大里贾纳大学（University of Regina, U of R）的亚历克（Alec Couros）教授开设了一门网络开放课程"Media and Open Education（EC&I 831）"，并邀请全球众多专家远程参与教学❶	OER课程获得新发展
2009	UNESCO在世界高等教育大会（World Conference on Higher Education）公报指出：开放式远程学习方法和信息与通信技术（Information and Communications technology, ICT）为扩大优质教育提供了机会	开放远程学习为优质教育提供机会

---

❶ 郝丹. 国内MOOC研究现状的文献分析[J]. 中国远程教育, 2013 (11): 42-50.

续表

年份	开放教育资源重要会议及事件	相应的发展变化
2009	UNESCO 大会第 35 届会议中决议草案呼吁进一步推广开放式教育资源	OER 获得推广
2009	霍奇金森·威廉姆斯（Hodgkinson Williams）和格雷（Gray）给出了 OE 的四个维度：金融开放、法律开放、技术开放和社会开放。利用或创造 OER 时，时常会提及 OE	定义 OE 维度，奠定 OER 基础
2010	UNESCO 和英联邦学习共同体（Commonwealth of Learning, COL）发起了"引领开放式教育资源，超越开放式教育资源社区：政策与能力"的倡议，推动 OER 的广泛利用，重点关注的是非洲和亚太地区的高等教育	UNESCO 和 COL 推广 OER，重视非洲及亚太地区高等教育
2010	UNESCO 总部的一个政策论坛上建议 COL 与 UNESCO 制定政策指导方针，为将开放式教育资源纳入高等教育提供政策支持	建议制定政策指导方针
2011	UNESCO 和 COL 编制出《高等教育中的开放式教育资源指南》	OER 指南问世
2012	COL 与 UNESCO 在世界各个主要地区举办了六个政策论坛	提高对 OER 的认识（宣传与推广）
2012	巴黎举行 UNESCO 世界开放式教育资源大会，共同讨论正在进行的开放式教育资源倡议，并通过了《巴黎开放教育资源宣言》	呼吁开发和利用 OER
	开始重点关注宣传、政策制定和在对教师的 ICT 培训中使用开放式教育资源	重视教师对 OER 的使用
2015	教育国际会议期间通过 2015 年《青岛宣言》	要求全部门战略及能力建设计划，以充分发挥开放式教育资源的潜力，扩大终身学习的机会并实现优质教育资源共享

第二节 教育 2030 行动框架：全纳、公平和全民终身学习

2015 年，由 UNESCO 组织主办的世界教育论坛通过的《仁川宣言》，提出 2030 年教育愿景："确保全纳、公平、有质量的教育，增进全民终身学习机会，确保所有青少年获得免费、公平、优质教育，保障弱势群体享有平等的教育和培训机会，提倡为全民提供终身学习机会，鼓励通过灵活的学习途径，评估、认证正规和非正规教育的质量，利用通信技术促进教育的发展，提高学习质量和效率。"[1] 除此之外，《仁川宣言》还提出了持续发展的教育目标。

UNESCO 第 38 届大会期间举行的高级别会议上，正式审议通过了"教育 2030 行动框架"，为实现"教育 2030"目标提供了实施指南、建议、具体途径和方法，呼吁所有利益相关方以切实的努力和行动，在既定时期内实现新的全球教育目标。"教育 2030"将"确保全纳、公平、有质量的教育，增加全民终身学习机会"作为总体目标。

"全纳"体现了教育的可获得性和包容性，旨在保障包括弱势群体在内所有人的受教育权，享有至少 12 年免费、由政府资助的中小学教育（其中 9 年是义务的）。"公平"表示为"教育 2030"重视受教育权并将终身学习的理念作为目标，通过各种途径提供更大范围、更加灵活的终身学习机会和资源，以弥补正规学校教育的不足。"有质量的教育"表现为要满足民众的受教育权，不仅关注民众受教育的机会，还重视教育的质量，充分关注学生入学后能否学好并获得相关的技能。其中在包括教育机构、活动资源与各项设施、教师政策与规范、完善优质的学习评价制度以及实践等方面提出了一系列通用的实施策略，从多方面保证教育质量和能力建设。"教育 2030"认为有质量的教育包括技能、价值观、态度、知识的共同发展，要重视民众的能力建设，在关注优质和创新的同时，也应加强科学、技术、工程和数学教育。此外，"教育 2030"还提出"教育系统必须相互关联，回

---

[1] 周红霞. 2030 年教育：迈向全纳、公平、有质量的教育和全民终身学习——2015 年世界教育论坛《仁川宣言》[J]. 世界教育信息，2015(14)：35-38.

应迅速变化的外部环境"的要求,让儿童、年轻人和成年人能够获得开发终身所需的灵活技能的能力,帮助他们能在一个更安全、可持续、相互依存、以知识为基础、受技术驱动的世界中生活和工作。"终身学习"包括通过公平、渐进的方式,获得有质量的技术、职业教育培训以及高等教育研究,并对相关的质量认证给予应有的关注。"可持续发展目标"以获得、公平和包容为重要支柱,呼吁国际社会"确保包容和公平的优质教育,让全民终身享有学习机会",在这一框架内,开放式教育资源在 2030 年教育议程中可以发挥关键作用。

"教育 2030"提倡通过开放创新型教学、学习方法等多种方式满足学习者的需要,以此让学习者在学习基本知识的基础上获得更高层次的技能基础。因此,教师需要利用信息化技术及资源的支持,选择合适的教学方法,建立安全、健康、响应性别需要、全纳和资源充分的学习支持环境。而 OER 包含的各种教育资源,如完整的课程、体系化的课程资料、全面的教科书、课程视频、教学课件及考试题库、软件工具等,为教师提供多样化的教学资源,使其通过采用数字化的资源,让教学方式生动有趣。例如,可汗学院采用翻转课堂的教学方法,教学视频基于电子白板,同步进行的书写动作能够吸引学生的注意力,增加学习的趣味性。同时,也让学生作为教育过程中积极参与者的身份获取个性化的知识,不再是被动地接受知识,而是主动获取个性化知识,从而获得优质教育。OER 以对外开放的特性,打破了时间、空间上的局限性,学习者可以灵活选择时间计划自身学习活动,也可以选择各种共享的优质资源。这使得学习者能够在自身发展的任何阶段去选择想学习的课程和知识,提高自主学习能力,探究、实践与创造知识,拓展自身认知,也为学习者有效提供了终身化学习机会。

2030 年教育议程重申了关于"制定促进各级各部门协调的伙伴关系等的法律和政策框架"以及"维护所有利益攸关方参与的权利的政治承诺";委托 UNESCO 通过开展宣传工作以维持政治承诺、促进政策对话、知识共享和标准制定,协调 2030 年教育议程。在这方面,正如 ICT 与 2015 年教育国际会议期间通过的《青岛宣言》所指出的:OER 为教育相关方提供了机会,以便提高质量,扩大获取课本及其他形式的学习内容的机会,以推动对内容的创新使用,促进知识的创造。

自此，OER 的"开放"和"共享"理念被引入了更为深入的层面。OER 对资源的获取、重组、重用和再传播，不仅改变了人们的学习方式，还改变了知识的传递和共享方式。其本身具备广泛的知识内容、交互性的传递信息、高度开放、共享信息的特点，为优质的教育提供支持，促进全民利用 OER 向终身化学习发展。OER 鼓励学习者将教育资源进行翻译和本地化应用，这使得社会的教育成本从根本上大大降低，提高学习效率，扩大教育受众，更有助于提高教育质量从而促进学习型社会的建设。[1] 在终身学习的背景下，OER 显著地提高了全民教育的普及程度。

第三节 开放教育资源发展的新契机

未来，人们有可能要面对一些特殊的突发情况，许多地方不得不采取封闭学校的政策，这导致全球教育界面临着以下三方面的挑战。

（1）学校和教师缺乏应对准备的时间。教师没有准备好合适的教学内容以适应在线学习，例如，在线教学课程内容的准备需要耗费一定时间。同样地，一些学校也没来得及改善他们的在线学习环境来支持这种学习。

（2）教师和学习者之间产生距离。教师和学习者在线上教学和学习过程中，直接打破了以往面对面交流的方式，取而代之的是通过机器设备进行交流。在首次应用纯粹的长期在线学习（没有面对面学习或混合学习）中，师生双方都不应该因为交流方式的改变而产生距离。

（3）缺乏及时更新有效的教学方式。在线上教学的过程中，教师需要采用有效的教学方式，让学习者在长期的在线学习过程中保持积极性和参与感。

在这些特殊情况下，教育界面临着各种挑战。为了使教育更具弹性、公平和包容性，进一步适应挑战，OER 从未像今天这样产生如此迫切、广泛的需求，教育系统必须转型，利用技术造福所有学习者。因此，从某种程度上说，全球教育生态发生了颠覆性的变化[2]，如国际上涌现大批在线教

---

[1] 樊文强,刘庆慧.中美顶尖高校 E-learning、网络教育及 OER 开展比较及启示——基于高校应对时代发展挑战的视角[J].现代教育技术,2013,23(2):23-26.

[2] 陈婷婷.国际开放教育资源平台架构研究暨对我国师范院校 OER 平台建设的启示[D].北京:首都师范大学,2021:2.

育平台，第三方远程视频软件免费开放使用等。从某种意义上讲，开放教育运动的内涵得以丰富，各阶段教育都深刻感受到开放教育的重要性。

UNESCO 表示："明智地应用 OER，应当结合适当的教学方法、精心设计学习对象、发展学习活动的多样性，为教育者和学习者提供更广泛的创新教学选择方式，使其成为教育过程中更积极的参与者和内容创造者，成为多元包容知识社会成员。"❶ 同时，为了克服准备在线学习内容时间有限的问题，教师可以利用教育部发布的数千种 OER，也可以应用国际资源库以及各国提供的公共在线工具、平台及相关技术。

由于 OER 可以在教育中断期促进学习和教学，除了一些国际组织，包括联合国教育、UNESCO 与阿拉伯联盟的教育、文化和科学组织（Arab League Educational，Cultural & Scientific Organisation，ALECSO）和 COL 为教师和学习者提供 OER，向他们提供在家继续教育进程支持外，一些国家政府也纷纷通过基于 OER 的平台开展线上教学。

一、国内应对措施❷

为了在特殊突发情况下支持不间断的课堂、不间断的学习，教育部迅速启动了基于国家公共服务平台的全国中小学网络云平台。国家教育资源公共服务平台是中央政府为教育提供基本公共服务的一项举措。该平台为资源提供者创造了一个交流、共享和应用的网络环境，并为各级教育机构提供服务。同时，该平台已经为各级学校的教师和学生提供了大量资源，包括与课堂教学同步的数字资源（如教学计划、课件、教学视频、课程材料、问题集等）、高中入学考试和大学入学考试的测试题数据库等。此外，该平台还为各级学校的学生、教师和校长提供 MOOC（Massive Open Online Courses，大型开放式网络课程，又称"慕课"），并为职业教育、安全教育、道德教育、体育、健康和艺术教育等方面提供资源。为满足学生在特

---

❶ UNESCO, Smart learning institute of Beijing Normal University. Guidance on open educational practices during school closures: Utilizing OER under COVID-19 pandemic in line with UNESCO OER recommendation[EB/OL]. (2020-05-18)[2022-05-11]. https://inruled.bnu.edu.cn/docs/2022-04/20220406160658893818.pdf.

❷ 同❶.

殊时期的学习需求，平台及时增加了10个专题的资源模块，包括德育教育、课程学习、生命安全教育、心理健康教育、家庭教育、经典阅读、旅游学习教育、影视教育和电子图书等。据统计，在2020年2月17日，即运营的第一天，该平台的点击量超过800万次，用户不仅覆盖全国31个省（市），还包括其他47个国家和地区，其中约85%的访问者使用诸如智能手机、平板电脑等电子设备获取在线教育资源。❶

国家开放大学（The Open University of China，OUC）也积极响应教育部关于推迟春季学期的号召，并利用OER开展培训。例如，OUC为幼儿园教师提供《3~6岁儿童学习与发展指南》课程，以便在病毒大流行期间提高他们的专业技能。在贵阳市，随着学前教育的快速发展，对幼儿园教师的培训有着迫切需求。然而，由于缺乏资金和高质量的资源平台，农村地区的教师几乎没有机会参加任何培训项目，也很难获得高质量的在线培训机会。因此，为了克服这些问题，贵阳市教育局以OER为基础组织了农村幼儿园教师开放培训，其培训团队制订了一个统一的学习计划，教师通过不同的学习资源进行学习，并在线提交他们的活动成果。这有助于他们在学习过程中将工作实践与自己的专业发展结合起来，通过"在线自学+提交作业+在线讨论+总结和反思"的模式，重点分阶段进行深入学习。此外，培训师还使用社交网络应用程序，如微信，通过创建开放的社区，教师之间可以交流意见，从而帮助彼此取得进步。

二、国外应对措施❷

俄罗斯为了减轻在教育方面受突发情况的影响，促进全国教育进程的连续性，采取了开放教育的方式。该国政府为各个学校的学生组织了远程和开放学习。例如，Mosobrtv是第一个教育电视频道，学校的时间表和课程以在线方式呈现，中学课程被上传到Yandex搜索引擎的相关服务模块上，

---

❶ 国家中小学教育平台正式开通免费使用！首日点击量达800多万[EB/OL].（2020-02-18）[2023-09-27]. https://t.qianzhan.com/caijing/detail/200218-00f400f6.html.

❷ UNESCO, Smart learning institute of Beijing Normal University. Guidance on open educational practices during school closures: Utilizing OER under COVID-19 pandemic in line with UNESCO OER recommendation[EB/OL].（2020-05-18）[2022-05-11]. https://inruled.bnu.edu.cn/docs/2022-04/20220406160658893818.pdf.

学习者可以在任何时候进行观看。同时，OER 在联邦信息教育资源中心进行统一收集，并在俄罗斯电子学校等平台发布。此外，所有出版教科书的出版商都开放了免费使用电子教科书的权限。例如，Prosveshchenie 出版社的教育方法一体的电子版本，学习者无须连接互联网就可以访问。为了提供免费、开放的电子书、培训视频和课程，俄罗斯教育服务市场系统已经建立，包括 Yandex 搜索引擎、Uchi.ru 在线教育平台、Skyeng 在线语言学习平台、Prosveshchenie Publishing House 的资源。Foxford、InternetUrok.Ru、Skyeng 等在线学校也开放了资源，允许 1~11 年级的学生继续学习和准备期末考试。俄罗斯国家开放教育平台是在俄罗斯科学和俄罗斯联邦高等教育部的支持下发起的，高质量的在线课程主要为高等教育院校的学生而设，完成在线课程后，可以正式确认所取得的成绩。

2020 年 3 月 10 日，罗马尼亚教育和研究部（Ministry of Education and Research，MER）宣布，所有学校的课程都暂停，鼓励和支持在线学习。在此期间，学校的教师和学生使用大型的开放教育资源存储库（Open Educational Resources，OERs），其由正在进行的国家项目开发，合作伙伴是 MER 和教育科学研究所。同时，许多教师通过在线社区分享他们的在线教学经验。

都灵市各地区为学校的教师和学生提供了一些免费服务，这些服务采用了开放的方式。市政当局创建了一个名为教学社区的资源门户网站，鼓励使用 OER，呼吁公民大力参与。此外，意大利为教师专门提供了网上教学的培训平台以支持教师学习。

韩国教育部宣布所有学校在 2020 年 4 月初远程开始春季学期。与此同时，为了避免学习机会匮乏，韩国政府旨在通过网络让所有 K-12 学生进行自主学习，教育部和教师社区也都公布了网络学校和详细的学习时间表。此外，韩国的两名小学教师分别推出了他们的在线资源平台，旨在为教师提供指导，并为学生提供学习资源。这些服务的开发商是学校教师，他们主动寻求方便的途径，向学习者和同行教师分发 OER。同时，学生可以参与不同的活动，并就特定的学习主题在不同的论坛上进行交流分享。

在西班牙，一些机构向利奥哈国际大学（Universidad Internacional de La Rioja，UNIR）求助。UNIR 是一所创新型的网络大学，被寄望将教育方法和技术快速迁移到在线环境中。UNIR 回应了请求，并提供了一个咨询团队来协助这一过程。UNIR 认为大学的社会责任始于同事之间的公开合作，这能取得更大的成效。此外，在此期间，开放教育成为该大学将开放、普遍和免费的内容与专有服务结合起来的战略的关键部分，并在经济利润和社会效益之间找到平衡。开放教育中心提供了一些关于英语、西班牙语、法语、意大利语、希腊语、阿拉伯语和其他语言的课程。所有这些课程都是免费的，体现了其对 OER 使用、创造和分享的鼓励，并注重正式和非正式环境的整合。

第二章 开放教育资源的内涵

开放教育资源的发展受到了多个领域的影响，因此，开放教育资源一词在发展中不断地更新与变迁。本章梳理了各教育研究者和机构组织提出的开放教育资源的定义，并依据发展时间，总结了开放教育资源概念的变化。综合开放教育资源概念的变迁，总结出其具备的特点。并结合国内外机构和专家的意见，从不同的分类方式出发，对开放教育资源的类型进行划分。

第一节 开放教育资源的定义

从发展脉络上看，OER 的发展与知识开放运动的世界潮流是趋于一致的。OER 的产生得益于开放获取及开源软件的快速发展。2001 年，美国麻省理工学院启动 OCW 项目，这开启了高等教育领域对开放共享探索的先河。同时，UNESCO、威廉和弗洛拉·休利特基金会（William & Flora Hewlett Foundation, WFHF）和经济合作与发展组织（Organization for Economic Co-operation and Development, OECD）等一些国际组织在 OER 发展过程中起到了牵头引领作用，这些组织在其组织的国际会议或者论坛中对 OER 这一概念的定义不断演变，赋予的内涵也在实践中不断发展。

2002 年，由 UNESCO 举办的"开放课件对发展中国家高等教育的影响"论坛在巴黎召开，论坛中首次提出 OER 的概念，并给出 OER 的定义，即"OER 是指那些通过信息通信技术来向有关对象提供的可被自由查阅、改编或应用的各种开放性教育类资源"❶。这些教育资源可通过互联网免费

---

❶ 国家中小学教育平台正式开通免费使用！首日点击量达 800 多万［EB/OL］.（2020-02-18）［2023-09-27］. https://t.qianzhan.com/caijing/detail/200218-00f400f6.html.

获得，用于教育机构教师的教学和学习者的学习。在以后几年中，UNESCO不断对 OER 的概念和内涵进行讨论和修正。2005 年，在 OER 论坛的总结报告上，UNESCO 又对 OER 定义进行修订，认为 OER 是指基于网络的数字化素材，人们在教育、学习和研究中可以自由、开放地使用和重用这些素材。UNESCO 在其 2012 年 7 月发布的《高等教育中的开放教育资源行动指南》中的定义："OER 是置于公共领域的任何媒体形式的教学、学习和研究资料，这些资料在开放许可协议下允许用户无限制或较少限制地获取、使用、重组、重用并重新散播。"❶

除 UNESCO 外，其他教育研究者和组织也给出了 OER 的定义。阿特金斯（Atkins）等学者给出的定义为："OER 是置于公共领域的教学、学习和研讨的资源，这些资源在一定的知识许可协议下被发布，允许其他人免费使用或改编。"❷ 威利在 2006 年提出，OER 在很大程度上是另一个术语 OCW 的同义词，尽管后者只是可以用来指 OER 的一个特定的、更结构化的子集。❸ OCW 被开放式课程联盟定义为"一种免费、开放的高质量大学教育材料的数字出版物"❹。这些材料被组织成课程，通常包括课程规划材料和评估工具以及主题内容。WFHF 认为"OER 是指在知识产权许可协议下，在公共领域存在的、可以允许他人免费应用和修改的教学、学习和研究资源，包括全部的课程、课程教材、流媒体视频、测试、软件以及支持学习的其他资料和技术"❺。OECD 的教育创新研究中心（Centre for Educational

---

❶ ATKINS D S. A review of the Open Educational Resources (OER) movement: Achievements, challenges, and new opportunities [R]. Report to The William and Flora Hewlett Foundation, 2007.

❷ 杨满福. 开放教育资源(OER)在大学教学中应用的中外比较研究与实践探索[D]. 江苏:南京大学, 2014:14.

❸ GURELL 5. Open educational resources handbook for educators 1.0[R]. The Center for Open and Sustainable Learning, 2008.

❹ What is MIT open course ware? [EB/OL]. (2009-01-01)[2022-01-01] http://ocw.mit.edu/about/.

❺ ATKINS D E, BROWN J, HAMMOND A. A review of the Open Educational Resources movement: Achievements, challenges and new opportunities[EB/OL]. (2007-03-01)[2022-01-01]. http://www.oerderves.org/wp-content/uploads/2007/03/a-review-of-the-open-educational-resources-oer-movement_final.pdf.

Research and Innovation，CERI）的研究者将 OER 界定为 "向教师、学生和自学者提供的免费和开放性的数字化资源，可被用于教学、学习和研究中"❶。2017 年，美国开放教育资源计划（GoOpen）倾向将 OER 称为 "开放许可教育资源（Open Licensed Educational Resources）"，并将其定义为 "存在于公共领域或根据许可证发布的教学、学习和研究资源，允许自由使用、重复使用或进行修改和与他人共享，包括数字公开许可资源，如完整的在线课程、模块化的数字教科书以及更为精细的资源或图像、视频和评估项目等"❷。目前，比较公认的定义为 "OER 是指通过因特网免费、公开提供给教育者、学生、自学者可反复使用于教学、学习和研究的高质量的数字化材料"。

由于 OER 的内涵广泛，并且定义尚在讨论中，本书中采用的 OER 的定义与 UNESCO 在 "行动指南" 中的定义相同，即 OER 是指置于公共领域的任何媒体形式的教学、学习和研究资料，这些资料在开放许可协议下允许用户无限制或较少限制地获取、使用、重组、重用并重新散播。与 "数字教育资源" 和 MOOC 相比较，从 "开放" 与 "资源" 两方面进行分析，OER 与其有不同之处，具体如下。

（1）开放方面。开放教育资源是在开放许可协议下允许用户免费使用，并有少量限制，数字教育资源并没有关于免费或开放的特征，而 MOOC 资源大部分供用户免费观看，但不允许用户进行其他操作。

（2）资源方面。OER 指公共领域的任何媒体形式的教学、学习和研究资料，数字教育资源是以数字形态存在的为教学服务的资源，而 MOOC 的资源是在线的网络课程。虽然本书采用的 OER 定义流传较为广泛，但仍然有要改进的地方。首先，由于 OER 中 "开放" 的含义有一定的主观性，边界本身具有模糊性，难以精确地量化。其次，关于 OER 中资源的限定不确定，有的研究者认为 OER 资源为网上资源，而有的研究者将纸质或其他非在线的数字资源也视为 OER 的一部分。

---

❶ Giving knowledge for free：the emergence of Open Educational Resources[R]. OECD, 2007.

❷ Office of Educational Technology. Go open district launch packet（version 1.2）[EB/OL].（2017-01-19）[2022-01-01]. https://tech.ed.gov/files/2017/01/Go Open Launch Packet_v1_2.pdf.

目前大部分人已经认识到 OER 对教育的作用，看到 OER 的价值，并对 OER 达成了一定的共识。但因为 OER 内涵的发展变化，人们对 OER 还存在一些分歧。除总结 OER 的共识外，本书还总结教育工作者和研究者在 OER 方面的分歧。分析目前 OER 发展的瓶颈，并给出针对性的建议。

国际上较为认可的且引用较多的定义整理如下（见表 2.1）。

表 2.1 开放教育资源定义

定义者	时间	中文翻译	关键词
UNESCO	2002 年	OER 是指那些基于非商业性目的，通过 ICT 来向有关对象提供的、可被自由查阅、参考或应用的各种开放性教育类资源❶	非商业性、信息通信技术、自由、开放性、教育类资源
OECD	2005 年	OER 是指在线向教师、教育者、学生和独立学习者免费公开提供的数字学习资源（尽管有时是纸质的），以便在教学、学习和研究中被使用、共享、组合、适应和扩展。它们包括学习内容和用于开发、使用和分发的软件工具以及实现资源（如开放许可证）❷	免费、公开、数字学习资源、学习内容、软件工具、开放许可
UNESCO	2005 年	OER 是指基于网络的数字化素材，人们在教育、学习和研究中可以自由、开放地使用和重用这些素材❸	数字化、自由、开放地、重用

---

❶ UNESCO. Final report of orum on the impact of open course ware for higher education in developing countries [EB/OL]（2022-07-03）[2022-05-11]. http://unesdoc.unesco.org/images/0012/001285/128515e.pdf.

❷ D'ANTONJ S. Open educational resources deliberations of a conmmunity of interest [EB/OL]. (2006-06-13)[2022-05-11]. http://www.hewlett.org/wp-content/uploads/2016/08/OER_DeliberationsofaCommunityofInterest.pdf.

❸ BROWN J S, HAMMOND A, ATKINS D E. A review of the Open Educational Resources movement: achievement, challenges and new opportunities[EB/OL]. (2007-03-20)[2022-05-11]. http://www.oerderves.org/wp_content/uploads/2007/03/a_review_of_the_open_educational_resources_oer_movement_final.pdf.

续表

定义者	时间	中文翻译	关键词
OECD	2007年	OER是指在知识产权许可协议下，在公共领域存在的、可以允许他人免费应用和修改的教学、学习和研究资源，包括全部的课程、课程教材、流媒体视频、测试、软件以及支持学习的其他资料和技术❶	知识产权许可协议、公共领域、免费、资料和技术
WFHF	2007年	OER是存储在公共领域或者授予知识产权、使用权，允许免费使用的教学、学习和研究资源。OER包括完整的课程、课程材料、模块、教材、流媒体视频、考试、软件以及其他任何支持获取知识的工具、资源或技术❷	公共领域、知识产权、使用权、免费使用
UNESCO	2012年	OER是置于公共领域的任何媒体形式的教学、学习和研究资料，这些资料在开放许可协议下允许用户无限制或较少限制地获取、使用、重组、重用并重新散播❸	公共领域、教学学习研究资料、开放协议许可、无限制或较少限制
OECD	2015年	OER是使用适当工具的教学、学习和研究材料，如开放许可，以允许其免费重用、持续改进和为教育目的被他人重新利用❹	开放许可、免费、教育目的

---

❶ ATKINS D E, BROWN J S, HAMMOND A L. Report to the William and Flora Hewlett Foundation［EB/OL］.（2007-02）［2022-05-11］. http://www.hewlett.org/uploads/files/ReviewoftheOERMovement.pdf.

❷ ATKINS D E, BROWN J S, HAMMOND A L. Report to the William and Flora Hewlett Foundation［EB/OL］.（2007-02）［2022-05-11］. http://www.hewlett.org/uploads/files/ReviewoftheOERMovement.pdf.

❸ BROWN J S, HAMMOND A, ATKINS D E. A review of the Open Educational Resources movement: achievement, challenges and new opportunities［EB/OL］.（2007-03-20）［2022-05-11］. http://www.oerderves.org/wp_content/uploads/2007/03/a_review_of_the_open_educational_resources_oer_movement_final.pdf.

❹ JOYCE A. OECD Study of OER: Forum report［R］. UK: UNESCO International Institute for Educational Planning, Internet Discussion Forum on Open Educational Resources, Findings from an OECD Study, 2006:2.

续表

定义者	时间	中文翻译	关键词
UNESCO	2017年	OER是在公共领域或开放许可下，以任何媒介形式（数字或其他方式）发布的教学、学习和研究的资源。该资源允许他人没有限制或极少限制地免费获取、使用、改编和再传播❶	公共领域、开放许可、任何媒介形式、没有限制或极少限制
UNESCO	2019年	OER是以任何格式和媒介存在于公共领域或者根据开放许可协议发布，允许他人免费获取、再利用、改变用途、改编和重新发布的学习、教学和研究材料❷	公共领域、开放许可、免费获取、学习、教学和研究材料

依据发展时间，可以从资源、传播方式、开放、受众四个方面总结OER概念的变化。第一，在资源方面，OER从最初的"教育类资源"扩大为"学习、教学和研究的材料"；第二，在传播方式方面，开始人们界定OER是通过ICT传播，2012年的定义修订为"任何媒体形式"；第三，在开放方面，OER从最初的免费到"没有限制或极少限制"的使用，确定OER需在开放版权协议下开放共享；第四，在受众方面，从"教育者"扩大到"教育者、学习者和自学者"，以促进教育资源最大程度的共享。经历了近20年的发展，OER的概念不断修订，得到了丰富和拓展，但其本质仍然是"开放"和"共享"，它力图提高和扩大教育的参与程度，以降低教育成本，促进教育公平。❸

第二节　开放教育资源的特征

OER的概念不断修订，一方面，扩大了资源的范围，增加了概念的普适性，扩大了影响力和适用性；另一方面，增加了"开放许可协议"的限

---

❶ UNESCO. Second world OER congress ljubljana OER action plan 2017[EB/OL].(2017-09)[2023-07-05]. https://en.unesco.org/sites/default/files/ljubljana.

❷ UNESCO. Recommendation concerning Open Educational Resources (OER)[EB/OL].(2019-05-28)[2022-05-11]. https://unesdoc.unesco.org/ark:/48223/pf0000370936.

❸ 李倩慧. 高等教育国际化视野下的开放教育资源共建共享机制研究[D]. 北京：首都师范大学，2019：18.

制，促进 OER 良好的应用和推广。在 2019 年，UNESCO 重新修改 OER 定义。综合 OER 概念的变迁，总结出其具备"内容、工具和基础设施范围广阔""开放性""数字化学习资源"和"教育性"四个特点。

一、内容、工具和基础设施范围广阔❶

根据《开放教育资源建议书》（以下简称《建议书》）的定义，OER 是"以任何格式和媒介存在……的学习、教学和研究材料"，通常被认为是指教学材料，如教科书、练习和课堂笔记等。但是，从《建议书》的表述看，这个定义可以被赋予更宽广的含义，包括相关工具、平台、元数据、标准、图书馆和其他资源库、搜索引擎、保存系统和前沿技术。有些文献的 OER 定义明确指出这种资源包含各种工具和基础设施，如 WFHF 的定义包括"开放教育资源的生态系统"❷，《建议书》序言中提到的《开普敦开放教育宣言》（The Cape Town Open Education Declaration）则指出，开放教育资源包括"促进协作、灵活学习和教学实践的公开分享以使教育工作者能得益于同行智慧的技术。OER 还可能进一步包括考核、认证和协作学习的新方法"。

二、开放性

OER 是对所有人开放的，也就是说人人享有终身接受教育的权利，不仅意味着对教育对象的开放，更重要的是教育观念、教育资源和教育过程的开放。开放教育资源主张从改变知识的传递和共享方式来促进教育公平，提高教育质量。❸

从《建议书》的定义来看，在某种意义上反映出 OER "获取、再利用、改变用途、改编和重新发布"的"五项自由"，也在《建议书》提到的诸多

---

❶ 道恩斯,肖俊洪.联合国教科文组织《开放教育资源建议书》述评[J].中国远程教育,2020(10):47-60,77.

❷ HUTTNER N,GREEN L,COWHER R. Seeking a sustainable OER ecosystem[EB/OL].(2019-05-28)[2022-05-11]. https://hewlett.org/wp-content/uploads/2018/08/Seeking-a-sustainable-OER-ecosystem.pdf.

❸ 王晓晨,孙艺璇,姚茜,等.开放教育资源:共识、质疑及回应[J].中国电化教育,2017(11):52-59.

声明和宣言中得到重申，如 2007 年的《开普敦开放教育宣言》和 2012 年的《巴黎开放教育资源宣言》(*The 2012 Paris OER Declaration*)。

三、数字化学习资源

从定义中可以得知，OER 的形式多元，数字化资源和纸质材料都属于 OER 的范畴。WFHF 在 2007 年提到 OER 包括完整的课程、课程材料、模块、教材、流媒体视频、考试、软件以及其他任何支持获取知识的工具、资源或技术。由此可见，OER 以数字化形式通过互联网共享。

四、教育性

开放教育的本质依旧是"开放"和"共享"，在终身学习的背景下，OER 使得人们的视角从以教室的学习者为中心转向学生自主的"学习者为中心"。由于这种视角的转变，开放教育实践（Open Educational Practices，OEP）可能会更加壮大，这将真正赋予学习者自主学习的权利，而不再受教师、教室或学校等因素的限制。OER 包括了教学、学习和研究用的各种资源——不仅可以应用于正式课堂中，而且在非正式课堂中也起到至关重要的作用。

目前，各个国家和学校都已为教育者、受教育者提供了一定的教育资源支持。新兴的 OEP 构建让每个人都能够不受限制地改善或重新分配教育资源。教育者、学习者和其他分享这一信念的人共同聚集在一起，让教育资源更容易获得，也更有效。在教育中 OER 用于为学生构建角色，使他们成为教育过程中的积极参与者，通过实践和创造获得知识，而不是被动地阅读和听课。因此，不管是从宏观视角下的系列课程或是微观视角下单一的考试题，都需要运用教学原理和学习原理去组织教学资源，运用合理的教学设计将知识点串联起来，使学习者在学习过程中更加高效、轻松。❶

---

❶ 张艺涵.开放教育资源平台"1+X"评价指标构建[D].北京:首都师范大学,2021：40-41.

第三节 开放教育资源的类型

对于 OER 类型的划分，不少国内外的机构和专家给出了自己的理解。本节介绍开放教育资源的四种分类方式：基于开放教育资源内容形式，基于开放教育资源承载媒介，基于开放教育资源协议，基于开放教育资源功能。

一、基于开放教育资源内容形式

UNESCO 认为 OER 包含学习资源、支持教师的资源和质量保证的资源这三部分。其中，学习资源包括完整课程、课件、内容模块、学习对象、学习支持和评价工具、在线学习社区；支持教师的资源包括为教师提供能够制作、改编和使用 OER 的工具及辅助资料、师资培训资料和其他教学工具；质量保证的资源是指确保教育和教育实践质量的资源。

在 2002 年 UNESCO 正式提出的 OER 概念中，认为其类型主要包括：讲义、参考文献、阅读材料、练习、实验和演示，另外也包括教学大纲、课程内容和教师手册等。

OECD 的 2007 年报告中，引用了马古利斯（Margulis）对 OER 内容的分类（如图 2.1 所示），将 OER 分为开放内容、工具和执行资源三部分。开放内容是指为学习或参考发布的教材，包括学习资源（课件、学习对象）、参考材料和资源库；工具是指开发和发布资源的开源软件，包括内容管理系统、开发工具、社会软件和学习管理系统；执行资源包括许可工具、最佳实践和交互操作。❶

二、基于开放教育资源承载媒介

2005 年，OECD 的教育创新研究中心指出，OER 不仅仅包括内容性的资源，同时还应包括软件工具等技术性的资源，并认为 OER 包括五大类：开放源代码的软件工具，开放课件与相关内容，用于帮助教师提高其电子化学习（Electronic Learning，E-learning）能力的开放资源，学件资源库和

---

❶ 张艺涵.开放教育资源平台"1+X"评价指标构建[D].北京:首都师范大学,2021:20-21.

免费的教育类课程。[1]

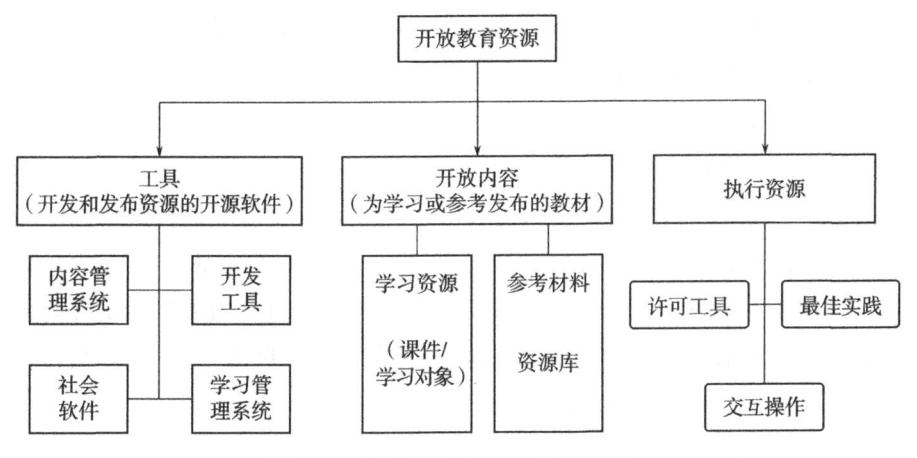

图 2.1 马古利斯对 OER 内容的分类

2004 年，UNESCO 在关于 OER 的专题讨论中提出 OER 应该包括：学习资源，如课件、内容模块、学习对象、学习者支持和评估工具在线学习社区等；支持教师的资源，如为教师创建、修改和使用 OER 所提供的工具和辅助素材、对教师的培训素材以及其他教学工具；确保教育和教育实践质量的资源。

三、基于开放教育资源协议

有学者认为 OER 包括三个基本组成部分：一是开放的协议标准，包括软件的使用协议、内容的版权协议、网络学习环境和工具的技术等标准；二是开放的内容与资源，包括与教学相关的资源、电子课件等；三是开源的软件与工具，涵盖从资源制作、编辑、存储到资源流通、共享的各类软件工具。2005 年，UNESCO 在关于 OER 的论坛上提出 OER 包括三方面的内容，具体为创建开源软件和开发工具、创建和提供开放课程内容、开发标准和许可协议工具。[2]

---

[1] 赵国栋,黄永中,张捷.西方大学"开放教育资源运动"研究[J].比较教育研究,2007(9):35-40.

[2] ALBRIGHT P. UNESCO international institute for educational planning,internet discussion forum on open educational resources:Final forum report[R]. Colorado:Western Interstate Commission for Higher Education,2005:1-16.

赵国栋等根据内容的特点，将 OER 划分为三个基本组成部分。❶ 开放的协议与标准（Open License and Standard），主要是指软件的使用协议、内容的版权处理协议和网络学习的技术与资源存储标准等，这是在 OER 实践中实现内容性资源、技术性工具之间的交流与互用以及解决各种版权法律问题的基础。开放的内容与资源（Open Contents and Resources），即向学习者提供可用于阅读、参考和查阅的免费数字化内容，类型包括直接与教学相关的资源、电子课件、资源库。开源的软件与工具（Open Source Software and Tools），即提供各种功能的开放源代码软件来促进开放式教育资源的开发、传播、交流与共享。它所提供的开源软件功能众多，从资源的制作、编辑、存储，再到资源的交流、传播，应有尽有。

四、基于开放教育资源功能

俞树煜等学者根据 OER 的不同功能，将其划分为三类：学习利用类资源、工具类资源及实施性资源。各类资源具体包含的内容如图 2.2 所示，其中学习利用类资源是开放教育资源的核心，工具类资源是为了用户更好地利用学习性资源而开发的工具平台，实施性资源主要是一些为了保护知识产权协议和优化内容的策略方法。❷

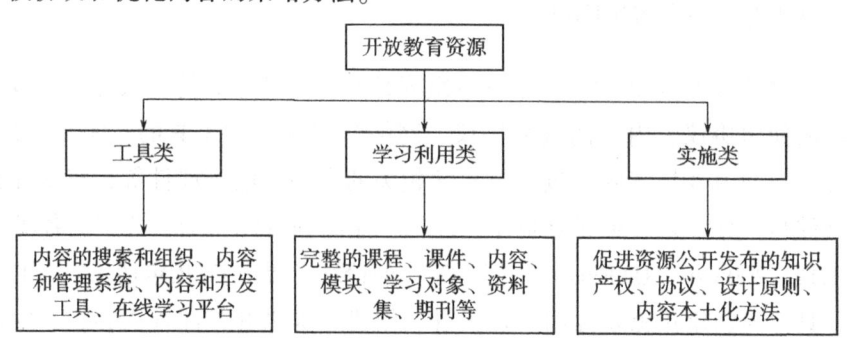

```
                    开放教育资源
          ┌─────────────┼─────────────┐
         工具类        学习利用类       实施类
          │             │              │
   内容的搜索和组织、内容  完整的课程、课件、内容、  促进资源公开发布的知识
   和管理系统、内容和开发  模块、学习对象、资料     产权、协议、设计原则、
   工具、在线学习平台     集、期刊等              内容本土化方法
```

图 2.2 俞树煜提出的 OER 分类

---

❶ 赵国栋,姜中皎.高校"开放教育资源"建设模式与发展趋势[J].北京大学教育评论,2009,7(3):123-134,191-192.

❷ 俞树煜,朱欢乐.从开放课件到视频公开课:开放教育资源的发展及研究综述[J].电化教育研究,2013,34(5):55-61,72.

第二篇

开放教育资源的相关研究与发展

信息技术的高速发展，一方面为教育带来挑战，另一方面也为教学提供了新的机会。更为确切地说，"现在任何人都可以随时随地学到任何东西"。❶ 在过去的近 20 年里，越来越多的院校、研究人员、教师和学习者对其研究和实践感兴趣并做出了贡献，但很少有人尝试着眼于绘制一幅全球性的图景，以展示其研究的全面发展进程及相关情况。从这个角度出发，本篇旨在通过回顾和分析现有的研究成果来填补这一空白：在期刊、国家、学术机构、作者和关键词等多个指标上对学术表现和合作进行量化和形象化，概括其研究的发展趋势，探索研究的热点和前沿，为进一步研究提供启示。

---

❶ BONK C J. The world is open: How web technology is revolutionizing education [R]. USA: Association for the Advancement of Computing in Education (AACE), 2009: 6.

第三章　开放教育资源文献计量分析

本章所用到的数据是从科学网（Web of Science，WOS）核心合集数据库中提取出来的。该数据库是一个权威的、广泛认可的科学分析数据库。作为 WOS 数据库的一部分，WOS 核心合集数据库提供了世界领先的科学、社会科学、艺术和人文学科的学术文献。以下用于分析的数据收集于 2022 年 5 月 14 日。随着"开放教育资源"一词从 2002 年开始使用，我们选择当年作为文献综述的出发点。首先，在检索项中选择"高级检索"，时间跨度为 2002—2022 年，以主题词"oer"检索得到 15 164 条记录，以"open educational resources"为主题词检索得到 4119 条记录，再以逻辑"or"组配这两组检索词，经过 Education & Educational Research 筛选得到 1995 条记录，再通过手动筛选除去无直接联系等无效文献得到 1968 条记录，并以 txt 文本格式输出相应记录。

Citespace 注重以树形图及连线等表示各个主题关系的强弱，该研究从发表年份、来源期刊、所属国家、所属机构、作者情况、关键词共现、共被引这七个方面分析对近 20 年（2002—2022 年）开放教育资源领域学术论文的整体研究状况进行分析，以准确分析开放教育资源的本质，了解国外 OER 的发展动态。

第一节　发表年份分析

图 3.1 所示为 2002—2022 年的文献发表量，文献发表于 2002 年，从 2 篇缓慢但相对稳定地增长到 21 篇。这个数字在 2010 年，达到 59 篇。之后，在 2011—2016 年，从 73 篇稳定增长到 158 篇。2017 年，这个数字达到顶峰，共有 262 篇文献发表。从 2018 年开始，发文量逐年下降，但下降趋势不大，直

到 2020 年一直保持在平均每年 200 篇以上的发文量。2021 年也基本与 2016 年持平，保持在一个较高的发文量水平。

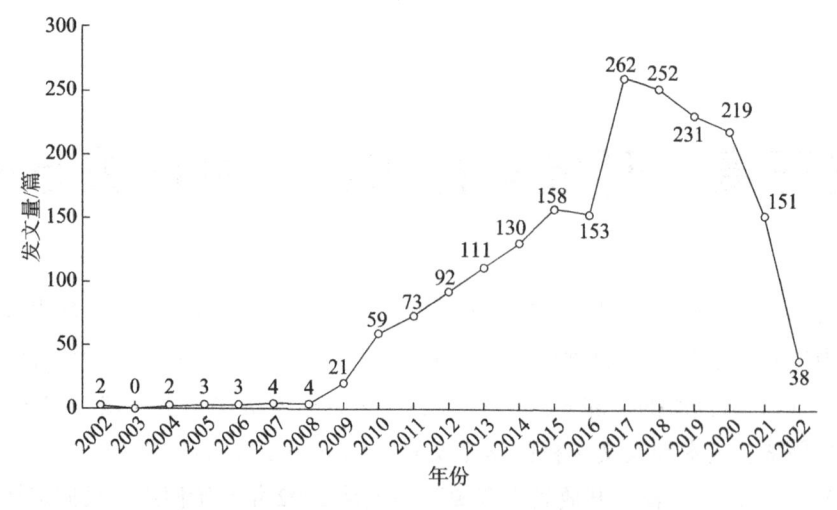

图 3.1　2002—2022 年 OER 领域研究发文趋势图

第二节　来源期刊分析

对文献的来源期刊进行分析，可以了解 OER 领域哪些期刊是比较重要的，同时也能够了解专家学者对 OER 研究的大致方向。图 3.2 是 WOS 中有关开放教育资源领域的期刊分布图。表 3.1 的统计结果表明，INT REV RES OPEN DIS 期刊的被引频次达 509 次，是最高的，这也说明该期刊是研究 OER 领域的核心期刊。此外，COMPUT EDUC、BRIT J EDUC TECHNOL、ETR & D-EDUC TECH RES、OPEN LEARN、OPEN PRAX、THESIS 这几种期刊的被引频次也都在 200 次以上，这说明在这几种期刊中刊登的文献都是具有代表性的，同样为 OER 的研究提供了重要参考价值，值得研究者参考。

表 3.1　期刊来源 TOP7

序号	期刊	频次/次
1	INT REV RES OPEN DIS	509
2	COMPUT EDUC	308
3	BRIT J EDUC TECHNOL	224

续表

序号	期刊	频次/次
4	ETR & D-EDUC TECH RES	218
5	OPEN LEARN	210
6	OPEN PRAX	203
7	THESIS	202

图 3.2　开放教育资源领域的期刊分布

第三节　所属国家分析

过去 20 年的 OER 领域的相关研究文献分布在 140 个国家和地区，排名前 10 的国家贡献了 1270 篇，占整个研究文献的 64% 以上。从表 3.2 中可以看到，西班牙有 326 篇出版物，后面四个国家分别是美国、英国、罗马尼亚和中国。

表 3.2　2002—2022 年 OER 领域研究文献的国家分布

序号	期刊文献数量/篇	国家
1	326	西班牙
2	278	美国

续表

序号	期刊文献数量/篇	国家
3	155	英国
4	118	罗马尼亚
5	88	中国
6	64	葡萄牙
7	64	加拿大
8	62	意大利
9	59	俄罗斯
10	56	德国

第四节 所属机构分析

通过分析在 WOS 中检索到的 1968 篇文献发现，英国开放大学发表的文献数量为 59 篇，优于其他机构，位居第一；美国的杨百翰大学发表文献数量为 34 篇，排第二；加拿大的阿萨巴斯卡大学和西班牙的萨拉戈萨大学分列第三、第四。在发表文献数量排名前 11 的机构所属国家中（见表 3.3），英国的科研机构发表文献数量是最多的，这表明英国对 OER 的相关研究成果相对突出，尽管总体发表文献数量不算太多，但在 OER 领域仍然具有一定的影响力。

表 3.3 发表文献所属机构

序号	机构	国家	数量/篇
1	英国开放大学（Open University）	英国	59
2	杨百翰大学（Brigham Young University）	美国	34
3	阿萨巴斯卡大学（Athabasca University）	加拿大	23
4	萨拉戈萨大学（University of Zaragoza）	西班牙	20
5	马德里理工大学（Technical University of Madrid）	西班牙	16
6	北京师范大学（Beijing Normal University）	中国	15
7	蒙特雷科技大学（Monterrey Institute of Technology and Higher Education）	墨西哥	14

续表

序号	机构	国家	数量/篇
8	加泰罗尼亚开放大学（Open University of Catalonia）	西班牙	12
9	诺丁汉大学（University of Nottingham）	英国	12
10	乌克兰国家教育科学院（National Academy of Educational Sciences of Ukraine）	乌克兰	12
11	维戈大学（Universidad de Vigo）	西班牙	11

第五节　作者情况分析

有超过 500 个作者对该领域做出了贡献。表 3.4 显示了在该主题下文献发表量与被引量排名前 11 的作者。David Wiley 和 John Hilton 是贡献最多的两位作者，平均每人发表论文在 10 篇以上。而 David Wiley 的文献被引量最多，联合国教科文组织次之。

表 3.4　作者文献发表量及被引量 TOP11

序号	作者	发表量/篇	序号	作者	被引量/次
1	David Wiley	13	1	David Wiley	272
2	John Hilton	11	2	UNESCO	244
3	Ana Paula Lopes	10	3	John Hilton	168
4	Filomena Soares	10	4	Martin Weller	133
5	Insung Jung	7	5	OECD	132
6	Ahmed Tlili	7	6	Debra Atkins	114
7	Ronghuai Huang	6	7	Stephen Downes	112
8	Fabio Nascimbeni	6	8	George Siemens	101
9	Hengtao Tang	5	9	Grainne Conole	87
10	Daniel Burgos	5	10	Andy Lane	81
11	Diana Andone	5	11	Neli Butcher	78

第六节 关键词共现分析

在文献计量分析过程中，本书收集了超过 2000 个关键词，表 3.5 显示了前 22 个关键词，除了最受关注的 open educational resources、oer 两个关键词（关键词不区分大小写，因此此处一律小写，余同）之外，mooc、higher education 等也是比较受关注的研究内容。

表 3.5 关键词共现情况

序号	关键字	频次/次	序号	关键字	频次/次
1	open educational resource	421	12	online learning	49
2	oer	294	13	adoption	48
3	mooc	168	14	ict	47
4	higher education	157	15	impact	47
5	education	154	16	motivation	44
6	e-learning	111	17	university	43
7	open education	101	18	distance education	43
8	student	84	19	blended learning	43
9	technology	82	20	open educational resources (oer)	40
10	teacher	52	21	quality	39
11	open textbook	52	22	resource	36

为了更深层次地了解 OER 领域研究热点的迁移，本研究绘制了 2002—2022 年关键词共现时区图（如图 3.3 所示），自 21 世纪初期才开始出现有关 OER 的文献研究。从关键词分布情况来看，open educational resource、oer、mooc、education、higher education 一直是开放教育资源领域近 10 年来的研究核心。

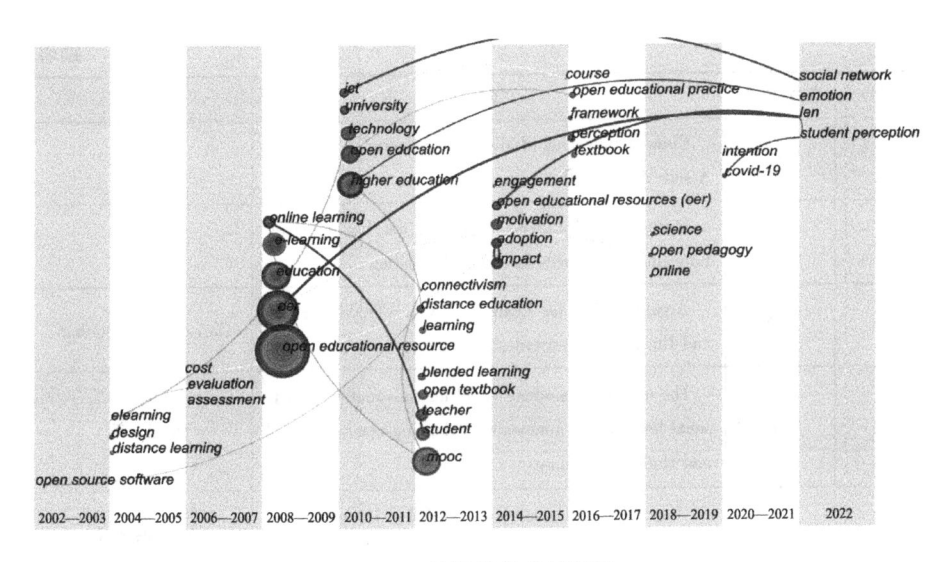

图 3.3　关键词共现时区图

第七节　共被引分析

文献共被引分析主要用来检测某领域影响力比较高的文献。高被引论文是研究领域不可或缺的知识资源和基础，能够反映研究领域的发展水平、热点和前进方向。[1] 表 3.6 列出了 15 篇被引用最多的论文（只列举出论文第一作者）。

表 3.6　文献被引情况

序号	被引频次	文献名	作者
1	366	Personalized and self regulated learning in the Web 2.0 era: International exemplars of innovative pedagogy using social software	Mcloughlin C.
2	152	Open educational resources and college textbook choices: a review of research on efficacy and perceptions	Hilton J.

---

[1] LI Y, ZHANG M. A bibliometric analysis of research on international open educational resources and MOOCs(2002—2015)[J]. Journal of distance education, 2016, 34(3):76-87.

续表

序号	被引频次	文献名	作者
3	137	Chinese university students' acceptance of MOOCs: A self-determination perspective	Zhou M.
4	107	Openness and Praxis: Exploring the Use of Open Educational Practices in Higher Education	Cronin C.
5	102	Argumentation for Learning: Well-Trodden Paths and Unexplored Territories	Christa S. C. Asterhan
6	81	The networked student model for construction of personal learning environments: Balancing teacher control and student autonomy	Drexler W.
7	73	User-oriented quality for OER: Understanding teachers' views on re-use, quality, and trust	Clements K. I.
8	72	From massive access to cooperation: Lessons learned and proven results of a hybrid xMOOC/cMOOC pedagogical approach to MOOCs	Fidalgo-blanco A.
9	66	Relationship between participants' level of education and engagement in their completion of the Understanding Dementia Massive Open Online Course	Goldberg L. R.
10	59	Are open educational resources systematic or systemic change agents for teaching practice?	Lane A.
11	59	Computer literacy and e-learning perception in Cameroon: the case of Yaounde Faculty of Medicine and Biomedical Sciences	Bediang G.
12	57	Providing collaborative support to virtual and remote laboratories	Luis de la Torre
13	56	Dialogue and connectivism: A new approach to understanding and promoting dialogue-rich networked learning	Ravenscroft A.
14	54	Understanding learners' motivation and learning strategies in MOOCs	Alario-hoyos C.
15	53	Constructions of dynamic geometry: A study of the interpretative flexibility of educational software in classroom practice	Ruthven K.

第八节 文献计量述评

一、研究阶段总结

通过以上分析和总结,可将国内外研究的发展分成四个阶段,并通过主要关键词概括每一阶段的特征(见表3.7)。

表3.7 开放教育资源发展四阶段

阶段	关键词	特征
阶段一:涌现 (2002—2007年)	开放资源、设计、评估、远程学习	大多数研究都集中在资源的设计与评价
阶段二:探索 (2008—2011年)	数字化学习、高等教育、大学	表明研究人员试图从高等教育领域找出开放教育资源的技术问题
阶段三:应用 (2012—2017年)	MOOC、混合式教育、电子课本、促进、影响	表明一些基于开放教育资源的项目盛行
阶段四:深化 (2018—2022年)	情感内心、注意、科学、教学法、学生视角	关注人深层次的发展

二、研究热点分析

通过引用被高度引用的文章,可以总结出四个主要问题——可持续性、版权问题、政策和资金,即利益相关者和研究人员所关心的问题。

可持续性是一个核心问题,不仅是终端用户,也是开发者、基金会和决策者所面临的主要挑战。在这种背景下,可持续性指的是一个项目实现其目标的持续能力。[1] 许多人可能认为这个问题从经济的角度来看,试图找到一个可操作的商业模式,以维持其他项目的长远发展。然而,可持续性

---

[1] WILEY D. On the sustainability of open educational resource initiatives in higher education[EB/OL]. (2007-05-15)[2022-07-19]. https://www.oecd.org/education/ceri/38645447.pdf.

并不局限于财务问题,由于其他项目的差异,建立一个单一的全部模型是不现实的。❶

(1) 版权问题是OER的核心。❷ 权利持有者和公共利益之间存在着不可避免的冲突,因此需要寻求一种适当的平衡,这也是开放许可的基本原理。但有一个普遍的误解:在开放许可下发布的内容属于公众,所以所有用户都可以改写并使用它。❸ 这可以通过OER证据报告❹得到验证,该报告发现,超过80%的非正式学习者对资源进行获取,但只有18%的人是在确认了自己的权利之后才获取。事实上,没有一个开放许可完全是"是"或"否",而是有不同程度的开放。作为开放许可协议中应用最广泛的一个知识共享许可协议(Creative Commons License,CC协议),它定义了6个开放级别(从最开放到最不开放),分别是署名(BY)、署名—相同方式共享(BY-SA)、署名—禁止演绎(BY-ND)、署名—非商业性使用(BY-NC)、署名—非商业性使用—相同方式共享(BY-NC-SA)、署名—非商业使用—禁止演绎(BY-NC-ND)。在这个框架下,资源的权利持有者可以决定他们保留的权利。与此同时,公众可以在自由空间内使用这些资源。

(2) 政策和资金是影响人口流动的两个主要因素,因此受到利益相关者的高度关注。高等教育是人口流动的主要部门,这是可以理解的,因为在信息时代,所有国家都在通过制定相关政策或增大资金投入努力确保公民接受高等教育,但大学并不向所有人敞开大门。这就是为什么开放式课程计划打破了高校的围墙,为公众提供了高质量的教育资源。MOOC最初被用来描述一门叫作"连接主义和连接知识"的课程,这门课原本是为25名学生设计的,目的是让他们获得学分,并为世界各地的学习者进行开放注

---

❶ WILEY D. On the sustainability of open educational resource initiatives in higher education[EB/OL]. (2007-05-15)[2022-07-19]. https://www.oecd.org/education/ceri/38645447.pdf.

❷ 刘兹恒,王宁宁. 美国高校图书馆开放教材出版研究[J]. 图书馆论坛,2017,37(11):127-131,138.

❸ BUTCHER N, KANWAR A, UVALIC-TRUMBIC S. A basic guide to open educational resources(OER). Commonwealth of Learning[M]. Vancouver: The Commonwealth of Learning, 2011:8.

❹ Willem in Open Education. OER evidence report 2013—2014[R/OL]. (2014-11-24)[2022-07-19]. http://www.e-learn.nl/2014/11/24/oer-evidence-report-2013-2014.

册，结果出人意料地收到了超过 2300 个注册表。❶ 教育的产生和发展遵循教育开放化和教育运动的趋势。❷ 有些人可能对大规模的网络公开课有所疑问。事实上，大规模开放教育作为一门包括教学指导和评估在内的完整课程，可以视为大规模开放教育资源的一个子集，包括学习内容、工具和实施资源。自 2012 年 MOOC 获得意料之外的关注后，一种分享趋势在全世界的机构、组织甚至个人中蔓延开来：这为社会公平做出了巨大贡献，不是全国性的，而是全球性的。

---

❶ YUAN L, POWELL S J. MOOCs and open education: Implications for higher education [EB/OL]. (2014-09-04)[2022-07-19]. https://www.researchgate.net/profile/Stephen-Powell-16/publication/265297666_MOOCs_and_Open_Education_Implications_for_Higher_Education/links/54081e710cf2c48563b89fbc/MOOCs-and-Open-Education-Implications-for-Higher-Education.pdf.

❷ YUAN L, MACNEILL S, KRAAN W G. Open Educational Resources-opportunities and challenges for higher education[J]. 2008,111(4):110-113.

第四章 开放教育资源的发展历程与瓶颈

通过第三章对 OER 在 2002—2022 年发展的计量分析及结合 OER 整个发展历程，可以发现国际社会组织及不同国家所出台的政策起到了非常大的推动作用。本章在此基础上对相关政策进行整理，并通过一些典型项目的剖析来探索 OER 当前的发展情况，以及遇到的发展瓶颈。

第一节 开放教育资源相关政策

OER 为高等教育的发展提供了更好、更多的契机。正是由于 OER 运动如火如荼的开展，仅仅经过近 20 年，高等教育中优质的课程和教学资源由因闭塞而导致的稀缺转向了因开放共享而创造的丰富。OER 运动的兴起给高等教育领域带来了新的发展机遇，同时也带来了前所未有的挑战，在整个发展过程中，可以发现政策这一因素起到了非常大的推动作用。

一、国际政策文件

2002 年，UNESCO 总部出版了《教师教育指导：利用开放和远程教育》，旨在为教育行政管理部门和教师培训机构的中高层管理者提供政策决策的指导，以便应用开放远程教育改善教师培训的方法和内容，帮助教师更好地适应信息社会。该书由 UNESCO 与国际开放学习研究基金会（International Research Foundation for Opening Learning，IRFOL）合作完成，从思考如何实现教师教育和开放远程教育的整合这一问题入手，引申出四部分内

容：技术、课程、成本、评估。❶

2007年9月，20位来自世界各地、从事不同职业、持不同观点的人士在南非开普敦签署了《开普敦开放教育宣言》。《开普敦开放教育宣言》指出："这个正在兴起的开放教育运动，把教师之间分享好想法的既成传统与互联网交互式的协作文化融合起来。这一运动依赖于这样的信念：每一个人都应该不受限制地享有使用、定制、改善和再发布教育资源的自由。遍及全球的教育工作者、学习者以及其他享有这种信念的人正在聚集起来，个个努力，使接受教育变得更容易，而且更有效。"❷

2011年，UNESCO发布了《高等教育中的开放式教育资源指南》❸❹，支持教育材料可以免费访问、重复利用、修改和共享，从而提高教育质量，降低学习成本；鼓励政策支持OER的发展，鼓励对已有资源进行适当的创新和重复利用，以满足不同地区学生的需求，此外还要保证特殊学生的需求；鼓励各国建立公开许可机制和开放标准，从而促进高等教育资源可免费获得和共享。推进国家的ICT和网络的发展，在高等教育中提供网络支持；政府鼓励、支持高等教育开发优质高等教育资源，并确保优质资源的质量。

2012年，在WFHF的财政支持下，UNESCO和COL牵头实施了《巴黎开放教育资源宣言》❺，指出要提高对OER的认识，促进开放式教育资源的利用，通过利用开放资源拓宽教育途径，提高教学和学习质量，服务社会。致力于创造信息技术环境，加强基础设施建设，为发展提供必要的网络框架，促进网络和移动技术的应用，鼓励开发开放式教育资源。

2013年5月13日，UNESCO传播与信息部门总干事助理贾尼斯·卡尔

---

❶ 王荣,曾海军.联合国教科文组织ICT促进教育发展相关项目分析[J].开放教育研究,2013,19(2):108-120.

❷ 庄秀丽.开普敦开放教育宣言:开启希望之门开放教育资源[J].中国信息技术教育,2008(6):85-86.

❸ UNESCO.关于开放教育资源(OER)的建议[EB/OL].(2019-11-25)[2022-07-19].https://www.unesco.org/en/legal-affairs/recommendation-open-educational-resources-oer.

❹ 张瑞瑞,吴婷.高等教育开放教育资源指南[J].世界教育信息,2016(11):37-43.

❺ UNESCO.2012年开放式教育资源巴黎宣言[EB/OL].(2012-06-22)[2022-07-19].https://unesdoc.unesco.org/ark:/48223/pf0000246687_chi?posInSet=1&queryId=40a078af-c5ed-410c-8846-9aa3b5d20568.

柯林斯（Janis Karklins）在日内瓦召开的信息社会世界峰会开幕式上，宣布了开放获取新政策。根据新的"开放获取政策"❶，UNESCO将向全世界数百万公众免费提供附带开放许可的数字出版物。UNESCO执行局2013年4月的会议决议表示，UNESCO将是联合国首家通过此类出版物开放获取政策的机构。新政策意味着任何人都可以下载、翻译、改编、传播并重新共享UNESCO出版物及数据，并无须为此交纳任何费用。❷卡尔柯林斯表示："来自世界各国，尤其是发展中国家及最不发达国家的研究人员将会从开放获取中受益，并充分利用以此获取的知识信息。新政策将使我们的出版物获得更大的知名度、可访问性并加快传播速度。"

2015年，由UNESCO主办的国际教育信息大会通过的《青岛宣言》❸，提出利用科技实现公平、可获得、高质量的终身教育目标；扩大课本和其他资料的容易获取性，利用信息技术促进教学的发展，推进公平的优质和终身教育；鼓励整合资源库，供教师和研究人员使用；鼓励创新发展，以满足当地教育需求。

2015年，UNESCO巴黎总部信息技术教育负责人苗逢春在国际教育信息化大会上作了《如何在2015后发展日程背景下实现对开放教育资源的承诺》❹的报告，指出开放教育资源涵盖了所有的学习资源，可以帮助学校反复利用这些资源，也可以免费地对资源进行重新分配，且不会产生法律纠纷和法律费用。此外，该报告也提到，开放教育资源会帮助包容性教育公平的实现，减少一定的阻碍。

---

❶ UNESCO. Open access policy concerning UNESCO publications[EB/OL].（2013-07-31）[2022-07-19]. unesdoc. unesco. org/images/0022/002208/220872C. pdf.

❷ 刘学燕. 联合国教科文组织开放获取政策解读[J]. 科技情报开发与经济，2014，24（22）：155-158.

❸ UNESCO. 青岛宣言2015[EB/OL].（2015-05-25）[2022-07-19]. https://unesdoc. unesco. org/ark:/48223/pf0000233352? posInSet=1 & queryId=1b11805e-1f2b-459e-9e8c-4f94a9ad6ce9.

❹ 苗逢春. 如何在2015后发展日程背景下实现对开放教育资源的承诺[J]. 世界教育信息，2015，28（15）：63，67.

2019年5月，UNESCO的《建议书》❶在政府间专家会议上得到一致通过。《建议书》具体涉及5项目标，分别为：增强利益攸关方创建、获取、再利用、改编和重新发布开放式教育资源的能力；制定支持政策；鼓励包容、公平的优质开放式教育资源；促进创建可持续的开放教育资源模式；促进国际合作。

2020年3月，OECD发布官方文件《教育对COVID-19的回应：拥抱数字学习和在线协作》❷，建议各国应尽可能利用其现有的在线课程，鼓励教育技术公司免费提供其资源，根据年龄和能力使授课方式多样化，并鼓励教师合作。具体而言，OECD提出了6种举措，分别为：使用现有的在线远程学习平台；开发新的在线教学平台（虚拟教室）；与私立教育平台合作；进行国际合作，共享现有的在线教育资源；充分使用所有电子媒介；为教师提供数字化学习的机会。

2021年5月，UNESCO政府间特别委员会审议通过《开放科学建议书》草案❸，2021年11月9—24日UNESCO第41届大会审议通过《开放科学建议书》，标志着开放科学迈入全球共识新阶段。其中对开放科学的内涵和外延进行取舍和扩展，如未将开放科学政策、开放创新、科学2.0、开放科学技能与奖励等要素纳入开放科学内容体系，但增加社会行为者的开放式参与、其他知识体系的开放式对话、开放科学传播等内容要素。❹

---

❶ UNESCO. 开放式教育资源书草案2019[EB/OL]. (2019-10-08)[2022-07-19]. https://unesdoc.unesco.org/ark:/48223/pf0000370936_chi? posInSet=2 & queryId=cc77e290-978f-4d52-a41c-1d7fa765ee29.

❷ OECD. Education responses to covid-19:Embracing digital learning and online collaboration[EB/OL]. (2020-03-23)[2022-07-19]. https://www.oecd-ilibrary.org/education/education-responses-to-covid-19-embracing-digital-learning-and-online-collaboration_d75eb0e8-en.

❸ UNESCO. 开放科学建议书草案[EB/OL]. (2019-11-25)[2022-07-19]. http://portal.unesco.org/en/ev.php-URL_ID=49556 & URL_DO=DO_PRINTPAGE & URL_SECTION=201.html.

❹ 温亮明,李洋,郭蕾,等.《开放科学建议书》制定背景、内容体系与科学价值[J]. 图书馆论坛,2022,42(4):18-26.

二、部分国家政策文件

一些国家也都根据本国教育发展情况,制定了符合国情的政策(见表4.1)。

表4.1 部分国家关于开放教育资源的政策

国家	政策	内容
巴林王国	OER 政策	免费分享高质量教育资源。 解决无效学习,教材的缺点,缺乏终身教育。 帮助教师出版分享他们的教材,进行讨论整合高质量的课程设计,通过不同的渠道全国分享机制,保障终身学习。 OER 的愿景是建立高质量 OER 的分享机制,激励创造和学习。 教育者在线生产和分享高质量 OER,支持国与国间的OER 交互
	国家 ICT 教育政策	OER 语言文化兼容。 保障质量,检测和评价内容。 版权遵守 CC 协议。 评估生产的花费。 提供高性能的数字设备和有效的网络交流;生产和上传数字内容;升级网络容量,提供更好的设备
巴林	OER 开放许可政策	在公共学校里为教育、教学、类似目标产生的知识工程提供强有力的许可。 OER 可以电子存储、出版,并且可以被个人、公共、私人机构获得
	联邦法案	向政府提议免费技术标准,如免费的软件,鼓励联邦提供存储空间以存储资源,OER 的出版要达到国际开放性和互动性标准
	圣保罗法案	法令规定由国家协助发展的教育资源都应该以电子形式呈现,可以免费重复使用,也可以用于商业方面,虽然现由国家立法室通过,但是后来被政府办公室否决
加勒比	ICT 教育政策	教育改革的议程,引入 OER 和开放政策的承诺,政策中包括对教育者角色、教学内容、促进学习、自我学习的改变,还包括降低辍学速率、促进就业

续表

国家	政策	内容
印度	通过信息通信技术开展教育的国家使命（National Mission in Education through ICT，NMEICT）开放许可政策	在机构和教师群里，营造一个开放、协作、共享、反复使用、适应的环境，以提高国家教育质量
印度尼西亚	高等教育法	规定政府应开发开放式学习资源
	关于高等教育远程教育系统的文化法规	肯定远程教育的特点是通过使用随时随地可访问的数字资源进行开放和独立的学习
阿曼	OER的战略发展政策	整合电子学习项目，国家数字学校扩展计划。 实现每个公民可以获得高质量学习的目标，建立一个动态的知识社会。 设计、提供教材，提供学习机会，鼓励所有公民获得终身学习，能够获得、评价、创造、分享知识，从而进行可持续发展。 采用开放式的课程和教材。开发资源和工具，为教师采取开放式许可证；开发学习资源，为学生提供开放式许可证
俄罗斯	俄罗斯联邦教育法	包括用数字学习、远程教育、运用数字教育资源
	开放授权使用民法典	允许版权所有者公开宣布在特定的情况下，任何人都可以使用其作品。但是在教育领域，使用资源时不需要开放许可，任何人都可以使用和修改公众领域的开放教育资源
德国	促进ICT的政策	强调获取数字内容的概念。在德国，教学和学习材料是容易获得的，并在很大程度上免费提供给学习者
澳大利亚	知识产权政策	通过一些文件来支持开放教育资源，如大学的战略计划和教学绩效评估
美国	华盛顿州政策发展社区和技术学院系统	强调成立的课程开发团队有意包括教学设计师，所有课程包都包含课程活动。它进一步提供了一个包含精选资源的一站式推荐网站，其结构为教师学习、查找、使用和应用OER提供了简单的途径

三、国内政策文件

自 1999 年国务院批转教育部《面向 21 世纪教育振兴行动计划》的通知，明确提出实施"现代远程教育工程"以来，各级政府陆续出台了《关于在中小学实施"校校通"工程的通知》《教育部关于国家精品开放课程建设的实施意见》《教学点数字教育资源全覆盖》等政策文件，体现了国家对教育信息化，特别是教育资源建设的高度重视。❶

2002 年，教育部发布《教育信息化"十五"发展规划（纲要）》❷，提出到 2010 年建成覆盖全国的教育信息化基础设施，普及信息教育，提高民众信息技术能力，建立计算机网络信息站，促进优质资源共享；到 2010 年，90% 以上的中小学实现"校校通"；对教师进行信息技术培训，提高教师的计算机、网络教学能力，并利用远程教育，开展多种岗位信息技能培训；同时还要建立大学的数字图书资源和面向社会开放的数字博物馆；把教育信息化作为发展的重点目标，加快建设信息基础设施，确保在教育信息领域，我国能处于领先地位。

2004 年，教育部发布的《2003—2007 年教育振兴行动计划》❸，提出建设教育信息化公共服务体系和终身教育体系，建设国家教育信息化应用平台，制定多种终身学习途径和教育培训制度，保证公民的就业能力。

2006 年，国务院发布的《国家中长期科学和技术发展规划纲要（2006—2020 年）》，提出采用远程教育的方式来推进素质教育，整合校内外的各种课程资源。❹

2010 年，教育部发布的《国家中长期教育改革和发展规划纲要

---

❶ 刘德建,黄荣怀,王晓晨,等.国际开放教育资源发展研究报告[R].北京:北京师范大学智慧学习研究院,2017:15.

❷ 教育部.教育信息化"十五"发展规划（纲要）[EB/OL].(2002-09-14)[2022-07-19].http://www.moe.gov.cn/srcsite/A16/s7062/200209/t20020904_82366.html.

❸ 教育部.2003—2007 年教育振兴行动计划[EB/OL].(2004-03-03)[2022-07-19].http://www.moe.edu.cn/publicfiles/business/htmlfiles/moe/moe_177/200407/2488.html.

❹ 国务院.国务院关于实施《国家中长期科学和技术发展规划纲要（2006—2020 年）》若干配套政策的通知[EB/OL].(2006-02-07)[2022-07-19].http://www.gov.cn/zwgk/2006-02/14/content_191891.htm.

（2010—2020）》提出要加快信息基础设施的建设，到 2020 年基本覆盖所有学校，开发网络课程，建立数字图书馆和虚拟实验室，建设网络教学资源库，推广远程教育方式，确保优质教育资源能覆盖更多偏远地区，建立国家教育信息系统。[1]

2012 年，教育部发布的《教学点数字教育资源全覆盖》，要求自 2012 年起，利用两年的时间，要求各区域优质学校，为本区域其他教学点配送优质数字教育资源，提高农村边远地区教育质量；主要是利用名校网络课堂，让更多学生享受名校的优质教育资源。此计划目标旨在促进教育均衡，更多学生能享受优质教育资源。[2]

2015 年，教育部发布的《高等职业教育创新发展行动计划（2015—2018 年）》明确提出要顺应"互联网+"的发展趋势，构建数字教育资源共建共享体系，根据市场需求，大力发展建设高质量的专业资源；根据各地方发展需要，建设地方资源，研制测评体系，保证资源的可持续发展；支持虚拟仿真系统开发和复杂结构运动软件的开发，促进泛在学习方式。在高等教育日益国际化的全球趋势下，"开放""共享"的理念已经深入人心，共建共享已然成为 OER 可持续发展的战略选择。[3]

2016 年，中共中央办公厅、国务院办公厅印发的《关于做好新时期教育对外开放工作的若干意见》提出：一是要大力提升教育对外开放治理水平，完善教育对外开放布局；加强与大国、周边国家、发展中国家、多边组织的务实合作，充分发挥教育在"一带一路"建设中的重要作用，形成重点推进、合作共赢的教育对外开放局面；支持东部地区整体提升教育对外开放水平，率先办出中国特色、世界水平的现代教育，支持中西部地区

---

[1] 教育部.国家中长期教育改革和发展规划纲要（2010—2020）[EB/OL].（2010-05-05）[2022-07-19]. http://www.moe.gov.cn/jyb_xwfb/s6052/moe_838/201008/t20100802_93704.html.

[2] 教育部.教育部关于全面启动实施"教学点数字教育资源覆盖"项目通知[EB/OL].（2012-11-09）[2022-07-19]. http://www.moe.edu.cn/publicfiles/business/htmlfiles/moe/s3342/201211/144800.html.

[3] 教育部.教育部关于印发《高等职业教育创新发展行动计划（2015—2018 年）》的通知[EB/OL].（2015-10-21）[2022-07-19]. http://www.moe.gov.cn/srcsite/A07/moe_737/s3876_cxfz/201511/t20151102_216985.html.

不断扩大教育对外开放的广度和深度，引导沿边地区利用地缘优势，推进与周边国家教育合作交流，形成因地制宜、特色发展的教育对外开放格局。二是要健全质量保障。推动亚太区域内双边多边学历学位互认，支持UNESCO建立世界范围学历互认机制；加强与国际组织合作，积极参与国际教育质量标准研究制定。

2020年6月18日，《教育部等八部门关于加快和扩大新时代教育对外开放的意见》（以下简称《八部门意见》）正式印发。《八部门意见》坚持内外统筹、提质增效、主动引领、有序开放，对新时代教育对外开放进行了重点部署。一是在教育对外开放中贯彻全面深化改革的要求；二是把培养具有全球竞争力的人才摆在重要位置；三是推动教育对外开放实现高质量内涵式发展；四是积极向国际社会贡献教育治理中国方案。《八部门意见》提出，打造"一带一路"教育行动升级版，扩大教育国际公共产品供给，深化与重要国际组织合作，推动实施联合国《2030年可持续发展议程》教育目标；建立中国特色国际课程开发推广体系，优化汉语国际传播，支持更多国家开展汉语教学。❶

第二节　开放教育资源典型项目

MIT OCW项目的成功开展打响了开放教育资源运动的第一枪，之后的20多年间，开放教育资源运动迎来了蓬勃开展，其实践在世界范围内广泛展开，国际组织、各国政府、高校以及各类教育机构都肩负起各自的职责，积极进行有益探索，倾注心血建设了众多OER项目，这些OER项目均以资源服务平台作为有效支撑载体。

一、国际组织开放资源项目❷

为推动OER的发展，国际组织带头开展了一些OER项目，见表4.2。

---

❶ 教育部.教育部等八部门关于加快和扩大新时代教育对外开放的意见[EB/OL].(2020-06-18)[2022-07-19].http://www.moe.gov.cn/jyb_xwfb/s5147/202006/t20200623_467784.html.

❷ 刘德建,黄荣怀,王晓晨,等.国际开放教育资源发展研究报告[R].北京:北京师范大学智慧学习研究院,2017:17-20.

表 4.2　国际组织开放资源项目

项目名称	上线时间	发起方	服务对象	项目目标	项目特色
Learning Resource Exchange for schools❶	2004 年	欧洲教育云课堂（European Schoolnet）	全球开放，主要面向欧洲	收集不同国家和供应商的 OER，并提供高质量的开放资源	任何人都可以在 Learning Resource Exchange（学习资源交换，LRE）联盟中浏览存储库和教师的内容，也可以使用 LRE 社会标记工具注册，评估 LRE 的内容，保存喜欢的资源，并且可以与朋友和同事分享这些资源的链接
the Teacher Education in Sub Saharan Africa（TESSA）❷	2005 年	英国广播公司的世界服务基金会、学习共同体、非洲虚拟大学、南非远程教育研究所及英国开放大学五个国际组织，9 个非洲国家的 14 所高等教育机构❸	面向撒哈拉以南非洲地区的教师	为撒哈拉以南非洲地区的教师或教师培训设计和建设一个多语言、模块化、格式灵活的开放教育资源库，并促进 TESSA 的资源应用于不同的环境	提供了四种不同的语言：阿拉伯语、英语、法语和斯瓦希里语（肯尼亚等地的通用语言）；帮助教师培训者整合和开展培训课程；所有的材料都可以在官网上按格式和语言下载并遵循 CC 协议；项目的教育资源被教师培训计划或课程采纳，同时也适用于教师个别化学习的支持材料

---

❶ ARIADNE. Things you need to know about the learning resource exchange service centre[EB/OL].（2018-02-20）[2022-07-19］. https://www.ariadne-eu.org/learning-resource-exchange-service-centre/.

❷ ESSA. Teacher Education in Sub-Saharan Africa[EB/OL].（2018-05-28）[2022-07-19］. http://www.tessafrica.net/.

❸ 刘德建，黄荣怀，王晓晨，等. 国际开放教育资源发展研究报告[R]. 北京：北京师范大学智慧学习研究院，2017：18.

续表

项目名称	上线时间	发起方	服务对象	项目目标	项目特色
WikiEducator[1]	2006年	韦恩·麦金托什（Wayne Macintosh）	全球开放	建立一个繁荣可持续发展的全球社区，致力于设计、开放和传播免费的学习资源	能力建设、免费资源、社区网络建设、培养新技术、支持开放教育资源大学课程协作建设
多语言开放资源自主学习项目（Multilingual Open Resources for Independent Learning, MORIL）	2006年	欧洲远程教育大学协会	主要面向欧洲	在整个欧洲通过多种语言形式发布一系列免费的在线OER，为不同的目标群体提供新的接受大学教育的途径	这些OER包含了丰富的教学方法和策略，特别适合远程学习和终身学习；资源的语言除英语外，还包括该协会成员国各国的语言，充分体现了多国家和多语言的特点，具有国际化特点
OER Commons[2]	2007年	教育知识管理研究所协会（Institute for the Study of Knowledge Management, ISKME）	全球开放	为OER Commons注册的人提供开放的教育资源	门户网站有一个广泛的数据库和一个复杂的搜索功能
OERu（OER University,开放教育资源大学）	2009年	34个高等教育机构和组织	全球开放	将社区服务纳入其中，通过分享专业知识和学术成果为社会造福，从而为所在社区的更广泛利益服务	来自非洲、亚洲、欧洲、中东、大洋洲和北美的成员机构建立的国际创新合作伙伴关系；由OER基金会协调国际网络和支持教育工作者和教育机构通过开放教育实现其目标

---

[1] WikiEducator. Welcome to WikiEducator[EB/OL]. (2022-06-25)[2022-07-19]. https://wikieducator.org/Main_Page.

[2] OER Commons. OER commons & open education[EB/OL]. (2022-12-21)[2023-02-06]. https://www.oercommons.org/about.

续表

项目名称	上线时间	发起方	服务对象	项目目标	项目特色
Open up Education ❶	2013 年	欧盟委员会	面向欧洲	推进教育信息化和开放教育；为不同语言环境下的学习者、教师和研究人员提供欧洲开放教育资源	为机构、教师元学习者创新创造机会；增加对 OER 的应用，确保由公共基金资助创建的教育资源为大众所使用；优化 ICT 基础设施，并使得学校之间联通
langOER	2014 年	欧盟终身学习项目组	面向欧洲	促进欧洲小语种的学习和教学发展，加强语言在提高就业竞争力的作用	通过提高 OER 意识的活动、传递培训材料、提供对 OER/OEP 的培训来促进 OER 的应用；OER 地图倡议强调欧洲语言和文化的多样性；公共社交网络平台促进非正式学习和社区学习的实践

（一）WikiEducator

WikiEducator 培训计划被称为 Learning4Content（L4C）。在这一计划下，WikiEducator 网站安排免费的、面对面的在线 OER 发展培训。这是一个国际性的网上社区项目网站，该网站共享学习材料，属于非营利开放教育资源性质。各种学习资料都可以在该网站找得到，教学资源如课程计划和全课程，学习资源如学校门户网站和拨款建议等。

WikiEducator 网站雏形是由韦恩在计算机上创建的，第一个版本在 2006 年 2 月 13 日推出；2006 年 2 月 12 日，他在新西兰注册 WikiEducator 网站域名；2006 年 4 月，网站被上传到一个托管的服务器里，并获得 COL 财政援助，赞助包括从 WFHF 那里获得 10 万美元的教育补助金。2009 年 7 月 1 日，它成为一个独立的实体公司，总部设在新国际中心，在新西兰达尼丁奥塔哥理工学院（Otago Polytechnic）开设开放教育课程。

❶ Open up Education. About OpenupEd[EB/OL].（2022-03-24）[2022-07-19]. http://www.openuped.eu/.

在WikiEducator网站中,还能找到很多基于此的活跃项目,这些项目有着完整的记录,为其顺利开展提供了非常好的反思与借鉴作用。

(二) TESSA 项目

2005年,英国开放大学创建TESSA项目。TESSA项目旨在为撒哈拉以南非洲地区的教师或教师培训设计和建设一个多语言、模块化、格式灵活的开放教育资源库,并促进TESSA资源在不同环境中的应用。项目的关注点是教师培训的资源支持,通过开放高质量的校本培训资料来促进教师培训,满足初等学校教师的专业发展需求。

TESSA项目联盟包括英国广播公司的世界服务基金会、学习共同体、非洲虚拟大学、南非远程教育研究所四个国际组织,还包括来自9个非洲国家的14所高等教育机构❶,项目资源由非洲当地的教育专家合作完成。

当前,TESSA作为一个协作网络,可帮助改善作为教师或教师教育者的实践。该网站提供免费、优质的资源来支持国家课程,并帮助教师计划、参与和开发课程。资源包括教师和教育工作者需要的图书资料以及研讨会材料,这些材料被翻译成4种语言和24个国家或地区的版本,参与者可以按语言、国家或地区选择TESSA资源,以访问最适合自己的库。

(三) LRE 项目

2004年,欧洲学校网(European Schoolnet)启动的LRE项目旨在收集不同国家和供应商的开放教育资源。该项目宗旨是:任何人都可以在LRE中浏览存储库和教师的内容,也可以使用LRE社会标记工具注册,评估LRE的内容,保存喜欢的资源,并且可以与朋友和同事分享这些资源的链接。

LRE的发展得到了欧洲教育部的支持。LRE项目新的合作伙伴和新的资源也在被定期纳入,可以使用的学校资源数量也正在迅速增长。

目前,European Schoolnet已成为一个可以提供欧洲各大院校教学和课堂学习的在线教育平台,提供从小学到中学的教学课程(所有在线课程都是免费的),帮助各国学子学习最前端的创新教育;主要提供Future Classroom Scenarios Innovative 和 Practices for Engaging STEM Teaching 两种模式。

---

❶ 刘德建,黄荣怀,王晓晨,等.国际开放教育资源发展研究报告[R].北京:北京师范大学智慧学习研究院,2017:18.

（四）OER Commons

2007年，ISKME设立了OER Commons项目。OER Commons对自己的定义是一个开放教育资源的公共数字图书馆，探索、创建并与世界各地的教育工作者合作以改进课程。该项目通过链接其他机构的资源以及收集个人课件和其他学习材料来提供教与学的资料，实现教育资源的互动和共享。教育者和学生可以通过链接对开放教育资源进行搜索、研究、评价和讨论，他们需要的资源都会有描述性的信息。截至2011年，OER Commons已经和120多家内容机构建立了联系。

通过对OER Commons门户网站的分析，发现有一个广泛的数据库和一个复杂的搜索功能是其最大的特色，其中含有多种学科的优秀教育资源，包括艺术、经济学、人类学、数学、统计学和社会科学等，从学前教育到高等教育，资源类型丰富多样。其功能类似于中国知网（CNKI）。

（五）OpenupEd

2013年4月25日，由欧洲远程教育大学协会牵头，法国、意大利、荷兰等11个国家参与，在由荷兰开放大学主办的一个国际新闻网络直播活动中正式启动了欧洲的MOOC计划[1]，其正式上线的门户网站OpenupEd是第一个多机构合作的泛欧洲MOOC。

OpenupEd旨在将欧洲教育向全世界开放，满足终身学习以及不断变化的知识型社会的需求。OpenupEd最初开设40门课程。当前，学习者可在OpenupEd中体验完整的课程，其中包括免费的非正式认可选项，也包括付费并能获得学分的课程学习。其课程体现了欧洲开放大学的优秀教学模式，以学习者为中心，提供相关优质学习资源。

二、一些国家和相关机构的开放资源项目

在OER的发展过程中，一些国家和相关机构也纷纷响应国际组织的号召，开展了不少OER项目（见表4.3）。

---

[1] 李艳,张慕华.国内外代表性MOOCs项目比较研究[J].开放教育研究,2014,20(3):53-62.

表 4.3 开放资源项目

项目名称	上线时间	发起方	服务对象	项目目标	项目特色
GEM[1]	1997 年	美国教育部和美国国家图书馆联合发起	以美国中小学生为主	为美国的教师、学生和其他教育人士提供数字教育资源服务	采用元数据编码来组织和管理网络资源,其资源都来自联盟的个人、学校、企业、科研机构、政府部门等,其中包括美国航空航天局、美国国会图书馆、Discovery 公司和科学儿童出版社等
Connexions	1999 年	美国莱斯大学	全球开放	致力于优质开放教育资源的建设和共享	该项目组建了对所有人开放的、动态的、直观的、协作的开放教育资源环境,其中不仅包括学习资源,还包括支持在线学习的工具和软件,并形成在线的虚拟学习社区
MIT[2]	2001 年	美国麻省理工学院	全球教师、学生、自学者	把 MIT 几乎全部的、在教学实践中使用的本科及研究生课程通过互联网发布,供全球所有学习者免费学习	基于 Sapient、Maxtor、Microsoft、Akamai、NetRaker、Hewlett-Packard 几大公司建立商业合作伙伴关系,让其负责 MIT OCW 的网站设计、运行、内容管理、出版结构等服务

---

[1] 郭绍青,张进良,贺相春. 美国 K-12 开放教育资源:政策、项目与启示[J]. 电化教育研究,2016,37(7):122-128.

[2] 杜文超,何秋琳,江丽君. 开启世界课程资源共享的先河——MIT OCW 项目评析[J]. 现代教育技术,2011,21(4):14-18.

续表

项目名称	上线时间	发起方	服务对象	项目目标	项目特色
Open Course Ware❶❷	2002年	美国麻省理工学院	全球教师	为教师提供课件资源，促进教学有效进行	免费公开课程教学用资源，包括教学大纲、教学进度、讲课记录、提交的作业、小测验、问题解答、实验室使用、教学用软件和视频录像等
Open Learning Initiative❸	2002年	美国卡耐基梅隆大学	全球高等教育学生	创造高质量的课程，助力原创性研究，以提高高等教育的学习和改革	"往返回馈"的课程模式，覆盖课程设计的开发、评价和改进等各个环节，且支持多种反馈渠道
Backing Australia's Ability❹❺	2002年	澳大利亚政府	澳大利亚学生	促进研究、科学和技术的卓越发展；提高开放意识；建设研究的信息基础设施，包括开放的大学数据库、论文和其他数字目标；建立元数据标准以提高对研究信息的获取和发现；发展相关的指导方针	基于Scootle数字教学资源的门户网站免费获得资源

---

❶ Open course ware[EB/OL]. (2022-03-24)[2022-07-19]. http://ocw.mit.edu/index.html.

❷ 陶祥亚,杨成. MIT教师开放课件项目对我国大学网络教学资源建设的启示[J]. 内蒙古农业大学学报(社会科学版),2011,13(3):115-117.

❸ Open learning lnitiative. Learn more about OLI[EB/OL]. (2022-11-02)[2023-02-06]. https://oli.cmu.edu/learn-more-about-oli/.

❹ Australia Department of Industry, Science and Resources. Backing Australia's ability: an innovation action plan for the future[R]. Canberra: Department of Industry, Science and Resources, 2001: 4-5.

❺ Scootle. About[EB/OL]. (2022-11-08)[2023-02-06]. https://www.scootle.edu.au/ec/p/about.

续表

项目名称	上线时间	发起方	服务对象	项目目标	项目特色
NPTEL[1]	2003 年	五所印度理工学院、四所印度管理学院、匹兹堡的卡内基梅隆大学	全球开放,以印度的本科工程和技术学生为主	提高工程、技术和科学教育的质量	基于免费教育频道开展视频讲座和 Web 的模块化课程内容
LER[2]	2004 年	欧洲学校网	全球开放	收集不同国家和供应商的开放教育资源,为学习者提供服务	通过官方门户网站访问。会员资格需要综合考量其研究量、影响和资金、博士培训的优势、规模和学科广度,以及同行认可的学术水平
Pratham Books	2004 年	MS Rohini Nilekani；Ashok Kamath；Rekha Menon（印度）	全球开放	为任何国家的每一个孩子提供有趣的故事书,并且致力于为不同语言和文化环境中的孩子提供适合的低成本的故事书	针对学前教育,内容涵盖了小说、非小说、戏剧、诗歌和科学、历史等数字和资源
Curriki	2004 年	Sun Microsystems 公司（美国）	全球开放	消除教育沟壑；致力于教育工作者、学习者或其他教育专家共同工作,建立和分享优质的材料	提供有效的学习工具支持；建设全球开放教育资源图书馆和资源共享社区

---

[1] NPTEL. About us[EB/OL]. (2022-12-30)[2023-02-06]. https://nptel.ac.in/aboutus.

[2] The League of European research universities. About LERU[EB/OL]. (2022-07-13)[2022-07-19]. https://www.leru.org/about-leru.

续表

项目名称	上线时间	发起方	服务对象	项目目标	项目特色
OpenLearn[1]	2006年	英国开放大学	教育者、学习者、研究者、组织机构	为学习者提高学习技能、体验学习经历、开展课题研究、提高创新能力等诸方面创造条件	基于开源软件 Moodle（Modular Object Oriented Dynamic Learning Environment，模块化面向对象的动态学习环境）搭建虚拟学习环境平台
OpenER	2006年	荷兰开放大学	面向荷兰	促进荷兰高等教育的大众化，推进终身学习能力	在技术支持的学习环境下，学习者能灵活多样地开展学习活动，丰富了学习者的学习方式
WOU	2007年	马来西亚宏愿开放大学	成人学习者	为社区提供无障碍、灵活和负担得起的教育，以支持终身学习	基于开放和远程学习（ODL）系统
MOOC	2008年	George Siemens 与 Stephen Downes（加拿大）	全球开放	将世界上最优质的教育资源，传送到地球最偏远的角落，让人们能够有更好的职业生涯，甚至提升智能、扩展人脉	通过 RSS feed 订阅，学习者可以用他们自己选择的工具来参与学习：用 Moodle 参加在线论坛讨论，发表博客文章，在第二人生中学习，以及参加同步在线会议
Khan Academy（可汗学院）	2008年	萨尔曼·可汗（美国）	全球开放	向世界各地的人们提供免费的高品质教育	基于 YouTube 网站

---

[1] 李玲静. OpenLearn：一个可持续的开放学习系统[J]. 现代教育技术, 2010, 20(4)：77-80.

续表

项目名称	上线时间	发起方	服务对象	项目目标	项目特色
UKOER（英国开放教育资源）	2009年	英国高等教育学会与英国联合信息系统委员会	全球开放	旨在为全世界教育工作者和学习者提供大量高品质的高等教育资源	开放教育资源的实践与研究相互促进
DLM（Dynamic Learning Maps，动态学习地图）❶	2010年	英国纽卡斯尔大学	美国17个州的3年级到高中学生	改变学习者的学习经验，促进学习者终身学习、个性化学习及就业能力的提升	DLM实现了学习资源自主聚合与可视化导航，二者有各自独立的实行规则，又有密不可分的联系，资源聚合是可视化导航的前提和基础，可视化导航使资源聚合的效用得到升华
网易MOOC❷	2010年	中国网易公司	中国学生	为用户提供来自哈佛大学等世界级名校的公开课课程，或来自可汗学院等教育性组织的精彩视频	涵盖世界级名校的公开课课程并具备翻译功能
Udacity❸	2011年	Google无人车之父塞巴斯蒂安·特龙（Sebastian Thrun）	全球开放	致力于以科技教育推动职业发展，与行业科技公司合作，为企业培养科技人才，促进企业带来的行业变革	基于Google、Facebook、Amazon等全球顶尖技术公司联合开发的技术

---

❶ Dynamic learning maps. Alternate assessment[EB/OL]. (2022-04-19)[2022-06-01]. https://dynamiclearningmaps.org/.

❷ 网易公开课[EB/OL]. (2022-05-22)[2022-06-01]. https://baike.so.com/doc/5415062-5653204.html.

❸ Udacity[EB/OL]. (2022-05-24)[2022-06-01]. https://baike.so.com/doc/6787320-7003927.html.

续表

项目名称	上线时间	发起方	服务对象	项目目标	项目特色
Coursera[1]	2012年	美国斯坦福大学两名计算机科学教授	大学生	同世界顶尖大学合作，在线提供网络公开课程	基于官方平台网站和Android或iOS App
edX[2]	2012年	美国麻省理工学院、哈佛大学	全球开发	建立世界顶尖高校相联合的共享教育平台，提高教学质量，推广网络在线教育	基于YouTube网站
开放课本项目	2012年	美国哥伦比亚大学	以哥伦比亚地区为主	提供灵活的并且低成本的方式，让民众能够获得哥伦比亚特区的高等教育资源	项目中的教材都在CC协议下，为用户免费提供各种格式的电子教材，也可按个人需求选择印刷，但是要付一些印刷费用
印度开放教育项目	2013年	印度开放知识基金会	面向印度儿童	为印度儿童提供大量的在线书籍和学习资源，所有的资源都在CC署名协议下共享	覆盖了印度的30多种语言，并试图与作者沟通，向公众直接提供原始数据
中国大学MOOC	2014年	中国网易、高等教育出版社	中国学生	提供多元、开放及互动的课程学习	基于官方平台网站和Android或iOS App
Open Textbook Projects	2016年	澳大利亚南方昆士兰大学	南方昆士兰大学学生	提供多元学习资源	基于学习对象库，以便支持学习和教学

---

[1] 360百科. coursera[EB/OL]. (2022-05-22)[2022-06-01]. https://baike.so.com/doc/5411482-5649590.html.

[2] 360百科. edX[EB/OL]. (2022-05-22)[2022-06-01]. https://baike.so.com/doc/5405246-5643018.html.

续表

项目名称	上线时间	发起方	服务对象	项目目标	项目特色
基于特殊教育者的成功培训师项目（Special Educator Technology-based Training of Trainers, SETTT）	2020年	美国教育部	有认知障碍的学生的指导教师	开发和维护一个精心策划的、开放访问的在线资源集合，支持为教师培训师设计和提供专业学习，供培训师和有严重认知障碍学生的教师使用	在多个站点实施该项目，教师培训师使用项目资源为有严重认知障碍的学生的教师设计高质量的专业发展

（一）Open Learning Initiative

2002年，卡内基梅隆大学资助了开放学习项目（Open Learning Initiative，OLI），为民众提供创新的在线课程，其目标是创造高质量的课程，助力原创性研究来提高高等教育的学习和改革，重视课程开发与学术研究，和科学研究与开放教育资源的设计开放相互促进。

OLI覆盖课程设计的开发、评价和改进等各个环节，且支持多种反馈渠道。在该课程模式中建立课程用户共同体，学习者不仅可以参与相关课程的学习，还可以参与合作开发进程和课程材料设计，接触更加广泛的学术意见，提高他们对课程的理解，成为课程的积极参与者。

当前，OLI项目为学生及教师提供了多种课程，针对校内外不同的学习者有不同的参与课程学习的规定，可以进行没有成绩的自学课程，也可以支付一定费用进行学分课程。

（二）Open Course Ware

2002年9月，MIT在网上免费公开了其教师100门课程的教学用资源，这些网络课程资源包括教学大纲、教学进度、讲课记录、作业、小测验、问题解答、实验室使用、教学用软件和视频录像等。2003年3月，开放的学科增加到250门，同年9月，这一数量达到了500门，极大地丰富了教师所能使用的教学资源。

MIT OCW是来自数千个MIT课程免费的和开放的材料集合，涵盖了整个 MIT 课程。MIT 不向 OCW 的用户提供信用或认证——并且不要求任何回报，无须注册就可以自由地浏览和使用 OCW 资料。用户下载文件以备后用，可以发送给朋友和同事进行修改、重新混合和重用（只要记住引用 OCW 作为来源即可）。

MIT OCW 项目让全世界学习者获益匪浅，受到了广泛的关注和好评。其网络教学资源建设给全球网络教学带来了深远的影响，其带有全局性的资源建设长远战略以及资源整合模式的运作经验也对推进我国大学网络教学资源建设具有一定的指导意义。截至 2022 年，MIT OCW 为世界各地的学习者和教育者提供了 2500 多门 MIT 课程材料。当前 MIT 已成为 YouTube 上订阅数最多的项目，其浏览量超过 3 亿次。

（三）UKOER[1]

2009 年，UKOER 计划具体由联合信息系统委员会和高等教育学会共同运行，旨在为全世界教育工作者和学习者提供大量高品质的高等教育资源。

UKOER 计划共投入 540 万英镑，分为以下三个阶段。

①第一阶段（2009 年 4 月—2010 年 4 月）。主要围绕学习资源的公开发布进行了一些试点的项目和活动，共在机构、个人和学科这三个层面上资助了 29 个项目。

②第二阶段（2010 年 8 月—2011 年 8 月）。以第一阶段为基础进行扩展，并通过一系列的学术研究和实验对 OER 的探索和使用进行检验，共在 OER 的发布、使用和探索阶段资助了 36 个项目。

③第三阶段（2011 年 10 月—2012 年 10 月）。对 OER 的持续应用及其在高等教育和未来教育相关领域的活动、过程进行研究，共资助了 13 个项目，主要研究了针对特定策略、政策或者社会目标的 OER 使用方法。

UKOER 于 2013 年 1 月完成其使命，但运行该项目的相关网站依然被保留至今，用户仍能下载一些文件以借鉴其项目开展的经验。

---

[1] JSCI. Open education: Enabling free and open access to learning and teaching resources licensed in ways that permit reuse and repurposing in the UK and worldwide[EB/OL].(2022-10-04)[2022-02-06]. https://www.jisc.ac.uk/rd/projects/open-education.

（四） Dynamic Learning Map

2010 年，纽卡斯尔大学着手开展 DLM 项目。纽卡斯尔大学在电子档案袋互操作性领域有着深厚的经验，DLM 是其在以往研究基础上的一种技术的整合与理念的提升。DLM 评估是基于计算机的，对于那些不适合进行一般州评估的有严重认知障碍的学生，即使没有住宿条件也可以访问。DLM 评估为三年级到高中的学生提供了一种展示他们所知道和能够做什么的方式。

DLM 项目由使用和开发 DLM 替代评估系统的州教育部门组成。堪萨斯大学的无障碍教学、学习和评估系统（ATLAS）是成就和评估该项目的一部分，它与北卡罗来纳大学教堂山分校的扫盲和残疾研究中心合作促进 DLM 联盟。该项目最初由美国教育部提供赠款资助，促进了评估、技术、专业发展、研究和评估管理的持续发展。

当前 DLM 为美国 21 个州提供教育资源，并指导教师进行相关教学实践，DLM 的发展，改变了当代学习者的学习经验，促进了学习者终身学习、个性化学习及就业能力的提升，在 DLM 基础上还开展了相当多的延伸评估项目。

（五） SETTT

2020 年，在美国教育部的支持下 SETTT 上线，为教师提供有效的在线专业学习及资源，促进教师专业发展。SETTT for Success 特别关注为有最严重认知障碍的学生提供学术指导的教师的专业发展。

SETTT 利用通用学习设计（UDL）原则和基于证据的技术和专业发展实践，培训师为教师设计和提供专业发展时为他们实施有效的在线专业学习。SETTT for Success 项目包括资源、培训师专业发展周期和技术。

SETTT 项目计划执行五年，目前已完成第一阶段的使命，并提供了相关的资源或报告，第二个发展阶段将于 2022 年 10 月结束。该项目的计划是到 2025 年，将 SETTT for Success 传播至 10 个新的站点，持续地为社区提供使用资源。

第三节　开放教育资源发展的瓶颈

第二节介绍了一些典型的 OER 项目，虽然这些项目已成功开展，但在具体实施过程中仍然因为各种因素而存在一定的局限性。本节总结了一些 OER 发展过程中出现的主要问题并进行了具体的说明。在此基础之上，通过两个案例的分析，概括出其成功的关键因素，并提出 OER 未来的发展方向。

一、开放教育资源发展中的主要问题

经历近 20 年的发展，OER 发展取得了明显成效，在一定程度上有力地推动了教育的改革与发展。与此同时，由于 OER 本身及一些客观的原因，而使其在建设和共享的过程中出现的各种问题愈加明显。如表 4.4 所示，本节将从项目的开发角度出发，对 OER 发展中的问题按照 OER 前期准备阶段、OER 建设与运行阶段以及 OER 可持续发展阶段进行划分。

表 4.4　影响 OER 发展的主要问题

阶段	主要问题	内容	举例
OER 前期准备阶段	政策支持与机构策略❶	部分国家政府缺乏推动 OER 发展的政策，需要制定能够发挥协调、引导与统整作用的政策或策略，并由各区域或高校积极响应并实践	在加拿大，很少有机构明显致力于开放实践或政策制定。在阿曼，监测和评估是开放教育资源政策中的一大空白
	目标定位与核心理念❷	开展并执行的 OER 项目目标定位不够明确，开放与共享理念最受欢迎与最值得被肯定；同时，需要从"管理"理念需要转向"治理"理念	在德国，"免费提供知识"的概念❸与实际使用免费和开放的教学和学习资源之间存在差距。在印度尼西亚，尽管 OER 已在战略层面得到推广，但学校对 OER 的概念还不够了解

---

❶ 杨满福. 开放教育资源的可持续发展：现状、问题及趋势[J]. 中国电化教育，2013(6)：73-77,82.

❷ 王龙. 开放教育资源可持续发展能力建设的再思考——美国犹他州立大学开放课件项目关闭的警示[J]. 现代远程教育研究，2010(1)：29-32,79.

❸ OECD. Giving knowledge for free：The emergence of open educational resources[EB/OL]. (2007-05-22)[2022-05-30]. http://www.oecd.org/dataoecd/35/7/38654317.pdf.

续表

阶段	主要问题	内容	举例
OER 建设与运行阶段	经济运行模式❶	OER 项目长期运行需要资金的支持，通常一个 OER 项目的成本包括内容成本、技术成本和管理成本，资金不够充足成为影响 OER 发展的重要问题	在巴西，金融（开放式教育资源的融资和资助）元素远非理想。 在澳大利亚，开放和开放获取的概念正在获得相当大的支持并得到政府的明显认可，但它们的发展与 OER 类似，受到公共资金缺乏的威胁
	技术条件与手段❷	虽然信息通信技术发达，教学设备和技术的质量及数量都有了提升，但支持教学人员创建开放教育资源的技术条件有限，技术支持和辅导的缺乏限制了教育资源在开放教育环境下的融入和转变	在阿曼，基础设施和技术支持还没有达到所有学校开展的水平。需要更多支持以确保足够的互联网资源、电力供应以及能够监控和实施流程的有能力的员工。 在非洲地区，互联网、电力都是限制因素
	项目运作方式❸	自身运作、发展模式不够明确，需要发展战略相结合或建立更好的合作机制，需要使用以教师和管理者为中心的管理策略，以学习者为中心的应用策略	在德国，超过 3/4 的使用 OER 的障碍与缺乏支持组件有关，例如：组织支持；组织内部缺乏共享文化；缺乏技能、质量、信任或时间；并且缺乏适应能力。 在印度尼西亚，教师将接受 ICT 教学培训。这意味着必须提高他们的 ICT 素养，并且必须广泛引入采用 ICT 策略的积极教与学
	项目推广模式❹	OER 项目推广效果不够好，有的网站存在访问量低，OER 可获取性差、应用范围小等问题。需要改进推广模式，比如可分为教育行政部门推广模式、精品课程教师推广模式以及协会组织和个人的自发推广模式	在我国，三种模式中目前还主要是教育行政部门的推广

---

❶ 汪琼，王爱华. 高校开放教育资源（OER）项目的可持续发展——基于投资与盈利模式的分析与研究[J]. 远程教育杂志，2012,30(3):11-16.

❷ 赵艳，肖曼，张晓林，等. 开放教育资源的可持续发展:现状、问题与挑战[J]. 图书馆论坛，2019,39(3):42-50.

❸ 赵艳，肖曼，张晓林，等. 开放教育资源的可持续发展:现状、问题与挑战[J]. 图书馆论坛，2019,39(3):42-50.

❹ 洪岩，梁林梅. 从精英到公众的开放资源:TED 的发展及启示[J]. 现代教育技术，2013,23(4):12-15.

续表

阶段	主要问题	内容	举例
OER可持续发展阶段	质量控制与保证机制❶	有效的质量控制与保证机制是规范OER建设行为、提升OER质量、引导和推动OER运动可持续发展的重要手段，必须得到不断完善	在巴林，政府正在积极建立文化和语言相关性、质量保证、版权和许可、内容制作成本以及教育内容的可访问性。在印度尼西亚，Rumah Belajar平台基础和中等教育的大多数开放式教育资源内容是作为独立资源呈现的，仍然是非结构化的，这些需要以与学习能力标准相关的方式呈现
	资源共建共享方式	资源共建共享中存在如多语言互译、版权协议等问题。资源共建共享的技术系统和资源共建共享的组织机制会限制OER利用率。因此在资源的生产、应用和推广的不同阶段都要关注资源本身、学习者需求及平台建构等	在俄罗斯，在互联网上以OER形式发布其材料的教育工作者面临的主要挑战之一是版权。在教育机构网站上发布的绝大多数学习材料没有明确的使用条款指导。在阿曼，缺乏阿拉伯语和科学OER等数字内容

（一）OER前期准备阶段

1. OER政策支持问题

UNESCO、OECD等国际组织对OER运动高度关注并积极扮演协调者、引导者角色。UNESCO在其《2012年开放教育资源巴黎宣言》中强调：建议各国各尽所能，进一步制定OER的战略、政策和策略。由此可见，OER发展到现在，国家层面的政策支持已经显得十分必要。因为零散的实践突破不了众多现实的障碍，OER发展的方向必须在更高的层面得到确认和引导。

因此，在OER发展到一定阶段，国家政策与战略应该适时跟进，发挥协调、引导作用，以提高资金使用效率和激发各种创新模式与机制的产生。关于制定国家层面的政策以促进OER的发展，OECD在其2012年提供的《开放教育资源：经合组织国家调查问卷分析》报告中指出：大多数经合组织成员国家对OER持非常积极的态度，调查中有16个国家表示已有OER

---

❶ 杨满福. 开放教育资源的可持续发展：现状、问题及趋势[J]. 中国电化教育，2013 (6)：73-77，82.

国家层面的政策。除了国家层面，其他一些组织也在积极制定并实施开放政策，例如在 2018 年，美国高等教育信息化协会（EDUCAUSE）在官网上发布了关于开放教育政策的七个问题文件❶，其中提到已经有越来越多的开放教育政策被采用，越来越多的基金会、政府和机构正在制定和实施他们自己的开放政策。随着 OER 和 OEP 规模的不断扩大，政府、资助者、教育机构和其他机构将继续完善开放教育政策。

而从我国 OER 发展的历史路径来看，从国家精品课程到国家精品开放课程都采用了一种政府主导的项目开发模式。但针对 OER 的国家层面明确的建设、管理、利用政策则尚付阙如，这对 OER 的未来发展确实存有不利影响。对机构层面而言，必须发展微观应用的支持和激励策略，要恰当承担组织者和杠杆性的作用，应当为用户提供法律的、内容的、技术的、绩效提升的支持，使用奖励在内的评价导向促进 OER 使用行为。

2. OER 目标定位与核心理念问题

开放和共享无疑是受欢迎和被肯定的，但人们还希望开放和共享的资源是丰富的、高质量的、能够满足需求的、能够提升应用价值的。例如，很多人希望借此获得学位或证书。犹他州立大学开放课件项目关闭的案例说明，有些 OER 项目与实施机构之间的战略整合还不够深入，还没有将项目直接应用于提升机构的核心竞争力。这样，一方面不利于项目的实施和项目特色的体现，另一方面也不利于项目的定位。因此，在 OER 的发展实践中，要切实从机构的条件和需求出发，启动符合自身发展战略的 OER 项目，做好项目的发展定位和功能定位，避免盲目追求开放教育资源的热门化。

实践表明，与机构战略有机结合的项目，往往发展较好。值得肯定的是英国开放大学的 Open Learn 项目，将其与本校的改革和发展战略有机结合起来，长期开展优质资源建设，共享优质课程资源，支持用户实时交互和分享学习经历。同时，将资源的获取、大规模发送资源的技术和为不同需求的用户提供学习支持的技术整合起来，为自身机构服务。2022 年 1 月，Open Learn 在官网上更新了他们的合作伙伴，明确了其使命是为更多地方的更多人提供

---

❶ ELI. 7 things you should know about open education：Policies［EB/OL］.（2018-08-13）［2022-06-01］. https://library.educause.edu/-/media/files/library/2018/8/eli7159.pdf.

教育机会，扩大其全球影响力。

基于网络环境下建构学习型社会的发展要求，我国需进一步明确国家级精品视频公开课和精品资源共享课的建设目标定位。一是鼓励学校自行展示教学计划和课程资源；二是精品视频公开课应充分挖掘能代表我国高等教育发展、高校风貌和文化内涵的课程，打造我国高等教育开放资源的国际品牌；三是精品资源共享课应凝练我国高等教育和教学改革的成果，突出共建共享，强调根据不同层次、类型、学校、教师、学科、学生等不同要求建设开放课程，在建设过程中包容多样性，即顾及区域高等教育均衡发展与教学改革和网络学习需求。❶

(二) OER 建设与运行阶段

1. OER 经济运行模式问题

OER 的成功运行需要成本的支持，其中包括内容成本、技术成本和管理成本。内容成本包括给内容提供者的经费以及因引用别人内容而支付的版权费用，如 MIT OCW 项目在最初的几年中，每门课程给内容提供者的费用是 2 万美元。技术成本包括制作成本、软硬件系统成本和运行维护成本，技术服务外包费用也属于此类。一个 OER 项目的制作成本与其对资源呈现的要求有很大关系，如 MIT OCW 项目有专门的团队负责将教师提交的平时上课用的材料进行统一的格式编排处理，课程的制作成本就更高了，所有的录像和照片都制作精良，而且还要将上课录音整理成文字。管理成本包括项目的管理推广成本，项目的规划、宣传、推广、管理和组织都需要资金。另外一笔花费常常被国内 OER 项目所忽视，就是用户是需要培训的，他们需要了解怎样将资源用于自己的教与学环境，需要知道怎样做才能够方便快捷地分享。

虽然开放课程运动提倡"开放共享、全球受益"的理念，但除了教师、志愿者愿意提供无偿劳动的热情外，如何让此活动的参与者得到必要的劳动补偿，信息设备能够得以正常运转，以及深入的国际交流与合作得以开展，这些都需要资金支持。目前大部分开放课程共享项目都由基金会或政府组织资金支持，但都有年限限制，一些项目要由自己筹集经费，一些项

---

❶ 胡树祥,石鹏建,郑家茂,等.美、日开放教育资源考察与启示[J].中国大学教学,2012(12):12-17.

目通过建立学校间或区域间的协作联盟降低成本，进行资源的共建共享。❶还有一些项目如 OCW，当前采用了用户捐赠的形式获得资金支持。

经费的缺乏在一定程度上也阻碍着我国 OER 的免费共享。❷虽然，OER 是免费开放给用户使用的，用户无须付费，无须承担成本，其免费的理念和举措推动着 OER 的发展，但是 OER 的创造、发布平台的建立以及在此过程中每个人员的付出和知识资源不断的更新都是需要大量的经费支持的。

2. OER 运行技术条件与手段问题

虽然信息通信技术发达，教学设备和技术的质量及数量都有了提升，但支持教学人员创建 OER 的技术条件如音视频录制、剪辑等有限。技术支持和辅导的缺乏限制了教育资源在开放教育环境下的融入和转变，也导致教学人员参与积极性和参与度不高。

国内外 OER 项目主要通过第三方翻译插件、聘请或招募志愿者人工翻译的方式解决多语言问题，以扩展 OER 的传播与发展，但插件翻译精度不高，而人工翻译成本高且复用率低，这需要继续通过技术条件和手段加以改善。

我国 OER 的跨平台通信技术的缺乏令每个 OER 的平台成为信息孤岛。以各高校内部的校园网为例，其自身的跨平台链接速度就较慢，并且不能访问外文网站；另外高校内部的教学管理系统、成绩管理系统、考试管理系统等用于教务管理的系统都是"各自为政"，不能实现一站式通信平台。目前中国开放教育资源协会的网站接入了 MIT 的网站，使得核心网站上的内容可以面向世界开放共享，然而国内的其他开放教育资源还不能完全向世界开放。以上这些事例都是因为我国的开放教育资源发展中缺少跨平台通信技术，而阻碍了开放教育资源更大范围的共享。❸

3. OER 项目运作方式问题

2009 年 6 月，曾经位居全美开放课程先锋的犹他州立大学宣布终止其

---

❶ 高慧君.国际高等教育开放课程对我国高校课程建设的启示[J].职业技术,2008(9):12-16.

❷ 安卫华.我国开放教育资源问题研究[J].辽宁经济职业技术学院(辽宁经济管理干部学院学报),2010(2):62-63.

❸ 安卫华.我国开放教育资源问题研究[J].辽宁经济职业技术学院(辽宁经济管理干部学院学报),2010(2):62-63.

开放课程项目,引起了舆论界的哗然。从表面上来看,在经济危机压力下,校方连12.7万美元的年度运行费用都不能提供。[1]但回溯其开放课程项目的运作方式可以看出,项目失败的真正原因在于该校的开放资源项目只是一个学术研究中心(the Center for Open and Sustainable Learning)在牵头,使用的是从基金会申请到的25万美元经费,主要靠人际关系和志愿者服务推动,并未在学校层面引起足够的重视和认同。[2]项目经费花完,尤其是领导成员跳槽后,团队就只能解散。

因此,对于那些将开放课程资源项目作为其学校教学建设之外的额外工作来对待的学校,对开放课程项目提供持续的投入是非常困难的,而且其项目成功非常依赖执行人的领导力,变数很大,这个教训必须牢记,此外必须要建立依靠多方的合作机制。例如,MIT OCW的成功也离不开与各方进行合作,在其官网上能明确地找到其企业和基金会支持者。

对于我国的开放大学,其自身的发展模式还不明确,对其所推动的OER也存在诸多不确定性因素,如知识产权、财政资金投入、绩效评估等。学习型社会建设和开放大学建设都处于探索中,政府对其投入模式也没有定型,OER等都以专项方式进行投入,并没有将其纳入事业单位部门预算中,可持续性难以保证。对于处于不同版权和知识产权条件下的资源,用户如何合理合法地获取、使用、修改、重组,尚有一系列复杂困难的法律和技术问题需解决。[3]

4. OER项目推广模式问题

随着OER运动的发展,人们不再满足信息和知识的获取,而更渴望能够与他人一起交流、讨论。已有学者指出,整合开放课程资源与社交学习是开放课程资源发展的趋势之一。目前兴起的Udacity、Coursera等网络课程中,许多学习者正在自发组织各式线上、线下的交流活动,这正是OER运

---

[1] PARRY M, Utah State Uniuersity's open course ware closes because of budget woes [EB/OL]. (2009-09-03)[2022-06-01]. http://chronicle.com/blogPost/Utah-State-Us-OpenCourseW/7913/.

[2] 王龙.开放教育资源可持续发展能力建设的再思考——美国犹他州立大学开放课件项目关闭的警示[J].现代远程教育研究,2010(1):29-32,79.

[3] 王晓晨,孙艺璇,姚茜,等.开放教育资源:共识、质疑及回应[J].中国电化教育,2017(11):52-59.

动传递社区学习理念的大好契机。构建社区学习平台既可减轻繁重的资源支持服务的工作，更为众多富有激情的学子提供了一个互相学习、交流的空间。

社区教育资源最大的特点就是满足市民的学习需求，资源的实效性和实用性是衡量资源质量的重要标准，在社区推广应用开放教育资源，必须按照市民实际需求对其进行相应的改造，从而使开放教育资源的质量不断得到提升。可以依托地方政府充足的经费和已经完善的社区教育运行机制推广和应用开放教育资源，以保证开放教育资源持续发展。❶

我国开放教育资源的开发与应用主要集中在高等院校，并取得较好的成绩，但推广应用的影响和效果不及发达国家，主要表现在开放教育资源网站访问量低，开放教育资源可获取性差、应用范围小。❷ 从目前高校开放资源的实际使用情况来看，我国各高校多是在本院校平台上发布课程资源，人们想要浏览这些资源必须拥有一个该校校内账号或者使用校内 IP 才可以访问。可以说，各高校开放教育资源平台之间缺乏交流，并且兼容性差，很多想要使用课程资源的人往往是不具备上述条件的。因此，这种相对封闭的渠道使我国的精品课程资源推广存在一定障碍，应用性不强。❸

（三）OER 可持续发展阶段

1. 质量控制与保证机制问题

在质量控制与保证实施原则方面，建议建立有效的评审网络，采取同行评议或开放式公众评议的方式，通过评议审查保障资源质量；在质量控制与保证标准方面建议逐步建立统一的审查认证机制与标准，并通过机构间的合作共享质量控制流程、方法与技术。在具体的质量控制策略方面，建议建立创建者与用户之间的"往返回馈"模式，或者提供学习者反馈的渠道，鼓励用户参与评价，以获得学习者的学习体验和反思，并通过对使用情况和评价情况的监测、分析来不断完善课程资源，提高资源质量。

---

❶ 蔡惠.开放教育资源的推广和应用探析[J].重庆第二师范学院学报,2013,26(4):104-106.

❷ 蔡惠.开放教育资源的推广和应用探析[J].重庆第二师范学院学报,2013,26(4):104-106.

❸ 赵磊,唐伟,朱娜.我国高校开放教育资源建设问题初探[J].经济研究导刊,2016(25):173-174.

因此，OER 的质量不管是技术的、内容的、设计的都应该由利益相关者共同承担。当然，质量保障有三道把关口——资源提供者、高等学校等机构、教师，这使 OER 的质量风险并不大。首先，资源提供者要担负质量保障的第一把关人的责任。虽然这也确乎是一种道义的责任，并无强制性，但出于维护其个人或者机构的声誉，资源提供者特别是机构，都有理由将经过检验的优质产品释放出来。其次，高等学校等机构作为资源使用者，在开放共享时代应该承担质量第二把关人的角色。其含义是高等学校的教学支持服务机构在实现资源本地化过程中，必须承担资源筛选、评估、加工及注释等相关的工作。这一前期工作将能有效减少教师利用资源的盲目性和质量风险。最后，OER 的质量本身是一个情境化的概念，OER 的教育潜力只有当教师将其应用于教学时才能发挥。

国内外众多 OER 项目实践表明，OER 可持续发展的一个关键阻碍是质量问题。[1] 当前，我国开放大学同样也面临着如何保证 OER 建设质量的问题，主要表现在以下 4 个方面。

①质量控制体系缺失，资源建设质量没法得到有效保障，相当一部分 OER 是低水平重复建设。

②资源建设部门只管建设不管使用，认为资源使用是教务教学部门的事。

③资源设计开发之初没有考虑开放共享的需求，没有遵守共同的资源建设标准或国家标准，导致不同开发主体的 OER 在同一个平台上开放共享非常困难。

④相当部分的 OER 设计和开发系统性不够，没有考虑知识之间的逻辑关系和用户的需求，对系统性学习需求的支持和对学习者的支持不够。[2]

2. 资源共建共享方式问题

在资源共建共享中存在诸多障碍，如多语言互译，虽然已经有一些政府和机构采取了一些行动来解决资源之间的多语言转换问题［如欧洲 31 个国家的教育部共同参与的 European Schoolnet 项目，收集不同国家、语言的

---

[1] 万力勇,杜静,蒋立兵.开放教育资源质量管理:研究进展与启示[J].中国电化教育,2017(2):55-63.

[2] 张世明,袁玥赟,彭雪峰.我国开放大学开放教育资源可持续发展研究[J].中国电化教育,2020(8):119-126.

开放教育资源；Khan Academy 通过字幕插件进行翻译；TED（美国的一家私有非营利机构）借助志愿者翻译等］，但是这些举措均存在一定的不足，如翻译不精确、成本过高、难以持续等。又如版权协议问题，是 OER 创建、组织管理、传播和应用过程中的一个核心问题，这一方面体现在各国不同的版权保护法律，另一方面也体现在民众参差不齐的版权保护意识。❶

此外，有很多学者和实践者做了总结，关于 OER 利用率低的原因，归纳起来主要有两个方面：一是资源共建共享的技术系统，二是资源共建共享的组织机制。对技术系统的研究大多聚焦于如何构建一个技术先进、资源齐全、使用方便、标准兼容的资源库管理系统，其目的是将分散在互联网上的资源聚集起来，提供便捷查询的功能，但是资源管理技术系统的不断更新并没有解决资源利用率低下的问题。❷ 在组织机制方面的研究也提出了影响资源共建共享的因素，这些因素与影响可持续发展的因素有交叉之处，如经费障碍、资源提供者的参与、资源质量、版权问题等。这都表明对资源共建共享可持续发展的机制缺乏清晰的认识。

我国目前已经有高校精品课程网、K-12 中国中小学教育教学网等，但是仍然缺少一个由具有一定影响力的组织建立的可以用来访问各种各样教育资源的门户网站。对于用户来说，通过这个网站，可以各取所需，找到所需要的课程、资源、用户社区等。建设这样一个知识库和链接门户，可以实现优质教育资源的集合，实现教育资源的再生和重利用，有利于减少重复建设，为学习者提供分类良好的优质的教育资源。❸

二、相对成功的案例及发展方向

（一）OER 成功案例

1. OERu 模式原则

韦恩介绍了 OERu 的增量设计和分解服务方法，以及该联盟如何实现财

---

❶ 王晓晨,刘梦蓉,孙艺璇,等.国际开放教育资源平台分析及对"一带一路"国家教育资源建设的启示[J].电化教育研究,2017,38(12):106-113.

❷ 韩锡斌,周潜,程建钢.基于知识分享理论的开放教育资源共建共享可持续发展机制的研究[J].清华大学教育研究,2012,33(3):28-37.

❸ 宫淑红,胡贝贝,盛欣.共享开放教育资源的门户——ISKME 组织的 OER Commons 项目评析[J].现代教育技术,2011,21(6):9-12.

务可持续性。他总结说，OERu 模式的成功在于采用开源、尊重合作伙伴提供课程和项目的自主权、为所有利益相关者提供价值，以及创建一个开放的生态系统来培育 OER 项目。❶ OERu 的成功遵循了以下几个原则，具体见表 4.5。

表 4.5　OERu 模式运行原则

原则	内容	解释
响应与贡献机构的核心价值相一致的令人信服的愿景	为全球所有学生提供免费学习机会，并提供其能获得学位的机会，特别是为那些被排除在高等教育之外的学习者	关注学习者需求，恰如其分地为其提供所需服务
开源一切	通过使用 OER、OEP、开放许可、开源软件和开放规划流程而具有独特的开放性；所有合作伙伴都可以看到和参与 OERu 实施的各个方面，同时不排除开放社区中个人的宝贵贡献	开放一切，尤其重视社区个人对开放教育资源做出贡献
尊重合作机构的决策自主权	合作机构享有学习评估和认证相关的所有决定方面的机构自主权，通过这种方式，合作机构不会损害其机构地位、品牌或认证权威，通过网络进行集体合作，能够取得比单独工作更多的成就	开展合作，并尊重合作各方的自主性和利益要求
为合作机构提供可行的价值主张	合作机构能够为开放在线课程建立开放和协作设计模型的能力，同时创造降低成本的机会。例如，合作机构可以通过将 OERu 课程整合到全日制学生的课程中，为传统的低入学率课程提供多样化的课程，而不会产生任何资本课程开发成本	降低成本，提供多样的课程
避免同时在太多方面进行创新	虽然通过技术进行创新具有吸引力，但存在超出经济和社会接受新发展的能力的风险。在谈到大学学位的价值时，社会和高等教育部门传统上是保守的。OERu 已将其主要创新限制在使用基于 OER 的课程获得正式学分，并有意将创新（新形式的认证，如开放徽章）留给其他参与者	要有创新，但要逐步实现，OERu 当前的创新点是为参与课程的学习者提供学分、认证等需求

---

❶　MACKINTOSH W. Open course development at the OERu[EB/OL]. (2017-04-03) [2023-08-23]. https://www.ubiquitypress.com/site/books/e/10.5334/bbc/.

续表

原则	内容	解释
风险最低，同时将影响最大化	OERu 网络模型确保合作机构的低风险，将机构限制为从现有 OER 中仅开设两门课程。然而，由于集体网络的回报明显大于单个合作伙伴的初始投资，因此该项目的开放模型采用可重复使用和重新混合的方式	确保合作机构的低风险，同时借助集体网络将回报最大化
保证补偿合作伙伴未来的运营成本	在 OERu 模型中提供评估服务的经常性成本以按服务收费的方式得到补偿，从而最大限度地降低了合作伙伴的风险。OERu 采用的开放式商业模式也为来自分类服务的新收入创造了机会	开设新服务，保证运营成本
采用增量设计模型与严格的战略规划相结合	在高等教育中高度不稳定和快速发展的技术环境中，不可能制订详细的中期总体规划。此外，由来自世界六个主要地区的机构组成的国际网络的动态相关的复杂性在中期总体规划中无法合理预测。因此 OERu 制定小规划以避免失败，同时重视具有足够战略性以促进网络组织学习的增量项目。通过这种方式，OERu 保持敏捷性并响应不断变化的需求	在宏观战略目标的规划下，执行动态的基于合理预测的小规划
从一开始就使用低成本基础进行可持续性设计	OER 基金会成功地将其成本基础平均保持在每年 200 000 美元以下，而只有两名全职员工。课程开发的可扩展性由参与的 OERu 合作伙伴的 2 名全职等效员工贡献支持，因此不会增加核心网络服务的直接运营成本	从项目的最开始就关注可持续性发展中的成本问题

这些原则并不相互排斥，它们在一个动态的生态系统中相互作用。OERu 模式足够灵活，可以让各个合作伙伴追求自己的优先事项，而不会影响获得更多负担得起的教育机会的集体目标。在这些指导原则的基础上，OERu 正在慢慢成功地跨越"如何实现可持续的开放式教育资源项目"的鸿沟，以及消除"没有开放教育资源，机构如何保持可持续发展"的质疑。

2. MIT OCW 发展策略[1]

MIT OCW 项目是教育领域资源开放共享理念的首创者和第一个实践者，也是当前在 YouTube 上订阅数最多的项目。它的成功让全世界学习者获益匪浅，受到了广泛的关注和好评，其带有全局性的关于资源建设的长远战略以及资源整合模式的运作经验对于进一步推动 OER 具有重要的指导意义，具体见表 4.6。

表 4.6　MIT OCW 成功策略

策略	内容	解释
前导性、变革性、反思性	MIT 把 OCW 项目视为一种知识的公益事业，这一理念具有前导性和变革性，面临网络时代对大学机构变革的挑战，MIT 没有迷失，也不是无所作为，而是积极反思：互联网将对教育产生什么影响？高等教育如何应对网络时代的挑战？麻省理工学院如何应对这种挑战？	看到了 OER 的过去、现在和未来，并在不断反思中推动 OER 前进
清晰、适度的定位策略	MIT OCW 在网站主页明确表明，它不是授予学位的远程教育项目，不为使用其资源的用户授予任何形式的学位证书；不提供和校内教师教学交互（日常课堂教学中的教育情景）的支持，也不谋求任何和远程教育项目相关的盈利计划	始终坚持其免费、开放、共享的理念
采用以教师和职员为中心的管理策略	MIT OCW 的团队主要由两部分组成：一部分是以提供教学资源方式参与项目的教师，另一部分是实际参与实施、提供技术支持和其他服务（包括协调、管理、推广、研究、评价等）的工作职员	体现并拓展了教师的价值，帮助其实现对教学实践、对该学科的贡献
采用以用户为中心的应用推广策略	MIT OCW 价值的主要体现就是为用户增加价值，帮助教师（备课或授课，激励其改进教学方法，共享对某些知识点的理解和讲授方法），帮助学生（规划自己的学习，作为参考资源和参考工具）和自学者（促进个人知识发展）	采用以用户为中心的应用推广策略，扩大项目在全世界范围内的影响，让更多的用户来访问它、了解它、理解它、认同它

---

[1] 王龙，王娟. 麻省理工学院开放课件项目经验评述[J]. 开放教育研究，2005(4)：89-93.

续表

策略	内容	解释
知识产权的处理	MIT OCW 处理知识产权问题遵循原则如下：①确保每个人都认识到开放课件项目的前提是在"开放"相关条款约定下发布这些资源，允许使用、重用、改编或传播，确保来自第三方的授权和开放课件项目发布的开放共享条款相一致。②保留教师对于课程资源的所有权，以减少教师们的顾虑。③设计并建立良好的版权检查和清晰化流程，围绕知识产权有关要求逐步增强大家对它的知晓度	重申"开放"的重要性，对学习者、资源提供者及建设平台等方都作了具体说明
流程化的发布过程	整个发布过程是流程化的，从课程登记、课程资源准备和设计、内容的格式化和标准化、建立课程站点、初步评价、阶段发布、故障排除和完善等环节紧紧相扣	流程化保证了效率，降低了成本，并且便于分工和协作，整体推进工作进度
控制成本	项目成本的影响因素有：发布课程的数量，现有资源符合标准的状态，格式的转化和标准化，内容的知识产权的审查清理（授权、替换或移除）、硬件基础设施、软件工具包等因素变化而变化，也受项目运作需要的人力投入，整个执行过程的效率等因素高低影响	开放课件项目也需借助大学或机构内已有的基础条件，尽量降低成本，而不是从零开始
采用评价策略，建立灵敏的反馈机制	作为项目的有机组成部分，MIT OCW 评价战略从项目启动就开始设计和实施，包括评价工具的设计、评价方法及评价策略的选择，反馈和改进机制的建立。其评价包括项目评价和过程评价两部分	项目评价可以确定 MIT OCW 实现其目标的程度，同时也为项目建立一个彻底的、持续的反馈过程
采用适当、可靠、可放缩的技术架构策略	MIT OCW 仅采用互联网作为发布媒介。相对于其他复杂的网络技术，MIT OCW 的技术策略标准是采用低技术、安全可靠、便于使用，用户使用一个标准的浏览器就能获取所有内容。视频或音频内容还根据不同网络带宽制作相应的文件	技术架构策略最大限度保证不同地域、不同上网条件的用户对资源的获取
良好的合作机制	MIT OCW 的成功同时也是多方合作的结果，包括项目资金支持、资源、评价等方面的合作。资金来源多方、内容多样、评价多主体	无论是在内容建设、评价、还是技术支持，MIT 都与第三方构建了良好的合作机制

(二) OER 未来发展方向

1. 加强教师在制作和使用共享开放式教育资源方面的培训

教师作为 OER 的开发者和贡献者发挥着重要作用，他们也有助于在教学和学习环境中使用开放式教育资源。提高教师有效利用 ICT 和发展开放教育资源的能力对于将开放教育资源融入日常活动至关重要。一些国家（如德国）担心仅仅提供 OER 是不够的，因为将 OER 纳入教学法更为重要，这认可了教师在实现 OER 的全部潜力方面的重要作用。

UNESCO 制定的教师信息通信技术能力框架（ICT Competency Framework for Teachers，ICT-CFT）❶ 为教师在教学和专业发展中有效利用 ICT 所需的技能建立了指导框架。UNESCO 还协助会员制定了反映使用开放式教育资源的培训计划，使用 ICT-CFT 模型，COL 开发了教师 ICT 集成英联邦证书。❷ 这些模块可通过开放许可获得，以便在当地环境中被采用或改编用于教师培训。COL 还开发了一个简短的在线课程"了解开放式教育资源"，该课程可在 Technology-enabled Learning Lounge 作为开放式课程提供，吸收和使用这些资源将进一步帮助建设教师能力。

2. 加强国际合作以促进共建共享

加强国际 OER 建设及其课程资源质量保证，如像 MIT OCW 传递麻省理工学院世界一流大学的高质量课程，OpenLearn 课程以活动理论为基础，充分考虑用户需求而设计，OLI 课程资源全部由专业的课程团队开发设计。此外，OER 若想获得可持续发展，还要充分调动利益相关者积极参与 OER 的生产、应用及推广的各个阶段，各利益者之间互相补充、互相配合，构成建设共同体，除了专业的课程组织专家、教育技术领域的专业人士外，还要充分挖掘社会各方力量，积极发挥草根共建思想，如可以像 OpenLearn 平台提供开源环境，设立学习者专区鼓励大众共同建设资源。edX 平台与全球知名高校（如麻省理工学院、哈佛大学、清华大学、北京大学等）合作共

---

❶ UNESCO. UNESCO ICT competency framework for teachers[EB/OL].(2011-10-16)[2022-05-30]. http://www.unesco.org/new/en/communication-and-information/resources/publications-and-communication-materials/publications/full-list/unesco-ict-competency-framework-for-teachers/.

❷ COL. Commonwealth certificate for teacher ICT integration(CCTI) course modules[EB/OL].(2015-06-02)[2022-05-30]. http://oasis.col.org/handle/11599/676.

同推出优质课程资源。

UNESCO 受托领导和协调 2030 年教育议程。为完成这一使命，UNESCO 一直在制定《2030 年教育：行动框架》。❶ 2030 年教育议程下国家计划的制定和实施将为政府和其他方面提供历史性机会，使 OER 的采用与国家教育部门的长期发展战略保持一致。这将需要大量资金，因此将在该领域工作的国际非政府组织和基金会联合起来促进 OER 的发展非常重要。

3. 设计可持续的资金和社会机制来支持开放教育资源运营

国际发展较好的 OER 项目已经开始探索可持续发展路径，很多项目（如 OpenLearn）已经不再单纯依靠基金会的赞助获得经费，通过为学习者提供增值服务来获取项目日常经费，如 OpenLearn 依然免费为学习者提供课程资源，但是想要获取积分或者置换学分则需要付相应的费用。国内 OER 建设也要借鉴国际经验，摆脱完全依靠政府出资的依赖心理，探索出国内 OER 可持续发展路径。

OER 的实施需要公共和私人资金的支持。由于政府在为相互竞争的需求分配资金方面面临若干挑战，教育政策制定者必须了解开放式教育资源的重要性以及如何使用开放式教育资源来减少购买商业教科书的教育支出。虽然开放式教育资源的成本明显低于商业教科书，但有效地将开放式教育资源融入教学和学习需要教师考虑不同的开放式教育资源使用模式：采用（原样）、适应（重用和再混合条件）和管理。

所有这些步骤导致不同的成本结构，但没有太多研究可以完全了解 OER 在不同使用条件下的成本负担能力。当公共资助的材料使用适当的许可时，私营部门可以努力将它们进一步传播给更多的受众。某些许可证类型还促进了开放式教育资源的商业使用，为创新和创造性创业提供了蓬勃发展的机会。

4. 分析加强开放教育资源研究的影响，为政策制定提供基础

为提供政策制定所需的基础，监测和评估开放教育资源政策和举措的

---

❶ UNESCO. 2030 年教育：仁川宣言和行动框架实现可持续发展目标 4——确保包容和公平的优质教育，让全民终身享有学习机会［EB/OL］.（2016-09-22）［2022-06-01］. https：//unesdoc. unesco. org/ark：/48223/pf0000245656_chi？posInSet = 1 & queryId = 9a43ec5e-e92d-4058-9a9b-656e6adbf2c5.

有效性，必须分析 OER 的影响。目前关于 OER 的实验和试点项目需要进行研究和评估以提供证据。由国际发展研究中心（加拿大）和国际发展部（英国）支持的开放式教育资源促进发展研究网络目前正在开展几个项目[1]，以了解开放式教育资源在南半球的影响。英国开放大学的 OER 研究中心也在记录已发表研究的影响，并进行自己的研究，以确定 OER 对学生、教师和机构的真正影响。[2] 未来需要更多的研究和评估来向他们所服务的社区展示 OER 项目和倡议的价值。

---

[1] ROER4D. ROER4D overview[EB/OL].(2018-06-29)[2022-06-01]. http://roer4d.org/.

[2] Oerre education hub. Our story[EB/OL].(2021-02-03)[2022-06-01]. https://oerresearchhub.org/our-story/.

第三篇

开放教育资源平台与机制

世界各国开放教育资源项目正在不断推陈出新，作为其支撑，开放教育资源平台通过互联网的形式，依托崭新的教育理念、资源共享机制、资源组织形式以及先进的教学法将开放教育资源运动"开放"与"共享"的理念引向了更深入和更广泛的层面。经过多年的发展，当前国际上有影响力且发展相对成熟的开放教育资源平台有 OpenStax、Coursera、可汗学院、OpenLearn、edX 等。开放教育资源平台的快速发展吸引了分散在世界各地的学习者进行在线学习和交流，学习者通过网络便可获得免费的、高质量的、高水平的学习资源。然而，开放教育资源平台的建设与发展尚存在诸多问题，如建设水平不一、平台评价机制不健全、平台可持续性发展等，本篇将就这些问题展开讨论，解答"如何建设优质的开放教育资源平台""如何评价开放教育资源平台的建设""如何实现开放教育资源的可持续发展"等问题。最后，对不同国家驱动 OER 发展的方式展开详细介绍，以期为优质教育资源的可持续生态协同创新提供思路。

第五章 典型开放教育资源平台及功能

在 OER 的发展过程中,一些开展 OER 项目的平台发挥了重要的推动作用,本章介绍 OpenStax、Coursera、可汗学院、OpenLearn 和 edX 这五个典型平台,通过介绍其背景、信息、功能和特点来反映 OER 发展的基本情况。

第一节 OpenStax

一、平台背景

1999 年,理查德教授(Richard Baraniuk)开发了一个以提供在线教学资源为主的开放学习平台 Connexions。其开放理念为:各学科和课程知识之间都是相互关联的,并在知识的共建共享中表现出来;多种资源联系起来可形成一个知识共建共享的全球学习共同体。[1] 2000 年,莱斯大学(Rice University)电子工程专业的两门专业课"电子工程基础"和"物理电子学概论"在该平台上线,该项目迎来了首批开放课程及资源。

受 OER 运动热潮的影响,Connexions 项目在 2004 年后迅速崛起,除了不断增多的开放课程和资源,Connexions 开始更多地关注虚拟学习社区以及开放学习工具的研发。自 2004 年发布 1.0 版本平台后,2005 年成功研发了该项目平台的专用软件 Rhaptos,并发布了功能更完善的 2.0 版本平台。Connexions 项目的技术得益于 Rhaptos 的专业性以及平台的强大功能而愈发

---

[1] 陈婷婷.国际开放教育资源平台架构研究暨对我国师范院校 OER 平台建设的启示[D].北京:首都师范大学,2021:31-32.

成熟，在XML（Extensible Markup Language，可扩展标记语言）的基础上，该项目利用Rhaptos设计了专门针对课程内容设计和编写的CNXML语言，极大地丰富了已有资源的共享方式。2010年，Connexions发布了两个重大消息：Rhaptos企业版的发布将该项目已有的开放课程和资源兼容于其他网站或平台；针对手持终端开发的电子书（EPUB）格式的内容发布使该项目的用户拥有更丰富的接入方式。十余年来，Connexions从OER的建设与共享，到开放学习环境、工具的研发和应用，已形成了独具特色的模式。❶

OpenStax是继Connexions项目后创立的。2012年，Connexions更名为OpenStax，其开放的理念、高质量的资源、成熟的技术以及人性化的工具使得OpenStax在世界各地得到认可。2017年，OpenStax宣布与UK Open Textbooks合作，准备在英国推广其开放内容，并与Katalyst Education合作组建OpenStax Polska，将精选波兰语版本的OpenStax书籍带到波兰的大学。2022年OpenStax宣布他们的产品自2012年以来节省了17亿美元教育成本，已有139个国家的600万学生以及63%的美国高等教育机构使用OpenStax。❷

二、平台信息

OpenStax属于非营利性教育技术计划，其书籍完全免费并支持在线阅读。支持平台的慈善基金会有比尔和梅琳达·盖茨基金（Bill & Melinda Gates Foundation）、WFHF、迈克尔逊2000万思想基金会（Michelson 20 Million Minds Foundation）等。其宗旨是为高校制作经同行评审的高质量数字教科书，并提供免费的数字格式以及价格低廉的印刷格式。❸

OpenStax项目下设诸多平台和工具来共同支持用户学习。例如OpenStax的CNX平台（该平台于2022年8月关闭）出版得到公开许可协议的高质量

---

❶ 吉喆,焦丽珍.连通开放教育资源——赖斯大学Connexions项目评析[J].现代教育技术,2011,21(2):17-21.

❷ OpenStax. OpenStax surpasses $1 billion in textbook savings, with wide-ranging impact on teaching, learning and student success[EB/OL].(2020-08-30)[2022-06-01]. https://openstax.org/press/openstax-surpasses-1-billion-textbook-savings-wide-ranging-impact-teaching-learning-and-student-success.

❸ PALMIOTTO A. How OpenStax books are made[EB/OL].(2018-03-30)[2022-06-01]. https://openstax.org/blog/how-openstax-books-are-made.

大学教科书，这些教科书是完全免费的在线版本，为全球用户提供教育内容；2017年推出的 OpenStax Tutor，为大学生提供了易于使用的在线课件和学习工具，并针对教科书中的内容予以补充说明，同时还提供个性化家庭作业、练习题、复习题、测试题等资源，并根据学生作业的情况，给予及时的反馈，以此来帮助学生并了解他们最需要提升的地方。不过这个平台服务是收费的，每门课程10美元。❶ 除此之外，OpenStax 还与美国知识管理研究协会创建的共享开放教育资源的知识库与联接门户 OER Commons 结为战略合作伙伴，由 OER Commons 为 OpenStax 数字教材用户搭建一个共享、协作的合作平台。

OpenStax 对所上传的资源都实行 CC 协议。这一协议要求资源作者承诺所提供的资源能供所有人阅览，允许自由传播并能进行适当修改。同时，资源的原作者拥有该资源的版权。其实在 OpenStax 更名之前，资源的开放级别就已经属于最高级，即用户具有修订、重新包装并使资源增值的权利，可以对资源本身进行适当修改。这种方式不仅实现了用户对资源开放编辑的权利，也保证了原作者的基本权益，这也是 Connexions 为开放教育运动所做出的另一突出贡献。❷

三、平台功能及特点

（一）平台功能

1. 在线学习功能

此功能是面向平台的普通学习者，帮助学习者利用平台上庞大的教科书资源进行学习。该平台包括"入门指南""阅读笔记指南"和"时间管理指南"等学生资源，可帮助学习者了解如何更好地免费使用教科书；同时，也包含教科书信息，如目录、在线查看、下载等；"数字笔记"可以让学生在线阅读时在教科书上记录笔记，也可以把笔记打印出来。

---

❶ 张艺涵.开放教育资源平台"1+X"评价指标构建[D].北京:首都师范大学,2021:26-27.

❷ 刘德建,黄荣怀,王晓晨,等.国际开放教育资源发展研究报告[R].北京:北京师范大学智慧学习研究院,2017:53.

2. 课程创建功能

课程创建功能针对教师开放，供教师基于平台上所提供的一本教科书来创设一门课程。课程创建模块包括："创建指南"，有关如何利用该教科书建设一门课程的教程；"课程资源"，提供教科书中可供教师利用的幻灯片和图片；"教科书勘误"，教师在使用教科书的过程中，如发现错误，可在平台上发表勘误信息，每年该领域专家都会对用户发布的勘误进行梳理，以订正教科书；"技术支持"，平台会显示该教科书发布时使用的开发工具，并提供工具链接。

3. 课程辅导功能

此功能是 OpenStax 的 OpenStax Tutor 模块，教师需要通过购买一学期的课程辅导使用权来为学生提供个性化作业及书库。教师可以利用这个学习工具创建自己的课程并使用平台上所有的资源。这里也有课程创建模块，包括"网络研讨会"，其主要是专家和创建课程的教师之间讨论如何设置辅导课程以及关于课程辅导模块的所有信息；"创建指南"，平台为教师提供了详细的课程创建教程；"学习管理系统（Learning Management System, LMS）整合"，将教师在 Tutor 上创建的课程和 LMS 集成在一起，以此实现教师进入平台即可查看学生课程成绩的功能；"个性化作业"，教师可从平台选择题库和从开放式问题库中添加作业或者教师自己设计问题或重新编辑题库中的问题；"评估工具"，教师可查看和分析学生作业，以了解学生在学习过程中的问题；"常见问题解答"，帮助模块购买者答疑解惑。❶

4. 社区功能

社区功能是 OpenStax 与 OER Commons 合作的功能，是面向所有人的动态、直观的、协作的开放教育资源环境。这一环境包含学习资源、工具软件以及虚拟社区。学习者可以在虚拟社区的讨论区中自由发言，分享自己的资源或下载别人的资源，还可以看到成员信息及资源数量，或进行资源级别判定以及添加标签等操作。

（二）平台特点

该平台中完全免费的教科书使得平台反响热烈，也推进了开放教育资

---

❶ 陈婷婷.国际开放教育资源平台架构研究暨对我国师范院校 OER 平台建设的启示[D].北京:首都师范大学,2021:27.

源的发展。OpenStax 数字教材选择 CNXML 格式作为资源特定格式，保障了各类资源在不受格式限制的基础下，方便快捷地进行共享传播，进而实现信息整合；在线做笔记功能也为学习者对学习资源添加备注提供便利，从而实现在线记录学习过程的目的。

尽管如此，OpenStax 平台也存在着一些不足之处。例如，该平台只提供以英语为主要的支持语言（有极小部分西班牙语教材），对学习者和用户的英文要求较高，没有多语言支持，在一定程度上也会降低平台的使用率和适应性；另外，该平台并未设置课程的认证，也就是说，学习者学完一门课程后没有该课程的资格认证，这可能会降低学习者学习课程的积极性。

第二节 Coursera

一、平台背景

Coursera 项目由美国斯坦福大学两名计算机教授达芙妮·科勒（Daphne Koller）教授和吴恩达（Andrew Ng）教授于 2012 年创办，该项目由一个营利性质的教育科技公司推出。2011 年底，达芙妮·科勒与其同事、祖籍香港的华人吴恩达教授试探性地将 3 门课程免费放到网上，最后意外发现报名人数竟超过 10 万人，学员来自世界各地。这个数据令他们震惊，同时也让他们意识到，一场变革正在在线学习领域发生，可能将会重塑高等教育的版图。于是，在 2012 年 4 月，达芙妮·科勒与吴恩达共同创办了在线教育公司 Coursera（意为"课程的时代"），旨在同世界顶尖大学合作，在线提供免费的网络公开课程。Coursera 的首批合作院校为斯坦福大学、密歇根大学、普林斯顿大学和宾夕法尼亚大学。

该项目成立后，全球共有 68 万名学生注册了 43 门课程。随着越来越多大学的加入，Coursera 上有更多的课程。2013 年 7 月 9 日，上海交通大学和复旦大学宣布与 Coursera 项目所属的公司确立合作关系。2015 年 5 月，该平台与伊利诺伊大学合作推出第一个硕士学位项目。到了 2018 年，Coursera 拥有超过 3700 万注册学习者人数，保持着行业内领头羊的地位。2020 年，Coursera 相继推出 Coursera Plus 无限制订阅版、引导性项目 Guided Projects。同时为了应对新冠病毒大流行造成的影响，平台校园服务免费开放，以帮助各国政府应对疫情造成的失业危机。截止到 2022 年 4 月，Coursera 已与 272 所大学及公司合作，累计有 8200 万名学习者和 6000 多家学校、企业和政府加入，为学习者提供超过 9000 门在线课程，其中涉及数据科学、商务、数学、法律、计算机等多个领域。❶

二、平台信息

Coursera 是一个以营利为目的的 MOOC 平台。最初 Coursera 项目通过市场融资的方式来获取发展经费，将平台中的在线课程免费向大众共享。在发展过程中，该项目逐渐取得阶段性改变，探索到了适合自身发展的商业模式。

具体来说，一方面，Coursera 采取了一种"免费共享 & 增值服务"的商业模式，平台上的所有课程均可免费访问，但大部分课程只允许观看教学视频、参与讨论和提交作业。如果学习者还要获得个别化辅导或评分，参加期末考试，拿到官方的认证证书、学分或学位，则需支付一定费用。另一方面，Coursera 注重与世界级的顶尖大学和知名机构展开合作，依据最优秀研究者证实的方法不断优化教育平台设计，共同开发任何人均可学习的在线课程，普及世界一流的高等教育，为学习者提供 Coursera 式教育体验，以帮助他们更快更好地学习，并通过推动高等教育的变革发展，改善学习者及其家人的生活质量，促进其所属社区的发展。❷ 因其良好的运营模式，Coursera 于 2021 年 3 月 31 日在纽约交易所上市。

同时，Coursera 还与 100 多个非营利组织和社区伙伴合作，为世界各地服务不足的社区提供免费教育，包括难民、退伍军人、受刑事司法系统影响的人以及服务不足的高中生。因其对社会产生的积极影响，Coursera 于 2021 年 2 月获得共益企业认证（B Corp）。

Coursera 的目标是为任何人提供来自世界一流大学和公司的在线课程和学位，因此平台上的大部分课程由世界一流大学和公司的顶级讲师授课，

---

❶ Coursera. 2021 impact report：serving the world through learning[R/OL]. (2021-11-01)[2022-06-01]. https：//about. coursera. org/how-coursera-works/.

❷ 赵磊. 美国 MOOC 多样化运营机制探析：Coursera 经验及启示[J]. 外国教育研究，2017,44(3)：27-37.

具有前瞻性与创新性。其核心课程资源共分为五类，分别是免费课程（Courses）、专业课程（Specializations）、职业证书课程（Professional Certificates）、硕士学位课程（MasterTrack™ Certificates）和在线学位课程（Online Degrees）。另外 Coursera 的服务对象不止是学习者，还包括一些机构。很多机构希望利用 Coursera 平台提升员工技能，促进劳动力转型，所以 Coursera 在初创时更多地关注商业运营。2016 年，Coursera 前 CEO 里克·莱文（Rick Levin）提出了 Coursera for Business 战略，将用户从个人扩展到企业，为企业提供学习解决方案，助力公司培养人才，助力企业实现劳动力转型。Coursera for Business 是公司旗下发展最快的项目，截至 2020 年 5 月，已为包括 60 多家《财富》世界 500 强企业在内的全球 2000 余家公司提供服务，帮助他们培养人才，保持企业竞争力。❶

三、平台功能及特点

（一）平台功能

1. 针对性课程功能

Coursera 平台为不同人群提供了不同的专业化课程模块，分别是企业课程（Coursera for Business）、校园课程（Coursera for Campus）、政府课程（Coursera for Government）。Coursera for Business 是变革性的技能发展解决方案，可为企业团队提供创新力、竞争力和高影响力。使用 Coursera for Business，学习者可以通过专家策划的 AI（Artificial Intelligence，人工智能）驱动型学习计划进行变革性学习，快速获得技能，还能跟踪和衡量学习者的技能发展，并将熟练程度与同行进行基准测试。Coursera for Campus 能为学生和教职员工提供与工作相关且有学分的在线教育，该课程可以通过教授高增长领域的技能来提高学生的就业能力，通过引导式项目、编程作业和课内评估（在线、离线或通过移动设备）帮助学生掌握工作准备技能，同时教师也能够创建针对学生需求量身定制的项目，并评估课程。Coursera for Government 可以帮助政府和组织为全体员工提供所需技能和新工作的学习途径，实施全国性的学习计划。同时，可以开发与当地相关的职业道路，并

---

❶ 马吉纳卡尔达,王亭亭. Coursera 发展的关键决策[J]. 世界教育信息,2020,33(5):5-6.

将学习者与区域雇主联系起来，通过创作内容来构建自己的招聘生态系统，提高员工的技能，为工作做好准备。❶

2. 在线学习功能

此功能面向所有学习者，学习者可以在平台上访问的资源包括课程描述、课程讲师、课程合作高校、相关课程推荐、教学大纲、课程资源（视频、阅读材料、测验、作业）、课程注册、常见问题。一门课程会划分为若干节课，每节课包含若干个视频资源、阅读材料、课件以及课后测验，在整门课程的结尾会有一个大作业。每门课程针对需求不同的学习者设计了四个不同的学习模式：购买课程、旁听、试用、奖学金。这也是其营销策略的体现。

3. 在线社区功能

在线社区功能提供了"新闻/活动发布""讨论小组""主题讨论""职业中心"和"帮助中心"五个二级功能。其主要作用就是给用户提供自由讨论的空间，组建小组便于对某一主题展开讨论；还可以给求职、在职的用户解决职场上的困惑，交流就业想法。

（二）平台特点

1. 支持的语言众多

除支持英语外，以俄语、西班牙语、越南语、葡萄牙语、法语、德语、意大利语、阿拉伯语、汉语为最多，还支持荷兰语、希腊语、波兰语、波斯语、泰语、泰米尔语、日语、希伯来语、韩语、泰卢固语等。

2. 关注职业发展

Coursera平台中面向职业发展的课程也不少，课程简介中有"学生职业成果"的反馈，公司参与课程开发，方方面面都可以看出Coursera对职业发展的重视。关注职业发展正是平台的亮点之一。Coursera还从消费者个人用户（Consumer）向企业用户商家（Business）拓展，拥有学校、企业等团体用户，该平台曾与政府机构合作，为失业人员提供职业技能培训。

---

❶ Coursera. Coursera launches clips to accelerate skills development through short videos and lessons[EB/OL]. (2022-05-05)[2022-06-01]. https://blog.coursera.org/coursera-launches-clips-to-accelerate-skills-development-through-short-videos-and-lessons/.

3. 提供助学金

基于边际成本效应，Coursera 平台还为经济困难的学生提供助学金。用户的增加不会增加课程开发和管理的成本，这也使得 Coursera 能够支持这部分学生的学习。

尽管如此，Coursera 平台也存在着一些不足之处：该平台几乎不能实现课堂内的实时交流。Coursera 为每门课建立论坛，按照教学周分区以供交流。每一个开课周期的讨论区是共享的，可以实现知识的积累和分享。其中的发帖，大多数是反馈故障、咨询使用方法、打招呼的帖子，此外还有极少量内容是关于个人的观点，总体而言帖子的价值不高。

第三节 可汗学院

一、平台背景

可汗学院是由孟加拉裔美国人，麻省理工学院及哈佛大学商学院毕业生萨尔曼·可汗于 2008 年创立的一所非营利性教育机构。最初上传在可汗学院的视频，是可汗为住在远方的表妹辅导功课而拍摄的，结果这种网上教育的模式受到了众人的一致好评。随着事业得到了越来越多的社会认可，这种积极的反馈促使可汗于 2009 年辞去工作，并全职专注于创建教育教程。

2009 年，"可汗学院"被授予"微软技术奖"中的教育奖，他本人也因此成为媒体追逐的对象。随之而来的物质支持，让这个免费网站更加活跃，可汗将已有的视频翻译成了西班牙语、法语、俄语、汉语等 10 余种语言，并聘请了一些助手。大量捐助的到来，意味着可汗获得了肯定。比尔·盖茨曾说："可汗的成功令人难以置信，我和孩子也经常使用'可汗学院'。他是一个先锋，借助技术手段，帮助大众获取知识、认清自己的位置，这直接引领了一场革命。"

2012 年，可汗学院授权网易作为中国唯一官方合作的门户网站。近年来，可汗学院的部分视频在网易公开课中被翻译成汉语。截至 2022 年 2 月，YouTube 上的可汗学院频道拥有 711 万订阅者，可汗学院视频的观看次数超过 19.4 亿次，在社会中获得非常大的积极反响。

二、平台信息

关于该平台建设的资金：一方面，可汗每月可从 YouTube 网站获得约 2000 美元（约合 1.3 万元人民币）的广告分成；另一方面，许多学生会自发给他汇钱，从几十到一两万美元不等。据报道，美国著名风险投资家多尔夫妇，就曾捐给他 10 万美元。2010 年，"可汗学院"先后接到了两笔重要捐助：一笔是比尔·盖茨夫妇的慈善基金捐助的 500 万美元，另一笔是谷歌公司赞助的 200 万美元。可汗学院的目标是努力为全世界所有人提供免费的一流教育，而这个目标也得益于其发布在 YouTube 上的视频。不过在可汗学院平台上不仅有视频，同时还有进度跟踪、练习和教学工具，该内容也可以通过移动应用程序访问。其学科涵盖数学、历史、医疗卫生及医学、金融、物理、化学、生物、天文学、经济学、宇宙学、有机化学、美国公民教育、美术史、宏观经济学、微观经济学及计算机科学。可汗学院还与美国国家航空航天局（National Aeronautics and Space Administration，NASA）、纽约现代艺术博物馆（The Museum of Modern Art，MOMA）、加州科学博物馆（The California Academy of Sciences）和 MIT 等机构合作，为其提供特定的专业内容。

可汗学院在制作课程时充分利用了网络传送的便捷与视频可重复利用成本低的特性，每段课程视频长度约 10 分钟，从最基础的内容开始，采用由易到难的阶梯式学习方式。教学者本人并未出现在视频中，而是使用电子黑板系统。其网站目前也开发了一种练习系统，记录了学习者对每一个问题的完整练习记录，教学者参考该记录，可以很容易得知学习者对哪些观念不懂。传统的学校课程中，为了配合全班的进度，教师只要求学生跨过一定的门槛（如及格）就继续往下教；但若利用类似于可汗学院的系统，则可以试图让学生理解每一个未来还要用到的基础观念之后，再继续往下教学，进度类似的学生可以重编在一班。在美国，某些学校已经采用"回家看可汗学院视频代替家庭作业，上课时则是做练习，再由老师或已懂的同学去教导其他同学"这样的翻转课堂教学模式。❶

---

❶ 陈婷婷.国际开放教育资源平台架构研究暨对我国师范院校 OER 平台建设的启示[D].北京:首都师范大学,2021:27-28.

可汗学院还采用了最先进的可识别学习强度和学习障碍的自适应技术，帮助教师更好地了解学生的水平，寻求帮助学生的最佳方法，教师主面板提供整个班级表现情况汇总以及详细的学生资料。

三、平台功能及特点

（一）平台功能

1. 观看视频功能

可汗学院最主要的一个功能就是知识点以微视频的形式呈现，每门学科中的视频材料都按照知识点间的关系进行组织，学生学习的第一步便是观看这些视频材料。这些视频材料时长都为 10 分钟左右，质量高，趣味性强，教授过程中教师并不出镜，这有助于学生集中注意力。视频可以快进后退、反复播放等，学习者可以按照自己的步调进行学习，同时学习者还可以在互动区对课程内容进行讨论，针对该知识点视频的质量或课程内容讨论的质量向平台进行反馈。

2. 练习评估功能

观看视频后，学生需要完成配套的知识技能练习题和测试题，以评估所学知识技能的掌握情况。练习与测试的题型主要为选择题和填空题（应用题由于无法检测解题过程，一般作为填空题处理）。一般情况下，每个知识点的配套习题至少有 7 道，如果前 7 道题目全部做对，则只需完成这 7 道题，平台自动将学生对该技能的掌握级别提高一个级别；如果前 5 道习题有做错的，将出现更多的题目，直到正确率超过 60% 方可晋级，否则就属于没有通过，评定其为学习困难，建议重新学习。成功完成练习题后，学生可进入下一个知识点的学习，也可以参加该知识点的挑战测试。平台将根据学生完成测试的情况对其掌握该知识的级别进行重新评估。[1]

3. 提供指导功能

每位学习者都可以添加一位或者多位指导者，教师或学生可以通过发送辅导邀请或要求将某人加为自己的辅导教师和加入某班级的方式，与他人建立辅导关系。在确定辅导关系后，学习者的学习数据便自动同步到辅

---

[1] 方圆媛.翻转课堂在线支持环境研究——以可汗学院在线平台为例[J].远程教育杂志,2014,32(6):41-48.

导者的账号。在教师的账号中，其个性化的辅导导航页面中会列出所辅导的班级名称、所学课程名称、学生用户名等信息，这意味着教师可以实时浏览每一名学生学习进度的详细数据，从而诊断学习中存在的问题，还可为学生推荐相关的学习材料、回答其疑问等。

（二）平台特点

1. 视频教学易于消化

10分钟左右的时间使学习者既可以学习到知识又不会产生疲惫感，同时学习者也可以针对自己某一薄弱的知识点重复学习，这样的学习模式是开放与自由的。在我们传统的班级授课中，教师不能照顾全部学生的认知水平、学习进度等，对于学习较弱的学生可能出现关注不到的现象。在可汗学院，学生通过视频，可以按照自己的步调学习，能够在任何不懂的地方暂停、重播，这使得学生不会产生自卑或尴尬的心理。当然，对于已经理解的内容，学生同样可以快进，提高学习效率。这样的讲课形式具有人性化，更能理解和尊重学生，使学生对学习的态度从恐惧走向了愉悦。

2. 游戏化通关模式

平台为了调动学生的好奇心和学习热情，把教育目标与孩子的天性相结合，学习过程中做练习和测试采取发放经验值与徽章的奖励模式。学习犹如游戏通关，只有完全学通透了，"十分过关"，才可以进入下一阶段学习。练习过程中若有疑问，可先点击"提示按钮"。平台会就出现一个问题，根据问题的难度给出3~12个不同提示，确保学生能够掌握知识点的精髓，避免了传统教育中存在的一知半解现象。❶

3. 详细的个性化数据分析

个人主页的数据统计使得学习者对自己的情况了如指掌。除了正确率的数据外，平台还会统计学生在每个模块的停留时间、能力培养情况，以及学生的个人目标等。这样可以使学习者自省自查，对自己的学习更积极、更具有责任心。

不过，可汗学院也存在一些不足，如其课程更多的是给学习者提供基础的入门服务，如果遇到复杂难解的问题，仍然需要参考专业的教科书。

---

❶ 孟冰纹，肖玉敏，唐婷婷，等.美国可汗学院数据平台功能与数据分析框架研究及启示[J].图书馆研究与工作，2018(9):41-47.

第四节 OpenLearn

一、平台背景

2006年3月10日,英国开放大学宣布投入565万英镑启动开放内容创新项目(Open Content Initiative,OCI)。基于该项目背景,英国开放大学于2006年10月25日正式发布了OpenLearn平台,标志着开放内容创新项目正式启动。其办学理念可以简称为"四个开放":学习对象开放、学习地点开放、学习方法开放、教学观念开放。❶

早期的OpenLearn平台设计了Learning Space(OER的发布空间)和Lab Space(OER的创作空间)两个模块。2009年的调查显示,OpenLearn平台主页、Learning Space和Lab Space的访问比例为2∶12∶1。这意味着绝大多数用户只体验了Learning Space的内容,而绕过了出现在主页上的详细说明,有的甚至从来没有到Lab Space上去看看它的特殊功能。因此,在2012年开放大学对OpenLearn平台进行了调整,将Lab Space模块移出(现为OpenLearn Create)。如今两个部分已经发展为独立的平台,OpenLearn平台和OpenLearnreate平台❷,其共同愿景是向世界任何地方的任何人开放免费的在线教育。

二、平台信息

OpenLearn是一个集中资源的平台,该平台上有很多的免费课程,大多数是英国开放大学的课程,包括健康体育心理学、教育与发展、历史与艺术、语言、金融与商业、自然与环境、科学数学与技术、社会政治与法律八种学科的免费课程。此外,还有一些通过其他渠道引进的文本、音频视频等资源。平台还将免费的课程文章、视频等资源按照不同的主题进行分

---

❶ 陈婷婷.国际开放教育资源平台架构研究暨对我国师范院校OER平台建设的启示[D].北京:首都师范大学,2021:28-29.

❷ 李慧迎.可持续的开放教育资源运作模式——来自英国开放大学OpenLearn项目的经验[J].佛山科学技术学院学报(社会科学版),2021,39(1):62-68.

类，有按照性质分类的，还有按照技能分类的，都是为了便于学习者的学习。课程主要以文本为主，有的课程添加了一些图片、音频视频来辅助教学。

OpenLearn 面向全世界的学习者，其学习对象十分广泛，包括教育者、学习者、研究者和组织机构。教育工作者可以从 OpenLearn 上获取丰富的教学资源，也可以针对教学过程中遇到的难题向其他教育工作者寻求帮助；学习者不仅可以通过 OpenLearn 丰富的学习活动来体验学习，还可以通过学习社区来开展社会性学习；研究者可以对 OpenLearn 平台上的学习活动进行分析，获取丰富的数据资料，开展相关研究工作；组织机构也可以通过 OpenLearn 开展协作。除了非正式学习者，OpenLearn 每年也被成千上万的开放大学学生使用，例如公开大学本科生入门课程"使用在线论坛建立信心"就在此平台进行，在 2020—2021 学年，公开大学有超过 16 000 名学生注册，超过 6000 名学生完成学业。❶

OpenLearn 平台资源的建设遵循英国开放大学的课程建设模式，有专门的课程组织团队，如专家学者、课程管理工作者、教学设计人员等来保障高质量的资源，资源从建设到正式发布上线经历了开发、内部审核、外部评审、测试、正式发布等多个环节，严格的课程制作流程为平台的资源质量提供了保障，该平台的资源采用 CC 协议来处理版权问题。平台中大多数课程资源都是由英国开放大学开发的，因此大学自身拥有并保留版权，大多数资源可以根据 CC 协议进行非商业共享（除了特别声明的资源）。没有拥有版权的免费课程内容，以及获得其他权利如持有人许可使用的课程内容，均在每门免费课程中确认或在其他 OpenLearn 内容的文章信息中确定。❷目前该平台拥有约 35 000 页的高质量资源，包括 1000 多门课程，总计 13 000 个小时。由于 OpenLearn 在特殊时期做出的卓越贡献，该平台还荣获了全球开

---

❶ The open university. 2020/21 OpenLearn annual report[R/OL]. (2021-08-31)[2022-05-18]. https://www.open.edu/openlearn/pluginfile.php/3278790/tool_ocwmanage/article/1/openlearn_2020-21_annual_report.pdf.

❷ 李倩慧. 高等教育国际化视野下的开放教育资源共建共享机制研究[D]. 北京：首都师范大学, 2019：33-35.

放教育颁发的2021年度全球卓越开放教育奖。❶

OpenLearn create 采用 Moodle 作为平台，主要面向教育工作者，提倡资源共享以及重复利用的理念，任何用户都可以创建新的学习单元，添加学习资源以及学习活动；还可以对已有资源进行重组。平台上的资源大多数是由学者自己创建的免费课程，比较零散。该平台课程按照主题可以分成哲学、教育、科学、政治、历史、文学、环境等23个类别。按照技能分类，可以分成劳动力发展、一般生活技能、学习技能、就业技能四个类型，并且可以创造属于自己的集合，可以将自己创作的所有课程放到集合里，方便自己或其他学习者学习。

三、平台功能及特点

(一) 平台功能

1. 在线学习功能

在线学习功能包括五个子功能，具体为："课程说明"，用于描述课程目标；"课程内容"，包含课程安排、课程资源；"课程评价"，用户可以在在线学习的过程中，发表对该课程的看法以及对课程打分；"常见问题解答"，对用户的常见问题进行解答；"用户提问"，在该模块常见问题之外的疑问，可以通过发布新问题得到解决。

2. 创建课程功能

课程创建模块是 OpenLearn Create 平台的功能，区别于资源整合型平台 edX 的同名模块，edX 侧重于作为教育者发布课程资源的载体，OpenLearn 则注重课程创建的过程以及如何发挥平台和课程创建者的优势以更新与优化课程，OpenLearn 的课程创建模块包括"创建指南""创建课程""撰写文章""管理课程"和"协同工作区"五个子功能，具体如下。

①"创建指南"：用于让用户快速了解创建课程的基础知识，以及有关高级功能的更多信息。在创建课程之前，课程创建者需了解这个身份的责任，其中涉及使用资料的版权问题，以及课程资源在创建过程中的开放程

---

❶ The open university. 2020/21 OpenLearn annual report[R/OL]. (2021-08-31)[2022-05-18]. https://www.open.edu/openlearn/pluginfile.php/3278790/tool_ocwmanage/article/1/openlearn_2020-21_annual_report.pdf.

度。平台还提供了专家指导课程，创建者可以免费学习如何编写公开课程、重用开放内容。

②"创建课程"：首先需要创建者申请一个账户，以构建和管理课程。在创建课程时，平台提供一套完备的课程开发指南以供创建者参考，包括前期设计、课程元数据表格填写、课程首页设置、课程资源添加、课程结构设置、合作创作和编辑课程、移动内容、开放式和封闭式课程、活动和课程完成情况跟踪、测试公开课程、发布课程。

③"撰写文章"：这是课程资源中的一个特殊版块，创建者可以将自己的学术文章发布到自己创建的课程中，将自己对于本领域的见解和研究结果一同作为课程资源发布，供学习者阅读。

④"管理课程"：供创建者通过课程管理菜单对课程数据进行分析并跟踪学习者的学习进度。❶

⑤"协同工作区"：为课程的多个创建者提供共同创建课程的空间，课程创建者可以选择开放课程创建空间让伙伴加入并协同工作。

3. 广播电视功能

英国开放大学与英国广播公司（British Broadcasting Corporation，BBC）建立了独特的合作关系，共同制作广播、电视和在线频道的内容。其还与英国和国际上的许多其他广播公司合作，用户可以通过 iPlayer 免费订阅平台上的各类节目。

(二) 平台特点

1. 可持续的生产模式

从 2016 年开始，开放大学要求所有新建课程的课程细则（Course Specifications）从一开始就设计两种学习输出：一种是针对开放大学已注册学员的课程模块，另一种是通过 OpenLearn 提供的开放课程。这就要求已注册学生的供给系统与公共的开放教育资源的供给系统结合起来，当学校投资和建设在册学生资源时，公共的开放教育资源也可以受益，反之亦然。❷

---

❶ 陈婷婷.国际开放教育资源平台架构研究暨对我国师范院校 OER 平台建设的启示[D].北京:首都师范大学,2021:40-42.

❷ 李慧迎.可持续的开放教育资源运作模式——来自英国开放大学 OpenLearn 项目的经验[J].佛山科学技术学院学报(社会科学版),2021,39(1):62-68.

2. 课程的可发现性

开放大学设计了一个以 OpenLearn 为第三方的官方平台，包括 YouTube、iTunesU、GooglePlay、FutureLearn、Facebook、BBC、Twitter 等在内的开放教育资源发布体系，这大大增加了 OpenLearn 平台内资源的可发现性。2017 年开放大学对 OpenLearn 平台的资源进行了大规模的调整。目前，OpenLearn 平台的所有资源都可以按格式（课程、互动活动、文章、视频、收藏）、主题、学习技能和生活技能，或者热点话题等方式进行筛选，所有课程在选择界面上都有级别（入门、中级和高级）、学习时长、是否免费、是否有数字徽章等信息说明，以方便学习者能准确地选择合适自己的课程。

3. 资源的共享性

正如前文所提到的，OpenLearn 平台上的大部分资源都遵循知识共享协议中的 BY-NC-SA 模式，在某些特殊情况下，如开放大学负担不起或无法获得版权许可，也找不到合适的替代方案，校方依旧会选择免费发布这些材料，但要求遵循更为严格的最终用户许可。免费的学习机会为 OpenLearn 赢得了更多的访问者。

除此之外，OpenLearn 平台也有一些不足之处。例如，缺乏多语言支持，当前平台支持的语言主要是英语；学习者与教师，平台或其他学习者之间的交互太少；个人学习社区的功能也相对单一。

第五节　edX

一、平台背景

2001 年 MIT 发起了 OCW 项目，将 MIT 过去在课堂教学中使用过的有质量保障的各种课程资源上传到互联网上，包括课程讲义、课件、课后作业、电子教科书等，以数字化的形式免费提供给世界上的教育者、学习者和研究人员。经过十多年的发展，MIT 引领着开放教育浪潮，并于 2012 年 5 月和哈佛大学共同推出 MOOC 平台——edX，吸引了来自 162 个国家的超过 15 万名学习者入学。

2013 年，edX 平台将其平台的源代码开源，建立了 Open edX 平台。Open edX 为 edX 平台上的课程提供开源框架，也为全球的平台搭建者提供大规模在线课程或小型课程的模块代码。平台一直秉承着 OCW 资源免费共享的原则，延续 OCW 的理念，旨在建立全球顶尖高校联盟的共享教育平台，提高教与学的质量，推广网络在线教育，增加全世界人民的教育机会，为促进教育公平献力。[1] 如今，Open edX 平台为全球 2400 多个学习网站提供支持。截至 2022 年 5 月，共有超过 160 所国际知名高校加入 edX，包括波士顿大学、康奈尔大学、哥伦比亚大学、斯坦福大学、北京大学、香港理工大学等，同时超过 1.1 亿名学习者在 edX 平台上学习。[2]

二、平台信息

edX 是一个非营利性的平台，致力于向全世界提供优质的教学资源。为了使 edX 平台更开放，让更多的学习者更灵活更方便而少受限制地使用平台资源，edX 采用了 CC 协议来创建一个充满活力的贡献者——用户生态系统。edX 为世界各地区的高校免费提供开源平台，将各高校自行开发的课程在平台上线，并负责后期的运营与维护。除此之外，edX 还开发了商业模块，为一些组织和机构提供入职培训、项目培训、专业咨询等服务，通过这些服务来获取资金并将资金投入平台的运营当中。如今，平台上已有超过 3600 门来自各高校的课程，涵盖了人文历史、社会科学、数学、建筑、医学、计算机等 30 个领域。

2015 年，edX 与亚利桑那州立大学全球新生学院联手，推出 MOOC 大学的学分制度，使得平台上的学习者能够在开放在线平台中获得与高校在校生同等的学分。这打通了在线平台与高校的学分制度，为促进教育公平做了更进一步的发展。之后，edX 分别在 2016 年和 2020 年推出 Micro Masters®和 Micro Bachelors®计划，扩大了研究生教育机会，为学习者提供了获得学士学位的完整途径。目前，平台上共有 140 门经过各高校同行审评后核实的课程证书，为学习者的学习成果提供保障。[3]

---

[1] 陈婷婷.国际开放教育资源平台架构研究暨对我国师范院校 OER 平台建设的启示[D].北京:首都师范大学,2021:28.

[2] edX.edX 2022 impact report:10 years,10 mantras[R/OL].(2022-02-01)[2022-05-18].https://impact.edx.org/hubfs/impact-report-2022.pdf.

[3] 陈婷婷.国际开放教育资源平台架构研究暨对我国师范院校 OER 平台建设的启示[D].北京:首都师范大学,2021:34-36.

三、平台功能及特点

(一) 平台功能

1. 在线学习功能

edX 课程包括每周的学习序列。每个学习序列都由穿插互动学习练习的短视频组成,学生可以立即练习视频中的问题。这些课程通常包括类似于小型校园讨论组的教程视频、在线教科书和在线讨论论坛,学生可以在其中发布和评论。在某些课程中含有在线实验室,例如,在 edX 的第一个 MOOC(电路和电子课程)中,学生们通过在线实验室构建了虚拟电路。

2. 提供证书功能

edX 提供课程完成证书,其中一些课程还包括学院或大学为在线课程提供的学分,学生可通过多样的方式获得课程证书,包括经过验证的课程,学生可以选择审核过的免费课程获得 edX 验证证书。此外,edX 还提供 XSeries 证书,学生可在单个主题中完成包含两到七门经过验证的捆绑课程后获得。

3. 项目检索功能

此功能的实现基于一个项目为检索标志,例如 edX 推出的"微学位"项目,学生完成指定的一系列课程即可获得平台认证证书。该平台共推出六个项目,均为付费项目。分别是专业证书课程,主要为学习者职业生涯中的关键专业技能服务;"微学士"课程,与高校课程相通,可自定步调,旨在提高学习者专业技能以获取大学学分;XSeries 项目,深入学习某一主题相关的一系列精选课程;短期兴趣课程,在平台推荐的兴趣项目中自主选择,旨在获取职业技能之外的爱好课程;"微硕士"项目,课程周期为六个月至一年,为在职人士提供升级学历的途径,学习者也可以自定步调学习;硕士学位项目,为期一年至三年,费用相较于其他五个项目昂贵许多,为一些需要通过提升学历取得职业上的进步并且能够负担得起费用的学习者,课程结束后可以获得硕士学位。❶

4. 创建课程功能

此功能针对特定机构的用户使用,如高校教育者、政府人员等,平台提

---

❶ 陈婷婷.国际开放教育资源平台架构研究暨对我国师范院校 OER 平台建设的启示[D].北京:首都师范大学,2021:35-36.

供创建在线课程的个性化功能，创设由教师主导的混合学习模式，可同时为一千名学生、教职员工和校友提供服务。该平台也为用户提供了几种不同的方案：为整个班级或团队购买 edX 课程；购买本高校的 edX 平台的访问权限；将做好的课程内容上传到 edX 平台上；使用 edX 创建并发布新课程。

5. 课程定制功能

此功能针对的是企业用户，包括需求申请、对于人才匮乏或需求旺盛的学科领域推荐、定制计划、企业学习资料、edX 企业团队专家见解等，旨在提升员工技能并建立学习型企业文化。

（二）平台特点

1. 帮助教师在平台上进行教学研究

随着参与 MOOC 建设的高校越来越多，许多一线教师也参与到 MOOC 的建设中来，所以平台也需要为教师的教学工作提供辅助和支持，方便教师运用该平台进行教学方法的创新。MOOC 也鼓励教师使用 MOOC 学习数据的分析，从而开展教学反思和教学研究，达到提升 MOOC 质量的目的。Open edX 也很早就开始关注 MOOC 学习数据的分析，该功能一直在更新升级，其中的 edX Insights 主要服务于 MOOC 数据的分析，帮助教师关注学习者的动态数据，让教师根据数据评估课程的效果、反思教学设计、进一步改善课程。❶

2. 支持学习结果的有效利用

此特点体现在 edX 的学习者档案和其中的记录功能：凡是获得了认证证书的学习者都可以访问详细的课程学习记录；学习者还可以按照需要向大学或者企业分享学习记录链接。这一功能让学习者的学习过程变得更透明，从而帮助学习者求学或求职。如果高校的在读生参与了跟学分有关的课程，edX 的合作高校将会收到包含学习者记录的电子邮件，以简化学分认定的流程。

3. 开源 MOOC 平台，助力全球共享

该平台致力于建立一个全球教育工作者和技术开发人员共建共享的社区，用来分享创意与知识，使全球学生受益。

---

❶ 纪九梅,王宇,欧阳嘉煜,等.2018 慕课发展概要与未来趋势——以 Coursera、edX、学堂在线、Udacity 和 FutureLearn 为例[J].中国远程教育,2019(9):16-25.

第六章 开放教育资源平台的建设标准

本章从教育资源平台的类型及发展模式和教育资源平台的建设指标两个方面，全面解答平台的建设问题。

第一节 开放教育资源平台的类型及发展模式

随着开放教育运动浪潮的兴起，各式各样的开放教育资源与开放教育资源平台先后涌现，开放教育资源的多样性和开放教育资源平台的多元化也逐渐显现出来。本节在对各具特色的开放教育资源平台进行分类并总结其特点的基础上，依据开放教育资源平台的发展模式探究其发展路径并将这种发展模式进行分类，为下面的开放教育资源平台的架构分析提供分类依据。

一、开放教育资源平台的类型及特点

（一）开放教育资源平台的类型

开放教育资源平台各具特色，按照不同属性有多种分类方式。

1. 按照用户分类

在这种分类模式下，还可以分成很多子类型：如按照用户年龄可分为母婴、学前、中小学、大学、成人；按照用户专业分类可分为计算机类、经济类、教育类、外语类、数字传媒类等；按照用户需求分类可分为考试类、培训类、兴趣类等。按照用户分类产生的类别较多，一般不采取此分类标准。

2. 按照商业模式分类

按照商业模式可分为：B2B2C（企业—平台—用户）、B2C（企业—用户）、C2C（用户—用户）。B2B2C 型是 OER 平台的主流方式，通过和学校机构合作、个人教师入驻形式，向学习者提供在线和点播的网络授课资源，质量有较高的保障。典型的有 Udacity、Coursera、中国大学 MOOC、学堂在线以及各种公益的公开课等。B2C 型平台自主制造高质量内容，类似电商界的京东（www.jd.com），希望通过高质量的内容和服务服务用户。这种类型的平台较少，一般是高校建立的平台，大多数是与 B2B2C 型相结合的平台，即自己生产较高质量的资源，同时也吸纳其他的资源。如 edX，提供本校的优秀课程，同时与其他高校合作。C2C 型平台通俗的来说是知识和经验技能的分享、交易平台，在这些平台上，每个人都可以发起一门课程，也可以加入其他人发起的课程，分享自己的经验，或者学习别人的技能。平台本身一般不生产原创内容，而是致力于让每个人的经验和智慧都可以得到更广泛的分享，但资源质量没有保证，如 Skillshare、Udemy、多贝网等。

3. 按照平台的功能分类

按照平台的功能可分为视频类、资源类和综合类。视频类平台是汇聚和分享海量在线视频课程资源为主的平台，当前火热的 MOOC 平台都属于视频类，如 Coursera、Khan Academy、中国大学 MOOC 等。资源类是支持模块化共建的全媒体资源共享平台，如 Open edX 为 edX 平台上的课程提供一个复杂庞大的开源框架，也为全球的平台搭建者提供大规模在线课程或小型课程的模块代码，清华大学在线教育研究中心于 2014 年推出的 MOOC 平台——学堂在线就是基于 Open edX 平台建立的。综合类是优质资源共享与学习活动、教学过程高度融合的学习平台，如 OpenLearn。

根据研究的需要，结合调研的平台，本书把开放教育资源平台分为视频类和资源类两大类。视频类就是以提供大量在线课程为主的 MOOC 平台，包括 Coursera、Khan Academy、edX、Udacity、中国大学 MOOC、学堂在线等。资源类平台是除了提供视频课程之外还提供其他资源或服务如教材、课件、开源代码模块、学习社区等的平台，包括 OpenLearn、Openlearncreate、OpenStax、国家精品课程、国家教育资源公共服务平台。

(二) 开放教育资源平台的特点

开放教育资源平台是开放教育资源的载体，是存放开放教育资源的数据库。同时，开放教育资源平台也是用户使用开放教育资源的媒介。用户不仅在平台上获得优质的开放教育资源，还利用平台上的应用程序、工具更方便更高效地使用开放教育资源平台。除此之外，开放教育资源平台的建设与可持续发展还需要各方利益相关者提供资金、资源与服务。

1. 平台用户的特点及存在的问题

平台用户的特点见图 6.1。

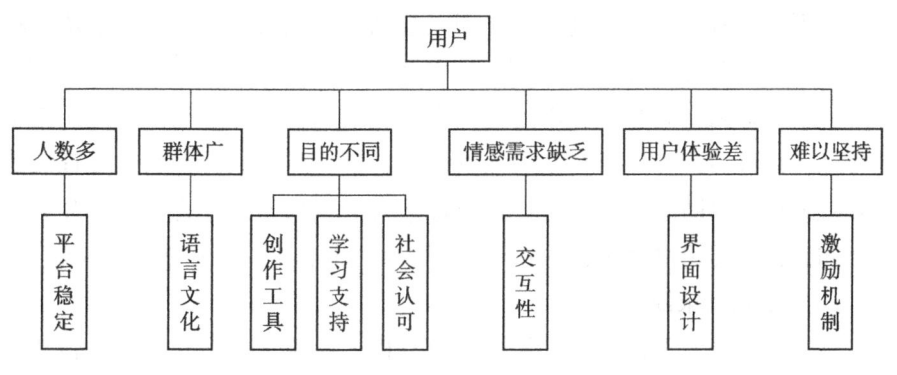

图 6.1 用户特点及平台对应要素

（1）人数多。

开放教育资源的初衷就是让尽可能多的人获得丰富优质的学习资源，而这些学习者的学习空间就是开放教育资源平台。面对海量的学习者，平台是否能够允许数以万计的用户同时在线？平台是否能一直稳定，保证运行速度不降低？平台是否能储存这么多学习者的个人信息？平台是否能同时为在线学习者提供教学指导和学习服务？这些都涉及平台的硬件设备、软件服务和云端技术，在平台建设的初期尤其需要考虑。

（2）群体广。

开放教育资源平台是面向全世界开放的，因此开放教育资源平台上的用户群体范围特别广，国家或地区、性别、年级、受教育程度、信息技术能力等差别都特别大。面对如此庞大的群体，平台在建设初期就要做好用户定位。是国际性平台还是区域性平台？这涉及语言文化问题。若是国际性平台就要考虑语言的多样性，减少方言、地区性语言的比例，提供多种语言翻译，还要考虑不同地区的文化信仰问题，避免有宗教文化方面的冲突。是建设综合性内容平台还是单一领域的平台？是建设面向所有年龄段学习者的平台，还是建设具体学段的平台？用户定位不同，平台的建设运营重心就会相应的偏移。

（3）目的不同。

不同用户使用开放教育资源平台进行学习的目的是不同的。有的用户是为了扩展自己的视野、满足自己的兴趣，多了解一些自己没有涉猎的领域。这类学习者通常需要内容有趣、制作精良的资源，对资源内容的专业性要求不高，需要交互工具与有相同兴趣的用户沟通交流、分享想法。有的用户是为了职业规划而进行学习，这类学习者通常需要高质量、专业、系统的学习资源，同时对教学指导的需求比较高，除此之外，他们还希望获得社会认可的、含金量较高的证书，来证明自己的专业能力，为日后的职业规划提供帮助。还有的用户是通过平台来创造开放教育资源，分享自己的知识，这类用户通常需要平台提供资源创建工具、资源管理工具等。

（4）情感需求缺乏。

开放教育资源平台打破了传统的教学模式，将学习空间从教室转移到线上，将教学方式由教师教学转变为自主学习。虽然学习者可以跨越时间和空间进行自主学习，但他们缺少了学习氛围，缺少了同伴的交流和教师的指导，这对于学习者来说是不利条件。情感与动机是学习过程中必不可少的关键因素之一，情感需求缺乏会导致学习激情、学习效果下降。因此，平台必须为学习者提供情感交流的工具，来满足学习者之间、学习者与教师之间、学习者与资源之间的交互。大部分开放教育资源平台都具备交互功能，形式多种多样，有的平台专门开辟一个社区空间来满足学习者之间的交流，如 OER Commons 平台上的微站点。有的平台通过评论/回复的方式来实现学习者、教师、资源三方之间的交互。

（5）用户体验差。

"体验"在开放教育资源中往往表现为用户对平台的一种主观使用感受。用户体验来源于交互设计，交互功能的优劣往往会对用户体验的好坏起到关键作用，从而对用户满意度、用户黏性产生影响，最终决定平台的运行。部分平台会出现界面繁杂、重点不突出、指示不清晰、分区不明确等一个或多个问题，使用户在使用过程中感到不方便、不舒服，进而造成用户的流失。

(6) 难以坚持。

开放教育资源平台给予学习者更大的自主性，但同时也产生一些问题。各平台的数据表明，学习者的"辍学率"很高，只有较少的学习者能坚持学习到课程结束，大部分学习者通常学到一半就坚持不下去。平台用户流失率高是在线学习的一种普遍现象，由于是非正式学习，学习者没有强烈的学习动机，大多数通过兴趣来维持学习行为，再加上没有教师与家长的监管与督促，学习者很快会产生疲倦感，没有继续学习的动力。因此平台需要建立激励机制和监管机制强化学习者的学习动机，激发学习者的兴趣。不少开放教育资源平台会利用一些小工具来激发学习者的兴趣，比如可汗学院平台设置了"能量点"，通过坚持观看视频、答题、与其他用户交互来获得能量点，累计到一定的点数可以升级，这种游戏式的激励机制使得学习者的热情更加高涨。除此之外，在个人的主页区，学习者可以看到自己的课程和学习进度，还能看到自己的能量点、等级、徽章、登录打卡条纹等功能分区，激发兴趣，增加学习投入度。

2. 平台利益相关者的价值追求

企业是利益相关者依据各自的价值预期和判断，为追求价值创造而凝结的开放式系统。[1] 将此定义放在开放教育资源平台中就是：开放教育资源平台是利益相关者（国际组织、政府机关、公司企业、学校机构、赞助商、使用者等）根据各自的价值预期和判断，为追求价值创造而凝结的开放式平台，这些价值可能是金钱、地位、荣誉、自我认同等。开放教育资源平台获得和使用利益相关者提供的资源，应该履行对他们的义务，为他们创造价值。经济学家 Saeed 总结了企业社会责任的价值驱动因素，包括减少成本、增加收入、提高声誉、吸引员工和顾客满意等。[2] 开放教育资源平台建设的初衷与企业不同，大部分的开放教育资源平台是非营利性的，其目的是促进教育事业的发展，让更多的学习者获得帮助。因此，开放教育资源平台的价值

---

[1] 王清刚,徐欣宇.企业社会责任的价值创造机理及实证检验——基于利益相关者理论和生命周期理论[J].中国软科学,2016(2):179-192.

[2] SAEED G. Value creation model through corporate social responsibility[J]. International journal of business & management,2011,6(9):148-154.

驱动因素包括成本与资金来源、社会影响、用户满意。利益相关者的特点及平台对应要素见图6.2。

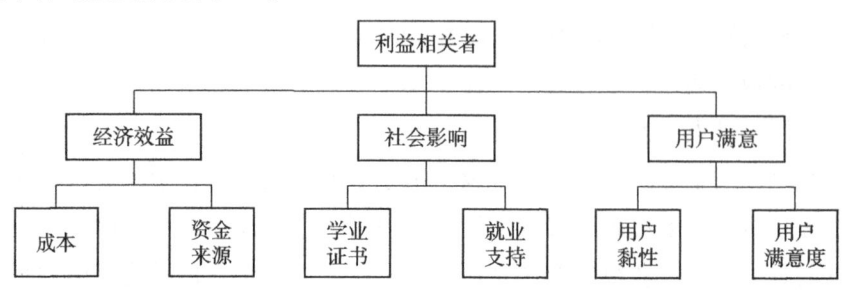

图6.2 利益相关者的特点及平台对应要素

（1）经济效益。

自从开放许可证出现以来，自由及免费的问题一直受到广泛的讨论。大部分开放教育资源平台都是非营利性的——但不能说它是免费的，这种说法掩盖了开放教育资源背后的成本考虑。

开放教育资源的成本主要包括开发成本、运行成本和维护成本。资源开发需要人力资源、时间成本和技术支持等。换句话说，需要有人在避免侵权的情况下花费时间和精力制作资源，并为最后的成果提供质量保障。在这个过程中，还需要计算机、网络、支持软件等必需的资源。资源运行意味着资源需要通过互联网或者物理设备（如硬盘、DVD、USB）等媒介进行传播。资源的传播也需要一定的费用，如宽带连接、资源库、物理设备的复制等。维护阶段需要避免资源无法应用或无人应用的情况。

如何保证开放教育资源平台的可持续发展，获得稳定的资金来源是一个非常重要的问题。因此开放教育资源平台需要有适合自己的收益模式。大部分的平台在建设初期都会从基金会或者高校机构处获得启动资金，一旦平台开始运转，后期的建设维护基金就需要平台自己去解决。像Coursera、Udacity这种营利性平台采用的大多是"商业投资+增值服务"的模式，通过融资来获得一部分稳定的商业资金，再通过平台上的一些增值服务，比如专业课程、证书等来获得资金。像edX、OpenStax这种非营利性的平台采用的大多是"跨校合作+培训费用"的模式，通过为公司企业定制个性化的培训服务而获得资金。

(2) 社会影响。

开放教育资源是在"终身学习"的背景下提出的，最初的目的是普及优质资源，缩小教育鸿沟，为欠发达地区的学习者提供学习帮助。随着开放教育资源的发展，有些学习者已经不满足当前共建共享的在线学习模式，他们希望得到专业的指导以及社会上的认可，有的学习者想通过在线学习来获得高校的学位。平台推出证书和在线学位的服务并不难，只需要通过技术手段就可以完成，但这些证书和学位需要被社会承认才有一定的价值。

(3) 用户满意。

用户是产品的使用者，是平台服务的主要对象。用户满意程度是影响平台运行的重要因素。由于产品功能和用户消费心理等的差异，用户对不同产品特征具有不同的需求强度，因此不同类型需求实现时的用户满意程度也是不同的。[1] 对于开放教育资源平台来讲，用户往往希望获得相关知识，拓宽视野，并具有良好的使用体验。

二、开放教育资源平台发展模式分析

自麻省理工学院创开放课件运动伊始，全球各地区和国家纷纷加入开放教育运动的大潮流中，各式各样的开放教育资源与开放教育资源平台先后涌现，开放教育资源的多样性和开放教育资源平台的多元化也逐渐显现出来。各地区依据自身特色和需求开创了多元化的开放教育资源与平台发展路径，开放教育资源平台的建设经历了从追求"大而全"到着力"小而精"的特色化发展的转变。前者强调尽可能多地将功能和内容集合起来，后者则侧重将某些细分领域做到极致。

(一) 开放教育资源平台发展路径

开放教育资源平台发展历程中，经历了 20 余年的更新迭代，其面向群体、资源类型以及功能类型也在不断更新。笔者从这三个维度出发，探索开放教育资源平台的发展路径。[2]

---

[1] 景奉杰,余樱,涂铭.产品属性与顾客满意度纵向关系演变机制:享乐适应视角[J].管理科学,2014,27(3):94-104.

[2] 陈婷婷.国际开放教育资源平台架构研究暨对我国师范院校 OER 平台建设的启示[D].北京:首都师范大学,2021:13.

1. 面向群体

在开放课件运动最初几年，即开放教育资源平台发展的初始阶段，平台面向的群体主要是高等教育对象和职业教育对象，用户多是成年人，旨在贯彻终身教育理念。随着教育信息化的发展，开放教育资源平台呈现多元化发展，用户年龄跨度逐渐增大，分为母婴、学前、中小学、大学、成人；按照用户专业分类可分为计算机类、经济类、教育类、外语类、数字传媒类等；按照用户需求分类可分为考试类，培训类、兴趣类等。

2. 资源类型

1999 年莱斯大学创建了 Connexions 平台，这是最早的开放教育资源平台，其资源类型包括：教育资料报告与教科书资源，资源形式大多为文本类型。经过二十余年的发展，开放教育资源类型拓展出多种，包括以单一的视频、文本、广播、音频等资源的形式存在，或是以多种资源类型集成在课程中，更有工具类资源与开源软件代码等形式的资源。

3. 功能类型

开放教育资源在开始时期的功能类型较为单一，多是以提供高效或机构合作的在线资源为主，资源类型汇聚了在线课程视频、文本、教科书等海量资源，当前火热的 MOOC 平台都属于视频类，如 Coursera、Khan Academy、中国大学 MOOC 等。部分地区的开放教育资源平台开始探索发展新模式，如 OpenLearn，是优质资源共享与学习活动、教学过程高度融合的学习平台，平台与用户或机构协同共建优质开放教育资源，并经过一套严格的资源审核机制，将其从共建平台推向共享平台，完成资源更新与交替的完整机制。笔者在调研过程中还发现一类平台，其数量较少，但从资源呈现形式和功能上看，是开放教育资源平台中一类典型且极具特色的平台：平台自身不开发资源，根据用户或机构提供的资源，进入平台创建的质量审核机制中，通过质量标准的资源，平台将为其创建链接，提供给用户。

（二）开放教育资源平台功能分类

笔者根据平台的功能类型将开放教育资源平台划分为三类：资源整合型、协同共建型、链接导航型。

1. 资源整合型

资源整合型平台为用户提供在线文本、视频、广播、教科书以及多种资源集成的课程资源，如 edX、Coursera、Khan Academy，部分平台开放其开源代码，供用户免费使用、重新更改与创建新的资源，资源多由平台与国际知名高校或机构合作发布。平台的主要功能就是为用户提供资源，各平台之间的资源类型或有差异。

2. 协同共建型

协同共建型平台在为用户提供资源的基础上，共享优质资源与学习活动，是教学过程高度融合的学习平台，平台支持用户在质量评估机制的审核下，与自己的团队协同共建优质资源，为其他平台用户提供资源共享、重用与更新的功能。其在资源共建共享的维度上打破资源型平台的单向输出的闭环，使得资源可以自下而上地循环。同时，为平台自身的可持续发展开拓了一条新的途径。这类平台包括 OpenLearn、OER Commons 和 OpenStax 等。

3. 链接导航型

链接导航型平台是笔者在调研过程中发现的一种较具特色的平台类型。平台不直接提供学习资源，其运营模式是与其他高校机构和平台合作，用自身开发的质量标准体系审核其他资源，通过审核的资源，平台会提供原始网站的链接，用户需要跳转至原始平台上学习如 OpenupEd。

第二节　典型开放教育资源平台建设指标

本节在对 OER 平台评价指标的相关研究进行回顾的基础上，结合彼得·巴特曼（Peter Bateman）等人提出的分析框架，参照 OER 平台的特征，形成 OER 平台分析框架及具体指标。为更好地理解本书所建构的分析框架，本节综合 UNESCO 2012 年的 OER 定义，遴选出代表性的国际 OER 平台案例，结合框架对案例进行系统阐述，并以此为依据，提出 OER 平台建设的若干启示。

一、开放教育资源平台评价指标的研究现状

Joseé Vladimir Burgos Aguilar 在 LORI（Learning Object Review Instrument，学习对象评估工具）框架的基础上提出了一个新的 OER Rubrics 框架。[1] 该框架在 TEMOA 网站（www.temoa.info）中实施，目的是通过协作评估来促进教育经验共享。TEMOA OER Rubrics 由七个主题组成，分别是

---

[1] BURGOS J V. Rubrics to evaluate open educational resources(OER)[EB/OL].(2016-11-06)[2022-08-23]. http://www.temoa.info/en/contact.

内容质量、动机、信息呈现设计、易用性、可访问性、教育价值、总体评价。内容质量是指该资源以客观的方式呈现信息、正确地表达思想、提供适当的内容,包括资源的内容是否有遗漏、是否有逻辑依据支持、种族文化差异是否合理表现等。动机是指该资源具有激发用户兴趣的潜力,包括通过多媒体、交互工具、游戏等形式来激发用户的兴趣等。信息的呈现设计是指图片、文本、音频等形式的资源都需要具备完善的信息组织结构来区别于其他类型资源,比如文字清晰简洁、图形图表标注清楚、动画视频详细介绍、配色配乐具有吸引力且不会干扰主题等。易用性指的是导航中呈现的内容直观性,包括导航易于使用、指示清楚、界面设计易于交互等。可访问性是指从不同的终端来获取资源,比如说手机、平板电脑、笔记本等。教育价值是指资源可以提供有关该主题的学习,能清晰准确地呈现信息,能在教学中使用该资源的示例和演示。总体评价是指在社会教育环境下,该资源所具有的潜在教育价值的整体评估。

桑普森(Demetrios G. Sampson)和泽瓦斯(Panagiotis Zervas)在 *Learning object repositories as knowledge management systems*[1] 中,通过比较 LOR(Learning Object Repositories,学习对象存储库)的功能与知识管理系统的功能来设计 LOR 的评价指标。该评价指标由三个一级指标构成,分别是学习对象组件、元数据描述、与增值服务相关的功能。其中学习对象组件包括存储、搜索、浏览、查看、下载、评分/评论、书签、自动推荐;元数据描述包括存储、查看、下载、验证、社交标签;与增值服务相关的功能包括个人用户账户、论坛、Wiki、RSS 源。

克莱门茨(Clements)在 *Open Educational Resources Repositories Literature Review-Towards A Comprehensive Quality Approaches Framework*[2] 一文中提出了 LORQAF 框架,如图 6.3 所示,目的是帮助 LOR 开发人员充分利用协作质量保证工具的潜力来设计可持续的质量保证方法。克莱门茨(Clements)将开放教育资源平台的质量保证分为四个阶段:开发者的质量决策、技术性自

---

[1] SAMPSON D, ZERVAS P. Learning object repositories as knowledge management systems[J]. Knowledge management & e-learning: an international journal, 2013, 5(2): 117-136.

[2] CLEMENTS K, PAWLOWSKI J, MANOUSELIS N. Open educational resources repositories literature review-Towards a comprehensive quality approaches framework[J]. Computers in human behavior, 2015, 51: 1098-1106.

动质量监控、期望评价质量和用户生成质量。每个阶段都有相应的质量保证方法。他梳理了开放教育资源库质量保证的发展过程，归纳了众多学者提出的开放教育资源数据库的质量保证指标，提出了 LORQAF（LOR Quality Assurance Framework，学习对象存储库质量保证框架）。

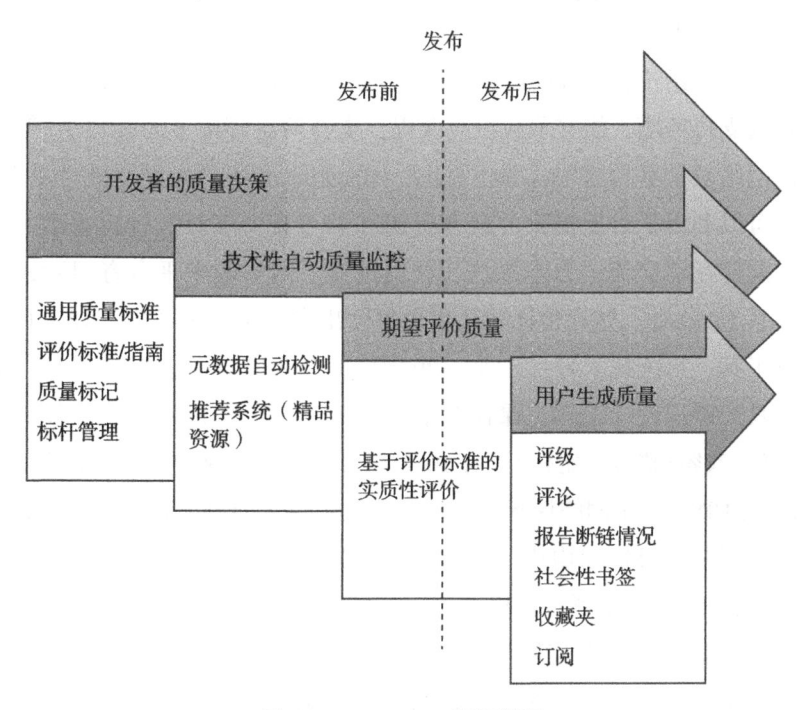

图 6.3　LORQAF 指标框架

莫妮卡·弗拉多尤（Monica Vladoiu）在 *Towards a Quality Model for Open Courseware and Open Educational Resources*[1] 一文中，从社会和建构主义的角度介绍了一套开放课件和开放教育资源的质量保证标准，包括内容、教学设计、技术和课件评估四个类别。其中内容维度的标准反映了该资源是否为在线学习者的学习活动产生帮助，促进他们对知识内容的吸收。评估资质内容时，会考虑教育性、有用性、易用性等。教学设计维度的标准必须要考虑教学资源的目标、学习者的知识水平和实践能力、教学活动方式等。

---

[1] VLADOIU M. Towards a quality model for open courseware and open educational resources[M]. Berlin, Heidelberg: Springer, 2012: 213-220.

技术维度的标准包括易于使用的界面，符合交互操作标准，并为有特殊需求的学习者提供适当的访问机会（可访问性）。课件评估维度的标准包括有关内容范围和顺序、目标受众、年级、更新内容的周期性、授权证书和来源信誉的信息。❶

网络教学平台或网络学习平台，是出现最早的一种资源平台，国外多称为学习管理系统、e-Learning 平台、虚拟学习系统等，是在线学习和教学全过程的支持环境，能够承载在线课程，支持网络环境下的教与学。❷ 比较有名的网络教学平台有 Moodle、Sakai、Blackboard 等。在网络教学平台上，学习者可以利用平台上提供的教育资源和学习支持工具进行自主学习，还可以与同伴互动交流，分享想法，共同进步。网络教学平台有国际权威的评估体系 Edutools。该评价体系从用户角度出发，包含了学习管理工具、系统支持工具、系统技术特性三个一级指标，和效能工具、交流工具、学生参与工具、课程设计工具、课程发布工具、系统管理工具、硬件/软件、安全/性能、兼容/整合、定价/许可 10 个二级指标。国内比较权威的是教育部出台的 CELTS-22.1 网络课程评价规范，其由课程内容、教学设计、界面设计、技术四个一级指标构成，每个一级指标下面都有若干个二级指标。整个规范共包括了 36 条评价指标。❸

数字资源平台是利用现代化信息技术和网络技术，将各种载体、各种来源的数字资源依据一定的需要进行评价、类聚、排序、建库后，重新组合成一个效能更高的数字信息资源体系，实现跨平台、跨数据库的信息检索，用户能够通过数字资源统一检索平台查找和获得所需要的信息，以便更有效地利用平台数字资源。❹ 数字资源平台的范围非常广，如电子图书馆、电子档案馆、文献数据库等。

---

❶ 张艺涵.开放教育资源平台"1+X"评价指标构建[D].北京:首都师范大学,2021:32-33.

❷ 韩锡斌,葛文双,周潜,等.MOOC平台与典型网络教学平台的比较研究[J].中国电化教育,2014(1):61-68.

❸ 教育部教育信息化技术标准委员会.CELTS-22.1:网络课程评价规范[EB/OL].(2011-05-18)[2023-08-17].http://www.docin.com/p-204706450.html.

❹ 武三林,武翔宇,李旭芳.基于用户的数字资源服务平台评价研究[J].国家图书馆学刊,2013,22(6):39-45,101.

武三林从用户角度出发,设计了数字资源、平台技术、人文环境、组织管理、资源服务、利用效益 6 个一级指标及 27 个二级指标。[1]

MOOC 平台属于开放教育资源平台的一种形式,也是当今最流行的开放教育资源平台。MOOC 平台作为大规模学习的支持平台,其硬件软件设备、资源服务方式、教学活动设计都与传统的网络教育平台不同,侧重点从教师转向学生。MOOC 平台的评价指标大多数从用户体验发出,如曾宇提出的MOOC 平台评价体系,由学习前用户的心理动机(引导学习、个人发展需求)、学习过程中用户的满意度(互动性、创新性)和学习后对未来产生的效益(直接受益、未来影响)三个部分组成。[2]

大多数学者从开放教育资源平台的质量保证和共建共享的角度设计平台体系。如保罗内川(Paul Kawachi)提出的 TIPS 框架[3],T 代表 Teachingandlearning(教学和学习)、I 代表 Information and material content(信息和材料内容)、P 代表 Presentation, product and format(呈现、产品、格式)、S 代表 System, technical and technology(系统、技术性、技术)该框架这四个层面包括 19 个维度。

二、开放教育资源平台分析框架的构建

开放教育资源运动蓬勃发展的 15 年间,国际组织、各国政府及各类教育机构建设了众多开放教育资源平台。由于建设理念、功能设计、资源质量、开放标准及运营管理等方面的差异,这些 OER 平台呈现出截然不同的发展态势:①逐步实现可持续发展,如英国开放大学自 2006 年投入运营的 OpenLearn 项目,最初由 Willam 和 Flora Hewlett 基金会注资,在 2012 年已发展成为相对独立的商业运作模式[4];②放弃其免费应用的开放属性,如 2007 年投入运营的平世界知识(Flat World Knowledge),在 2012 年宣布停

---

[1] 武三林,武翔宇,李旭芳.基于用户的数字资源服务平台评价研究[J].国家图书馆学刊,2013,22(6):39-45,101.

[2] 曾宇,黎忠文.基于用户体验的慕课公共服务平台评价指标研究[J].成都大学学报(社会科学版),2018(03):113-118.

[3] 川内,肖俊洪,杨伟燕.开放教育资源质量保证准则——TIPS 框架[J].中国远程教育,2013(10):11-21,46,95.

[4] 刘志芳.英国开放大学 OpenLearn 项目发展模式研究[J].中国远程教育,2013(8):39-44.

止对其教科书的免费访问和下载❶；③访问跳转或停止维护，如 2004 年投入运营的美国犹他州立大学开放课件项目，在 2009 年宣布因经费短缺而停止资源更新。❷ 因此，深入剖析国际上运营较好、逐步实现可持续发展的具代表性的 OER 平台，可为教育资源平台建设和优质资源共创共享提供重要基础。

专家学者基于各自的研究角度提出了诸多 OER 项目及平台的分析框架。例如，黄荣怀等人从数字教育资源的开放性特征的角度，提出应从资源形态、推广方式、应用情境和获取方式四个方面进行分析❸；Peter Bateman 等人从生产流通的角度，提出了 OER 项目的分析框架❹，包含创建、组织、传播和应用 4 个一级指标、17 个二级指标；Paul Kawachi 等人从开放教育资源质量保障的角度，提出了 TIPS 分析框架❺；王晓晨等人从教育资源共创共享建设机制的角度，提出资源平台应从保障机制（顺利开展）、激励机制（持续发展）和制约机制（优质产出）予以分析❻。

其中，Peter Bateman 等人的分析框架为本章内容提供了重要的研究基础。该框架是在调研撒哈拉以南非洲地区 2008—2010 年的三个 OER 项目基础上，采用分类学的研究方法分析提炼而成的。首先，基于较为广泛的文献调研，从数字资源生产流通的角度将 OER 项目及平台功能分为创建、组织、传播和使用 4 个一级指标；其次，记录和整理高引文献中的相关信息，如文献中描述 OER 的话语、实践报告中所提供的观察结果、对 OER 热点问

---

❶ Wikipedia. Flat world knowledge[EB/OL].(2017-07-17)[2022-08-20]. https://en.wikipedia.org/wiki/Flat_World_Knowledge.

❷ 刘德建,黄荣怀,王晓晨,等.国际开放教育资源发展研究报告[R].北京:北京师范大学智慧学习研究院,2017:37.

❸ 黄荣怀,胡永斌,刘晓琳.数字教育资源的开放成熟度模型研究——信息化促进优质教育资源共享研究(二)[J].电化教育研究,2015(3):58-63.

❹ BATEMAN P,LANE A,MOON R. An emerging typology for analysing OER initiatives[R/OL].(2012-04-18)[2022-08-20]. http://oro.open.ac.uk/33243/1/OER_Typology_paper.pdf.

❺ KAWACHI P. Quality assurance guidelines for open educational resources:TIPS framework[EB/OL].(2014-09-04)[2022-08-20]. https://en.unesco.org/icted/sites/default/files/2019-04/TIPSFramework_Version%202%5B1%5D%20Copy.pdf.

❻ 王晓晨,陈曦,卢婷婷,等.数字教育资源共创共享建设模式研究[J].中国电化教育,2016(4):58-63.

题的批判性分析，以及对 OER 研究及从业人员的访谈记录等；最后，将收集和整理的上述相关信息，按照 4 个一级指标进行结构化编码，并逐步确定存储/门户机制、OER 访问/更新/重用机制、质量保障机制、知识产权和许可框架等 17 个二级指标及系列三级属性。

本研究在 Peter Bateman 等人的分析框架基础上，参照 OER 平台的特征，形成了本研究的 OER 平台的分析框架及具体指标，具体分析框架如表 6.1 所示。

表 6.1 OER 平台的分析框架及指标

指标	指标属性	
功能架构	创建	知识产权与许可、在线创建、资源语言、创建工具
	组织	资源检索、资源排序、资源评价、资源审核
	传播	资源分享、协作社群、远程和本地访问方式、客户端
	使用	学习过程、交互设计、个性化体验
运营管理		设计理念、管理模式、推广模式、可持续发展

三、代表性开放教育资源平台的遴选

对于 OER 平台的定义及其特征属性，目前国际组织的权威报告及学术文献中鲜少提及，尚无明确的标准。本研究在大量收集、体验及分析 OER 文献、报告中提到的平台案例的基础上，以引言中提到的 UNESCO2012 年对 OER 的定义为依据，筛选具备如下特征的平台：①置于公众领域；②经过知识产权许可发布；③教育、学习或研究资料；④允许免费使用、传播及修改。基于高引文献筛选出影响力较大且各具特色的 OER 平台。

遵循上述流程，本研究遴选出 Coursera、Khan Academy、OpenLearn、OpenLearnCreate、OpenStax 五个代表性的国际 OER 平台案例，以此作为重要的分析样本。各平台基本情况如表 6.2 所示。

表 6.2 代表性开发教育资源平台的基本情况

平台	Coursera	Khan Academy	OpenLearn	OpenLearnCreate	OpenStax
组织机构	斯坦福大学	Khan	英国开放大学	英国开放大学	赖斯大学

续表

平台	Coursera	Khan Academy	OpenLearn	OpenLearnCreate	OpenStax
上线时间	2012年	2008年	2006年	2006年	1999年
面向领域	高教/职教	K12	高教/职教	高教/职教	高教
资源语种	英语、意大利语、汉语、法语等	英语、西班牙语、法语、波兰语等	英语	英语	英语
成果导向	签名认证 学分认证	徽章认证	徽章认证（有OU标志）	徽章认证（无OU标志）	
运营模式	风险投资、免费分享、增值服务	非营利	跨高校合作 公司商业收入	跨高校合作 公司商业收入	非营利

四、代表性开放教育资源平台的分析

（一）功能架构

遴选出的五个代表性开放教育资源平台大致分为三种类型：第一，汇聚和分享海量在线视频课程资源为主的平台，如 Coursera 和 Khan Academy；第二，支持模块化共创的全媒体资源共享平台，如 OpenStax 和 OpenLearnCreate；第三，优质资源共享与学习活动、教学过程高度融合的学习平台，如 OpenLearn。以下将从创建、组织、传播和使用四个纬度进行平台的功能分析，具体如表6.3~表6.6所示。

表6.3 代表性 OER 平台的创建指标分析

	在线创建	创建工具	版权	资源语言
Coursera	不提供	无	Digital Millennium Copyright Act	英语、汉语、意大利语等
Khan Academy	不提供	无	Digital Millennium Copyright Act	英语、汉语、西班牙语等
OpenLearn	不提供（通过 OpenLearnCreate 实现）	无	OU 版权	英语
OpenLearnCreate	创建课程、资源、活动等	Moodle 平台创建工具	OU 课程属于OU，第三方创建的使用 CC 协议	英语

续表

	在线创建	创建工具	版权	资源语言
OpenStax	创建模块、章节、课程	编辑工具（XML编辑器、Word/PPT 转 XML）	CC4.0	英语

表6.4　代表性 OER 平台的组织指标分析

	检索	排序	评价	审核
Coursera	科目、大学、主题	热度	用户打分	内部审核
Khan Academy	科目、年级、主题	热门推荐、员工视频	不评分	内部审核
OpenLearn	主题、级别、课程名、视频	时间、受欢迎、主题、类型、水平、长度	用户打分、关注数	内部/专家/课程团队审核
OpenLearnCreate	主题、技能、水平、时长、语言、地区、供应商	题目、发表时间	用户打分	无
OpenStax	作者、主题、科目、关键词、时间、语言、类型	时间、热度、评分	热度、收藏、用户打分	内部/专家审核

表6.5　代表性 OER 平台的传播指标分析

	分享	社区	客户端
Coursera	Blog/FB/Google+/Twitter/LinkedIn	合作方/导师/开发者/翻译者/测试者	Web、iOS、Android
Khan Academy	不支持	新闻/教师/家长/反馈/新功能/技术社区、SAT、移动端讨论	Web、iOS、Android
OpenLearn	Facebook，Twitter，LinkedIn，Google 和 E-mail	无	Web、Android
OpenLearnCreate	FB/Google+/Twitter/LinkedIn	无	Web
OpenStax	FB/Google+/Twitter/LinkedIn	无	Web、Android

表 6.6　代表性 O3R 平台的使用指标分析

	学习过程	交互设计	个性化体验
Coursera	规划、目标、测验、成绩、互评作业、审阅、结课（完成证书）、转换班次、退课	论坛；师师/师生/生生交流；用户调查问卷	完成、更新、推荐；复习（错题库）
Khan Academy	进度表、观看视频、邀请指导者、小组、同学互助、作业	师生、家长学生、生生（查看记录、管理班级等）	签到、能量点、徽章、完成任务获取高级徽章；知识地图
OpenLearn	介绍、时长、导航栏、字幕、下载、答题+反馈、进度调整、测验	设有讨论模块，可发帖、回复	成就、进度、推荐、徽章奖励
OpenLearnCreate	介绍、导航栏、时长、同伴、评论、收藏、workshop 交互	课程参与者列表，师生可交互	完成的、参与的、制作的（徽章奖励）
OpenStax	导航栏、进度条、内容搜索、书本+自测+下载（PDF、ZIP、ePub、HTML、iBooks）、版权+修改方法+更多信息	课程参与者列表，师生可交互	个人资料；无个性化学习空间

（二）运营管理

1. Coursera

2017 年 6 月，Coursera 完成了总额 6400 万美元的 D 轮融资❶，总资产超过 2.1 亿美元，在全球范围内逐步占领在线课程市场，不断扩大国际影响力。因其良好的运营模式，Coursera 于 2021 年 3 月 31 日在纽约交易所上市。作为一个营利性平台，其在运营管理方面的特色主要体现在以下方面：第一，采用"免费共享+增值服务"的商业运营模式，用户可以免费访问平台的课程资源，但如果需要参与个性化辅导则需付费，以此获得资格认证/学分学位。例如，平台同时提供面向高校的免费课程资源与面向企业的定制资源，对于其中想掌握专业课程知识的人士，须缴纳一定费用以享受个性化定制服务，并按照自己的步调完成一系列课程，在此之后获得专业证书。第二，注重与投资机构、网络服务商、国际顶尖大学及科研机构的合作，

---

❶　新浪科技. 在线教育公司 Coursera 完成 6400 万美元 D 轮融资［EB/OL］.（2017-06-08）［2022-08-20］. http://tech.sina.com.cn/i/2017-06-08/doc-ifyfzhac0356660.shtml.

组建国际协同创新团队，高度关注并积极落实在其他国家和地区的本土化扩张战略，并利用最新的科学研究和教学实践成果，不断迭代优化平台，汇聚海量资源，来构建学生的良好学习体验。第三，引入第三方质量认证机构并着力强调学习成果的社会认同，委托 ACE（美国教育理事会，American Council on Education）等权威认证部门对资源及课程学习进行质量评估，授予学分颁发认证证书，使学习资源与学习效果皆有保障。❶

2. Khan Academy

可汗学院通过网络提供一系列免费教材，内容涵盖数学、历史、金融、物理等多领域，利用了网络传送的便捷与视频可重复利用成本低的特性。Khan Academy 在运营管理方面的特色主要体现在以下方面：第一，推崇"非商业"运营模式，主要收入依靠微软、谷歌、O'Sullivan 基金会等机构及风险投资人的资助、捐献❷，以及诸如 YouTube 网站等的广告分成；第二，关注学习者的学习体验，提供学习进度智能监控系统，学习者可以制订个性化的学习进度和学习方式，采用游戏奖励勋章的方式激励学习者重拾学习的成就感；第三，注重资源在世界各国的本地化工作，如在世界范围内积极招募免费的翻译志愿者或与推广国家的知名门户网站合作，共同落实本地化战略。2012 年，可汗学院授权网易作为中国唯一官方合作的门户网站，部分视频在网易公开课中被翻译成汉语。

3. OpenLearn

OpenLearn 启动至今十几年间，已经基本从受外部资金资助转向自主盈亏的独立商业运作模式，主要收入源于学生注册和下载的费用及从 BBC、谷歌公司获得的收入。其在运营管理方面的特色体现如下。

第一，采用"免费共享+增值服务"的商业运营模式，学习者可以免费学习平台上的学习资源，但大多数英国开放大学的优质课程，只在平台上释放了 10%～15% 的资源❸，若希望完成学习课程并获得学分，则需要付费

---

❶ Coursera. Coursera support: ACE credit recommendation FAQs [EB/OL]. (2021-11-01) [2023-08-17]. https://www.coursera.support/s/article/learner-000001647-ACE-credit-recommendation-FAQs? language=en_US.

❷ Khan Academy. Suppotors [EB/OL] (2017-07-17) [2022-08-20]. https://www.khanacademy.org/ab.out/our-supporters.

❸ 刘志芳.英国开放大学 OpenLearn 项目发展模式研究[J].中国远程教育,2013(8):39-44.

购买其余内容及相关服务。

第二，可以通过获得免费的开放大学数字徽章以及参与声明来展示和分享学习成果。徽章表明对某一科目的兴趣、持续专业发展的证据或对学习者的学习承诺。

第三，完美实现与英国开放大学优质课程资源品牌价值的互促互进，有效地提升了大众的认可度，网站设计层面注重对学习历程的总体规划，逐步引导其注册成为开放大学的正式大学生，获得优质的学习支持，享受高等教育的模式和方法。

4. OpenLearnCreate

OpenLearnCreate 作为 OpenLearn 项目的一部分，同样已经完成了由资金资助向独立运作的商业模式的转型。其在运营管理方面的特色如下。

第一，OpenLearnCreate 实现了由网站功能模块向独立网站的转型。OpenLearn 项目初期在同一网站建立了 LearningSpace（现 OpenLearn）和 LabSpace（现 OpenLearnCreate）两个空间，前者主要针对学习者，后者主要针对教育工作者。2012 年，LabSpace 运营模式逐渐成熟，改名为 OpenLearnWorks 并从 OpenLearn 网站移除入口，实现独立运作。❶

第二，为各大组织和机构提供低成本的开放教育资源分享和课程管理服务，根据学习者需求定制个性化学习资源，消除资源生产方间的合作障碍，为新技术和新方法在教育中的应用提供试验空间；同时，支持资源分享，可以将课程视频等资源分享到 Facebook、Twitter、LinkedIn、Google 和 e-mail。

第三，与英国开放大学及 OpenLearn 平台相辅相成，互通有无，利用品牌价值推广资源和平台，有效提高资源和平台的利用率。当学生完成学习并通过评估时，可以授予数字徽章。在 OpenLearnCreate 的课程中获得的徽章不能有 OU 标志，只有在 OpenLearn 中获得的徽章才有 OU 标志。

5. OpenStax

OpenStax 在运营管理方面的特色主要体现在以下方面。

第一，坚持非营利运营方式，主要依靠莱斯大学、The Laura & John Arnold、The Bill & MelindaGates、The William & Flora Hewlett 等众多基金会的

---

❶ 刘志芳.英国开放大学 OpenLearn 项目发展模式研究[J].中国远程教育,2013(8):39-44.

赞助维持网站运营,并在网站首页鼓励个人小数额捐赠。❶

第二,积极促成与国际组织、世界一流高校、图书出版商、科研机构之间的战略合作,深度整合优质资源,鼓励机构以官方渠道采纳平台资源,高度重视资源推广及应用,降低学生学习门槛,提升学习质量。

第三,除 OpenStax 电子书资源平台外,该组织还提供集 OpenStax CNX、OpenStax Tutor 及 OpenStax Concept Coach 三位一体的学习支持系统,帮助学生使用、贡献资源;帮助教师创建、管理课程,跟踪学生学习表现,提供个性化学习支持。

五、开放教育资源平台的启示

(一) 整合已有资源,避免重复建设❷

这些平台覆盖 K12 教育、高等教育、职业教育;提供视频、电子书、课程等资源格式;涵盖多种语言,服务于多个国家和地区。由前文分析可知,可持续的 OER 平台都善于整合已有的优质资源,并对其进行优化、组织、管理和推广。如 Coursera 与全球众多高等院校合作,OpenLearn 与 BBC、Google 等公司合作。这也为"一带一路"教育资源平台建设提供了有益借鉴,即借助国际联盟或组织的力量,广泛寻求合作,汇聚已有的优质教育资源,推出门户网站,对资源库进行整合,实现统一组织、管理、传播和推广。

(二) 资源精细化建设与集成管理并行

开放教育资源平台应该明确服务对象,并根据服务对象的特点对资源和平台进行设计。例如,Khan Academy 主要针对 K12 教育,课程按照年级、科目和考试进行分类,与 K12 阶段的教学内容对应;主要通过视频进行授课,演示动画相对卡通化,色彩丰富,符合儿童的认知偏好;测试频率相对较高,保持学生注意力,随时检验学习效果;提供教师和家长角色账户,对学生的学习时间、进程、测试情况等进行监督和管理,提高资源的使用有效性。OpenLearn 平台主要针对高等教育,通过主题进行分类,方便学生

---

❶ OpenStax. Foundation support[EB/OL]. (2017-07-17) [2022-8-20]. https://openstax.org/foundation. 2017-07-17.

❷ 王晓晨,刘梦蓉,孙艺璇,等.国际开放教育资源平台分析及对"一带一路"国家教育资源建设的启示[J].电化教育研究,2017,38(12):106-113.

根据兴趣进行查找；课程中不仅有视频，还有大量的文本信息，提高信息传递效率；测试频率相对较低，学习者拥有较为完整的学习时间；提供补充材料，为学习者提供资助探索和学习的空间，满足个性化的学习需求。OpenLearnCreate 平台除了与 OpenLearn 平台相似的学习功能外，主要提供课程建设和管理功能，通过多样化的组织工具、资料类型、学习活动等为创建者提供个性化的支持；提供教师和学习者角色，满足不同群体的需求。

由此可见，优质的 OER 平台不需要全面覆盖所有学段、所有主题、所有功能或者所有语言。在"一带一路"教育资源共享中，应借鉴这些平台的相关经验，资源的精细建设与集成管理并行，即每个平台都应该明确服务对象，并根据其特点创建、完善针对性的服务平台；同时，将这些平台整合在一个资源门户中，集成管理，方便用户查找所需资源，获得最优的用户体验。

（三）分阶段实现平台功能，根据用户需求进行迭代

首先，OER 平台成功的核心并不是涵盖所有的优秀功能，而是以资源类型为基础，以用户需求为中心，针对性地实现平台功能，并不断迭代。例如，Coursera 主要为用户提供课程服务，在此基础上开发了注册课程、浏览课程目标、学习、测验、互评作业、错题库、证书认证、转换班次、退课等一系列服务；针对学习者和教师的交流需求，开发了课程论坛，提供师师、师生、生生交流；通过课程中的用户调查问卷获得反馈，不断提升平台功能和性能。而 OpenStax 的初衷是降低大学生的课本费用，因此，以电子书为主要资源类型，提供了浏览、下载、学习、自测、修改内容等服务；针对学习者的互动需求，开发了透镜、标签功能，方便学习者查看其他人的评价和标注。

其次，开放教育资源平台的建设并不是一蹴而就的。建设"一带一路"教育资源平台应区分轻重缓急，保证实现核心功能，不断完善基本功能，尽力满足附加需求，并重视用户体验和反馈，对平台产品进行不断迭代。如 OpenLearn 及 OpenLearnCreate 两个平台自 2006 年创建至今，已经至少更新过四个版本[1]，并且还在不断维护和更新。

---

[1] 刘志芳.英国开放大学 OpenLearn 项目发展模式研究[J].中国远程教育,2013(8):39-44.

第七章　开放教育资源平台的 "1+X" 评价

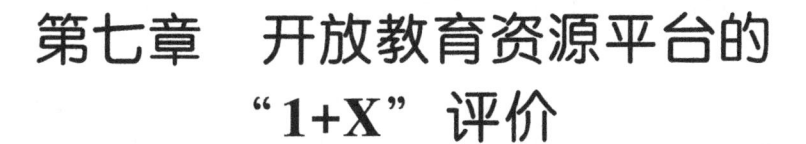

本章基于开放教育资源平台的多元化发展态势，面向 OER 的未来建设取向，重新审视了已有评价指标在实践研究中的局限性，综合运用传统的和改进的德尔菲法提出了一套灵活、普适的 "1+X" 开放教育资源平台评价体系，以期更好地促进 OER 的可持续发展。其中，"1" 是指必选的基础性指标，即平台必须具备的、体现其本质属性和核心功能的指标项。其主要包括资源内容、学习过程、系统平台和用户体验 4 个一级指标 13 个二级指标。"X" 是指可选的特色性指标，即平台依据其战略定位、服务对象的不同而针对性地着力建设的指标项。该维度为开放式的可扩展维度，现阶段主要呈现出关注资源进化、国际协同、包容公平、开放教育实践和增值服务等发展取向。经验证，"1+X" 评价体系具有较好的专家认可度。

第一节　"1+X" 评价的理论构想

随着开放教育资源平台的多元化发展，已有开放教育资源平台的评价指标呈现出了一定的应用瓶颈，"封闭式" 的高度结构化的评价体系，无法有效甄别真正有价值的平台特色化发展指标。因此，本节提出结构化评价指标和非结构化评价指标相结合的 "1+X" 开放教育资源平台评价体系，力图为建设者和评估者提供灵活的实践空间。

一、已有评价指标的应用瓶颈

OER 的可持续发展需要以平台作为有效载体，以促进资源的搜索、获取和共享。❶ 专家学者从各自的研究视角出发，提出了一些与开放教育资源及平台相关的评价指标。如 OER Rubric 框架❷、TIPS 框架❸、LORQAF 框架❹等。这些框架中的很多基础性的、核心的评价要素，符合 OEP 的本质，在特定的历史时期和研究视角下推动着 OER 的发展。然而，本节在评价国际开放教育资源平台的实践研究中发现，已有指标呈现出了一定的应用瓶颈。

第一，已有指标无法较好地反映 OER 的新内涵、新发展。OER 概念提出于 2002 年，经过十年发展，在 2012 年达成普遍共识，已有相关评价指标也大多在这个时期相继出现。2019 年，UNESCO 发布的 OER 建议书❺，重新界定了 OER 的内涵，并明确提出应该鼓励包容和公平的高质量开放教育资源，创建可持续发展模型，促进和加强国际合作等五项行动计划。2020 年，UNESCO 建立了 OER 动态联盟❻，以支持执行"OER 建议书"，这标志着 OER 的研究和实践展开新篇章。OER 的新内涵、新发展势必要衍生出新的平台需求，已有评价指标正在面临巨大的挑战。

第二，已有指标无法有效甄别影响开放教育资源平台可持续发展的关键要素。纵观过去 20 余年间投入建设的各级各类开放教育资源平台，已经呈现出不同的发展态势。

①访问跳转或停止维护。笔者在 2017 年底调研了 2002 年以来投入使用

---

❶ UNESCO. 2012 年开放式教育资源巴黎宣言[EB/OL].（2012-06-22）[2022-08-23]. https://unesdoc.unesco.org/ark:/48223/pf0000246687_chi?posInSet=1&queryId=40a078af-c5ed-410c-8846-9aa3b5d20568.

❷ ACHIEVE. Rubrics for evaluating open education resource (OER) objects[EB/OL].（2011-06-24）[2022-07-19]. https://www.achieve.org/publications/achieve-oer-rubrics.

❸ KAWACHI P. Quality assurance for OER: Current state of the art and the TIPS framework[J]. eLearning papers, 2015, 40:3-13.

❹ CLEMENTS K, PAWLOWSKI J, MANOUSELIS N. Open educational resources repositories literature review-Towards a comprehensive quality approaches framework[J]. Computers in human behavior, 2015, 51:1098-1106.

❺ UNESCO. 开放式教育资源书草案 2019[EB/OL].（2019-10-08）[2022-08-23]. https://unesdoc.unesco.org/ark:/48223/pf0000370936_chi?posInSet=2&queryId=cc77e290-978f-4d52-a41c-1d7fa765ee29.

❻ UNESCO. OER dynamic coalition[EB/OL].（2020-05-07）[2022-08-23]. https://en.unesco.org/themes/building-knowledge-societies/oer/dynamic-coalition.

的约70个各级各类开放教育资源网站，分析发现近45%的网站出现域名无效、访问跳转或停止维护现象。❶

②放弃开放属性。部分平台因为运营压力，放弃了其面向用户的免费应用开放属性，如平世界知识。❷

③可持续发展运作。部分平台运营良好，逐步实现了基金会注资后的可持续发展的独立运作模式，如 OU 的开放学习项目。❸❹

但是本章在已有评价框架下重新审视上述不同发展态势的平台时，评价结果并无显著性差异。这说明已有评价体系框架大多侧重于 OER 的基本属性，并未能准确甄别影响平台发展的关键要素。

第三，已有指标无法满足开放教育资源平台的特色化发展需求。本章尝试对比分析目前国际运作较好的主流开放教育资源平台，如 edX、Couresra、OpenStax、Khan Academy、OpenLearn、OpenCommons 等，以期总结出优质开放教育资源平台的关键要素。结果发现，这些平台在确保资源优质、开放❺、共享❻❼，

---

❶ 王晓晨,刘梦蓉,孙艺璇,等.国际开放教育资源平台分析及对"一带一路"国家教育资源建设的启示[J].电化教育研究.2017,38(12):106-113.

❷ LEDERMAN D. Fleeing from "free" [EB/OL]. (2012-11-05) [2022-08-23]. https://www.insidehighered.com/news/2012/11/05/flat-worlds-shift-gears-and-what-it-means--textbook-publishing. 2012-11-05.

❸ PERRYMAN L. Developing sustainable business models for institutions' provision of open educational resources: Learning from OpenLearn users' motivations and experiences[C]// Open and Flexible Higher Education Conference. Paris: European Association of Distance Teaching Universities(EADTU),2013:270-286.

❹ LAW P. How OpenLearn supports a business model for OER[J]. Distance education, 2017,38:5-22.

❺ ATENAS J,HAVEMANN L. Questions of quality in repositories of open educational resources: A literature review[EB/OL]. (2014-07-24) [2022-08-23]. https://doi.org/10.3402/rlt.v22.20889.

❻ ATENAS J,HAVEMANN L,PRIEGO E. Opening teaching landscapes: The importance of quality assurance in the delivery of open educational resources[J/OL]. Open praxis,2014,6(1):29-43[2022-08-23]. https://doi.org/10.5944/openpraxis.6.1.81.

❼ CLEMENTS K,PAWLOWSKI J,MANOUSELIS N. Open educational resources repositories literature review-Towards a comprehensive quality approaches framework[J/OL]. Computers in human behavior,2015,51:1098-1106[2022-08-23]. https://doi.org/10.1016/j.chb.2015.03.026.

注重开放许可协议的版权机制[1]等方面立场高度一致的同时,也有很多各不相同的着力点,如 OpenCommons 致力于使用资源改进教学,提升教师专业发展[2];Khan Academy 致力于开发微视频资源,以良好的互动反馈和激励机制著称;edX 免费提供开源平台,以服务商的形式联合高校协同发展,并负责后期的运营与维护[3][4];Couresra 致力于名校名师授课,并提供在线学位及职业认证等增值服务[5][6]。开放教育资源平台呈现出"不求大而全,做有特色的平台"的发展趋势。然而,现有评价体系都是"封装完好"的结构性指标,在评价这种以"开放性"为本质诉求的多元发展取向的平台时,无法很好地包容各个平台独具特色的发展方向。

基于上述分析,面临崭新的发展契机,本章将研究的核心问题聚焦为:如何突破原有"封闭式"的高度结构化的评价体系,针对 OER 的"开放性本质属性"和其平台的"多元化发展取向",提出新的评价体系构建视角,以期设计一套具有较强灵活性和普适性,可以有效指导全新平台的设计开发和已有平台的整合优化的开放教育资源平台评价框架。

二、"1+X"评价的具体理论构想

OER 的"开放性"本质特征决定了其支撑平台的建设目的、服务群体、

---

[1] WILEY D,BLISS T J,MCEWEN M. Open educational resources:A review of the literature[M]//SPECTOR J,MERRILL M,ELEN J,et al. Handbook of research on educational communications and technology. New York:Springer,2013:781-789.

[2] OER Commons. Professional learning & teacher training[EB/OL]. (2017-09-11)[2022-08-23]. https://www. oercommons. org/training.

[3] TUOMI I. Open educational resources and the transformation of education[J/OL]. European journal of education,2013,48(1):58-78[2022-08-23]. https://doi. org/10. 1111/ejed. 12019.

[4] edX. Schools and partners[EB/OL]. (2019-10-28)[2022-08-23]. https://www. edx. org/schools-partners.

[5] Coursera. Exceptional educators and partners[EB/OL]. (2021-12-17)[2022-08-23]. https://www. coursera. org/about/partners.

[6] REICH J,RUIPEREZ-VALIENTE J A. The MOOC pivot[J/OL]. Science,2019,363(6423):130-131[2022-08-23]. https://doi. org/10. 1126/science. aav7958.

资源用途、运营模式等具有较灵活的实践空间。❶❷ 开放教育资源平台的建设经历了从追求"大而全"到着力"小而精"的特色化发展的转变。前者强调尽可能多地将功能和内容集合起来，后者则侧重将某些细分角度做到极致。❸❹ 如前所述，已有"封闭式"的结构化指标体系面向 OER 及平台的本质属性，在评估致力于特色化发展的平台时，无法有效甄别真正有价值的指标。本章尝试打开已有结构化评价框架的闭环，提出结构化评价指标和非结构化评价指标相结合的"1+X"开放教育资源平台评价体系，力图为建设者和评估者提供灵活的实践空间。该评价体系立足开放教育资源平台的本质属性，面向发展过程中自然分化出的多样性态势，针对"小而精"的特色化发展趋势，引导多种不同发展取向的平台并存共生。

"1"是指基础性必选指标，即平台必须具备的，体现其本质属性和核心功能的指标项。开放教育资源平台需要同时满足网络平台和开放教育资源的两方特性。从网络平台属性上看，指标"1"需要考虑系统的安全性、兼容性、可用性、易用性等问题。从教育资源属性上看，指标"1"需要考虑平台对 OER 内涵、特征和实践应用的支持。例如，平台是否提供资源在开放许可版权的保护下的免费获取、重用、改编或分发等；是否提供学习支持，以更好地满足开放教育资源在学习、教学和研究中的实际应用；是否提供质量保障机制，以应对资源"开放性"所引发的良莠不齐等。目前已有评价体系大多基于此而展开，可以作为本章的重要基础。

"X"是指特色性的可扩展取向，即平台依据其战略定位、服务对象的不同而有针对性着力建设的特色指标项。已有结构化体系在评价诸如此类

---

❶ DOWNES S. Models for sustainable open educational resources[J/OL]. Interdisciplinary journal of e-Learning and learning objects, 2007, 3(1): 29-44[2022-08-23]. https://doi.org/10.28945/384.

❷ ATKINS D E, BROWN J S, HAMMOND A L. A review of the open educational resources(OER) movement: Achievements, challenges, and new opportunities. Mountain view: Creative common[EB/OL]. (2007-03-16)[2022-08-23]. https://core.ac.uk/download/pdf/71348489.pdf.

❸ DE LOS ARCOS B, FARROW R, PERRYMAN L A, et al. OER evidence report 2013-2014[R/OL]. (2022-12-15)[2023-02-05]. https://oro.open.ac.uk/41866/1/oerrh-evidence-report-2014.pdf.

❹ MCANDREW P, FARROW R, ELLIOTT-CIRIGOTTIS G, et al. Learning the lessons of openness[J]. Journal of interactive media in education, 2012(2): 10.

的多元取向方面表现出来的不适用性，是本节提出"X"指标的重要依据。指标"X"的灵活性主要体现在两个方面：第一，以可扩展的半结构化方式出现，针对已有平台特色及未来发展趋势，列举评价取向，但并不穷尽具体评价指标项；第二，以可选方式介入平台建设和评估，且实际过程中根据平台的建设需求和服务对象的不同，可以多选并重组各指标项以开展有针对性的特色评估。从开放教育资源平台的可持续发展角度，我们认为一个运营良好的开放教育资源平台应具备至少一个特色性发展取向。

第二节 基础性必选指标"1"的重构

本节在对已有开放教育资源及平台评价指标分析的基础上，进行基础性必选指标"1"的重构，并对重构指标的科学性进行验证。

一、指标提出

本节在对已有开放教育资源及平台评价指标分析的基础上，进行基础性必选指标"1"的重构。在文献调研过程中发现，已有相关评价指标存在指向模糊的问题。例如，某些针对 OER 的评价已经涉及对支撑平台的指标，但描述上称之为 OER 指标。另外，本节综合考虑平台评价指标一定有很大程度上是要从资源层面予以评价的，因此，同时调研了开放教育资源评价指标和开放教育资源平台评价指标。目前，文献引用较多的评价指标主要有以下几方面。

克莱门茨等人从平台的质量保证角度，基于开发者质量选择、技术自动化质量、期望审查质量、用户产生的质量四个发展阶段，提出了 LORQAF 框架。❶

彼得等人从生产流通的角度，提出创建、组织、传播和应用的四个分析维度。❷

---

❶ CLEMENTS K, PAWLOWSKI J, MANOUSELIS N. Open educational resources repositories literature review-Towards a comprehensive quality approaches framework[J]. Computers in human behavior, 2015, 51:1098-1106.

❷ ATENAS J, HAVEMANN L. Quality assurance in the open: An evaluation of OER repositories[J/OL]. The international journal for innovation and quality in learning, 2013, 1(2):22-34 [2022-08-23]. http://oro.open.ac.uk/56347/1/30-288-1-PB%5B1%5D.pdf.

保罗（Paul）等人从质量保障的角度提出了 TIPS 框架，其中，T 表教学和学习过程，I 代表信息和材料内容，P 代表呈现、产品和格式，S 代表系统、技术性的和技术。[1]

成功公司（Achieve Inc.）提出了 OER Rubric 分析框架，包括资源实用性、技术性与交互性质量、深度学习机会、资源可获取性等指标。[2]

乔斯（Jose）等人在 LORI 框架的基础上提出了新的 OER Rubrics 评价体系，由内容质量、动机、信息呈现设计、易用性、可访问性、教育价值、总体评价等构成。[3]

莫尼卡（Monica）提出从内容、教学设计、技术和课件评估四个类别予以分析。[4]

黄荣怀等从开放性视角，提出从资源形态、推广方式、应用情境和获取方式四个方面进行分析。[5]

现有评价指标大多从质量保证[6][7]和资源开放应用[8]两大类视角出发予以建构。虽然指标名称的表述方式及指标所属的细分层级存在差异，但是总体看来，内容质量、可获取性、交互性、教学设计、呈现方式、技术和系统支持等维度是所有研究者普遍关注和涉及的指标。此外，较为系统、全

---

[1] KAWACHI P. Quality assurance for OER：Current state of the art and the TIPS framework[J]. eLearning papers, 2015, 40：3-13.

[2] Achieve Inc. Rubrics for evaluating open education resource（OER）objects[EB/OL].（2011-06-24）[2022-07-19]. https：//www. achieve. org/publications/achieve-oer-rubrics.

[3] BURGOS V J. Rubrics to evaluate Open Educational Resources（OER）[EB/OL].（2016-11-06）[2022-08-23]. https：//www. docin. com/p-1776472861. html.

[4] VLADOIU M. Towards a quality model for open courseware and open educational resources[C]. Heidelberg：Springer, 2012：213-220.

[5] 黄荣怀,胡永斌,刘晓琳. 数字教育资源的开放成熟度模型研究——信息化促进优质教育资源共享研究（二）[J]. 电化教育研究, 2015(3)：58-63.

[6] ATENAS J, HAVEMANN L, PRIEGO E. Opening teaching landscapes：The importance of quality assurance in the delivery of open educational resources[J/OL]. Open praxis, 2014, 6(1)：29-43[2022-08-23]. https：//doi. org/10. 5944/openpraxis. 6. 1. 81.

[7] CAMILLER A F, EHLERS U, PAWLOWSKI J. State of the art review of quality issues related to open educational resources（OER）.[EB/OL].（2014-05-15）[2022-08-23]. https：//doi. org/10. 2791/80171.

[8] PEREZ L I G, MONTOYA M S R, GARACIA-PENALVO F J. Open access to educational resources in energy and sustainability：Usability evaluation prototype for repositories.[EB/OL].（2016-11-02）[2022-08-23]. https：//doi. org/10. 1145/3012430. 3012654.

面且引用率较高的TIPS评估框架[1]，还特别提出对OER使用的教学和学习过程予以评价。上述很多本质性的评价要素，仍然符合OER的诉求。

基础性必选指标"1"的一级指标重点参考TIPS评估框架，分为资源内容、学习过程、系统平台和资源呈现四个维度。二级指标是在整合已有的多个指标体系的基础上分析得来，初步提出的二级指标项及指标来源参考，具体见表7.1。

表7.1 基础性指标"1"的初步提出

类型	一级指标	二级指标	二级指标来源
基础指标"1"	资源内容	开放协议	OER Rubric（2011）、TIPS（2013）、LORQAF（2015）
		可获取性	OER Rubric（2011）、Quality Matter（2016）、LORQAF（2015）
		质量审核	LORQAF（2015）
基础指标"1"	学习过程	学习活动	OER Rubric（2011）
		学习社群	新指标
		辅导答疑	新指标
		追踪及反馈	TIPS（2013）
	系统平台	稳定性	Quality Matter（2016）、OER Rubric（2011）、TIPS（2013）
		开源性	新指标
		技术支持	新指标
	资源呈现	界面设计	TIPS（2013）
		交互设计	OER Rubric（2011）、TIPS（2013）、LORQAF（2015）
		导航设计	TIPS（2013）

二、指标检验

为进一步论证初拟指标的科学性，本章基于改进的德尔菲法迭代设计

---

[1] KAWACHI P. Quality assurance guidelines for open educational resources: TIPS framework[EB/OL]. (2014-09-04)[2022-08-23]. http://oasis.col.org/handle/11599/562.

了三轮专家咨询，并分析了每轮专家咨询的专家权威系数 Cr 和专家协调程度。

专家权威系数通过计算专家对调查问题的熟悉程度 Cs 和判断依据 Ca 得分的算术平均值得出。❶ 具体评判依据及其赋值见表 7.2。本研究中第一轮 Cr 为 0.823，第二轮 Cr 为 0.872，第三轮 Cr 为 0.914。一般来说，专家权威系数 Cr≥0.7 即说明专家在相关领域的权威性较高，结果可信度较高。❷

表7.2 专家权威系数的判断依据赋值表

影响程度	实践经验	理论分析	参考国内外文献	直观选择
大	0.5	0.3	0.10	0.10
中	0.4	0.2	0.10	0.10
小	0.3	0.1	0.05	0.05

专家协调程度通过变异系数 CV 和 Kendall 协调系数 W 两个指标来反映。❸ 将第一轮建议结果中变异系数 CV≥0.250 的指标经焦点访谈后删除；第二轮和第三轮调查结果的 CV 均小于 0.200，各级指标的 Kendall 协调系数 W 均在 0.700 左右。协调系数的 χ^2 检验结果显示具有统计学意义（$P<0.05$）。一般来说，变异系数 CV 值越小，表示专家意见的分歧越小。Kendall 协调系数 W 数值范围为 0~1，值越大，说明专家对指标意见的协调度越高。❹ 专家协调程度的数据分析结果见表 7.3。

---

❶ ZHAO Y, ZHAO M, LIANG Z, et al. Development of clinical pathway for stroke management: An e-Delphi survey[C]//2013 IEEE International Conference on Bioinformatics and Biomedicine. Shanghai: IEEE, 2013: 328-329.

❷ JIANG X P, YAN L, ZHENG, X L, et al. Development and evaluation of a new curriculum based on the Delphi method for master of nursing programs in China[J]. Chinese nursing research, 2016, 3(4): 162-167.

❸ HABIBI A, SARAFRAZI A, IZADYAR S. Delphi technique theoretical framework in qualitative research[EB/OL]. (2014-08-13)[2022-08-23]. https://parsmodir.com/wp-content/uploads/2018/11/Delphi2014-En.pdf.

❹ SHAH H A, KALAIAN S A. Which is the best parametric statistical method for analyzing Delphi data?[EB/OL]. (2009-05-01)[2022-08-23]. https://doi.org/10.22237/jmasm/1241137140.

表7.3　三轮专家意见协调程度

指标		Kendall W	χ^2	自由度	P
第一轮	一级指标	0.369	38.722	7	<0.001
	二级指标	0.453	95.206	14	<0.001
第二轮	一级指标	0.570	51.296	6	<0.001
	二级指标	0.583	122.520	14	<0.001
第三轮	一级指标	0.685	62.456	7	<0.001
	二级指标	0.693	148.453	15	<0.001

第一轮问卷的主要目的是：①用开放式问题咨询专家是否认同基础性指标和特色性指标相结合的"1+X"评价思路；②采用李科特（Likert）五点量表的形式收集专家对基础性指标"1"的态度；③请专家罗列至少7个特色性指标"X"的发展取向或指标项。

第一轮调查结果显示，专家一致认同在开放教育资源平台评价中加入灵活的"X"评价维度，认为这是很好的理论创新。专家对基础性指标"1"的认可度较高，一级指标的均值全部达到我们设定的均值3.5的共识临界分值。二级指标中，低于共识临界分值3.5的指标有"辅导答疑"（2.84）和"导航设计"（3.09）。在第一轮专家咨询基础上，笔者设计了第二轮专家咨询问题。为保持专家一致性信度，仍然邀请上述专家参与。

第二轮评价指标的优化主要体现在：①剔除或进一步整合均值在3.5以下、CV≥0.250的"辅导答疑"和"导航设计"指标。②将访谈中专家普遍关注的"教学设计"整合到基础指标的"学习过程"维度下，合并原有的"学习活动"二级指标。③新增"使用指南""易用性"指标。在第二轮意见征求中，笔者提高专家达成共识的判别分值到4.0。调查结果显示，所有维度指标的均值都在4.4以上。可以看出，第二轮专家对指标项的评定已经趋同，在访谈过程中，有专家提出将基础性指标中的"资源呈现"修订为"用户体验"，但无更多的新增指标和冲突性指标出现。因此，笔者对问卷稍作修订进行了第三轮专家咨询，并确定了以下评价指标，具体见表7.4。

表 7.4　基础性指标"1"的指标项及内涵

类别	一级指标	二级指标	均值	指标内涵
基础指标"1"	资源内容	开放协议	5.00	标注开放许可协议及具体类型
		可获取性	4.86	支持下载、重用、改编及分发等
		质量审核	4.57	有完整的资源质量保障机制
	学习过程	教学设计	4.83	设计学习活动、提供学习方法以优化学习
		学习社群	4.65	支持资源招募，鼓励形成学习共同体
		追踪及反馈	4.45	记录资源使用路径，跟进学习过程
	系统平台	稳定性	5.00	服务器及程序稳定、并发用户支持等
		开源性	5.00	基于开源平台或开放源代码
		技术支持	4.54	社群或专业的非实时答疑
	用户体验	使用指南	4.42	帮助用户明确 OER 使用权限及平台功能
		界面设计	5.00	呈现美观，导航清晰
		互动支持	4.86	提供人-资源的互动及支持
		易用性	5.00	符合用户使用习惯

资料来源：张艺涵.开放教育资源平台"1+X"评价指标构建[D].北京：首都师范大学,2021:58-63.

第三节　特色性扩展指标"X"的取向

本节通过三轮专家调查，得到了开放教育资源平台的特色性可扩展指标"X"的发展取向，并基于具体案例进一步论证和阐述平台的多元化发展。

一、发展取向

特色性指标"X"属于可扩展的半开放指标，不同平台可以选取和整合不同的特色性指标。随着实践研究的不断发展，这些特色性指标会不断变化。因此，试图穷尽或封闭特色指标项是有悖发展规律的。为使评价指标能够"落地"，本书尝试分析出开放教育资源平台的特色发展需求或取向，以实践指导评估和优化建设。具体实施采用传统的德尔菲法，收集、汇总和趋同专家学者对开放教育资源平台多元发展取向和可能涉及的建设指标项的认知。

第一轮专家调查采用开放题的形式，让专家"在上述基础性指标的基础上，列举至少 7 个您认为重要的开放教育资源平台的特色发展指标"。经汇总专家反馈的相似术语表达，形成了以下指标，具体见表 7.5。

表 7.5　第一轮专家建议的"X"取向（指标）表述整合

"X"取向（指标）	频次	相似表达
国际协同	11	国际 OER 联盟、国际合作、国际化团队、全球性战略
多语言支持	10	资源的多语种互译、多语言平台、字幕翻译、小语种资源
定制化服务	10	个性化服务、按需的增值服务
学习认证	9	提供学位、学分互认、就业资质证明、学习证明
开放教育实践	9	资源应用、教学应用、开放教法、开放评估
资源进化	9	资源自生长、共建共享、资源生命周期、资源可持续优化
多样化接入	8	设备普适、多终端、终端自适应
在线编创工具	8	资源在线创建/优化、兼顾通用资源格式、在线协同创建
无障碍获取	8	特殊群体辅助、残障人士便利、视觉障碍人群接入
通用标准	7	国际版权协议、通用的元数据标准
多元化的成本分担机制	4	用户免费的可持续运营机制、可持续的商业发展模式

第二轮专家调查在表 7.5 的基础上形成问卷，采用李科特五点量表的形式收集专家对第一轮特色性指标"X"发展取向的态度。分析发现，除了"多元化的成本分担机制"（3.07），各项均值全部达到我们设定的均值 3.5 的共识临界分值。访谈发现，专家普遍认为成本运作属于运营层面的问题，不应作为平台评估指标。在深入讨论过程中，部分专家提及两种新的取向。

① "小众化资源建设"发展取向。专家建议未来不仅需要更多地关注冷门资源，还应逐渐细分用户市场，如建设青少年科普资源平台或面向老年人建设开放教育资源等。

② "个人学习空间"发展取向。专家指出，平台用户需要个性化的学习空间存放个人资源、记录学习路径、发展学习共同体、进行学习反思等。此外，访谈中也尝试向专家征求总体的发展取向意见。专家在前两轮集体

共创的发展指标项的基础上，提出加强国际协同、提供增值服务、促进资源进化、体现包容公平和关注开放教育实践等5个初现端倪的发展取向。经删除临界分值下的指标，并整合上述建议，形成了第三轮专家调查的问卷。第三轮专家对指标项的评定结果已经趋同，各指标的内涵及发展取向见表7.6。

表7.6 德尔菲法的"X"取向（指标）及内涵

序列	特色指标/取向	均值	内涵	发展取向
1	多语言支持	5.00	多语言平台/多元化资源翻译方式和本土化策略	国际协同
2	国际协同	5.00	全球化视野下共建共享开放教育资源	国际协同
3	通用标准	4.02	规范的元数据标准和接口，国际通用法律法规	国际协同
4	定制化服务	5.00	根据用户需求制定个性化学习支持服务	增值服务
5	学习认证	4.85	提供结业证书、就业资质、学分互认等	增值服务
6	资源进化	5.00	优质资源的共创、共享和审核机制	资源进化
7	在线编创工具	4.42	提供常见格式的在线资源编辑工具	资源进化
8	多样化接入	4.35	多终端、多技术条件下的普适	包容公平
9	无障碍获取	3.98	针对特殊群体的平台无障碍建设	包容公平
10	小众化资源建设	4.86	细分用户市场，以满足更多需求	包容公平
11	开放教育实践	5.00	开放教学方法及策略以更好地支持学习	开放教育实践
12	个人学习空间	4.25	资源学习版块与个人网络学习空间无缝整合	开放教育实践

综上所述，开放教育资源平台的特色性可扩展指标"X"的发展取向，目前主要体现在：①资源进化取向，如拓展平台功能，提供在线编创工具支持多人协同编创优化[1]；②增值服务取向，如在确保用户个体免费获取资源的同时，通过定制化服务和学习认证以获取运营成本[2]；③国际合作取

---

[1] RAMIREZ-MONTOYA M S, GARCIA-PENALVO F J, MCGREAL R. Shared science and knowledge[J]. Comunicar, 2018, 26(54):1-5.

[2] DAVIS E, COCHRAN D, FAGERHEIM B, et al. Enhancing teaching and learning: Libraries and open educational resources in the classroom[EB/OL]. (2016-03-22)[2022-08-23]. https://doi.org/10.1080/15228959.2015.1108893.

向，致力于多语言支持、格式标准及版权冲突的解决方案❶；④包容公平取向，如细分服务对象，提供较少使用或濒危语种，或对有接入障碍的特殊用户提供无障碍建设❷；⑤开放教育实践取向，在开放资源的基础上开放教法，提供个性化学习空间，关注资源应用和学习者能力的提升❸等。随着开放教育资源的不断发展，上述取向及具体指标项也会调整。

二、案例分析

结合上述基于德尔菲法得到的指标"X"的发展取向，本章选取了国际上运营良好的开放教育资源平台作为典型案例，进一步论证和阐述平台的多元化发展。目前已有的开放教育资源平台的上线时间大多在2012年左右，当时普遍采用的是较早的 UNESCO 2006 年的 OER 定义，即"开放教育是指基于网络的数字化素材，人们在教育、学习和研究中可以自由、开放地使用和重用素材"。❹ 因此，如果用现有定义去衡量，部分平台无法完全归属于开放教育资源平台范畴。为了能够更好地支持特色性指标"X"的案例分析，本书归纳出以 OER 名义运营并得到专家学者和用户较为认可的、具有典型特征的资源平台：①edX 为非营利性 MOOC 平台的代表；②OpenStax 为第一批上线且延续发展至今的提供教科书的平台代表；③Khan Academy 为微视频资源支持教学的平台代表；④OpenLearn 为优质资源和共创共享资源空间有效结合的平台代表；⑤OER Commons 为使用资源改进教学，提升教师专业发展的平台代表。平台的特色发展取向分析见表7.7。

---

❶ CASWELL T, HENSON S, JENSEN M, et al. Open content and open educational resources: Enabling universal education[J]. International review of research in open and distributed learning, 2008, 9(1): 1-11.

❷ WILLEMS J, BOSSU C. Equity considerations for open educational resources in the glocalization of education. [EB/OL]. (2012-07-24)[2022-08-23]. https://doi.org/10.1080/01587919.2012.692051.

❸ EHLERS U D. Extending the territory: From open educational resources to open educational practices[J]. Journal of open, flexible, and distance learning, 2011, 15(2): 1-10.

❹ JOHNSTONE S. Forum on the impact of open courseware for higher education in developing countries[J]. Education quarterly, 2005, 3: 15-18.

第三篇　开放教育资源平台与机制

表7.7　开放教育资源平台的特色发展现状分析

	资源进化	增值服务	国际合作	包容公平	开放教育实践
edX	Open edX 开源平台	edX 商业版	英语/西班牙语平台；全球知名高校合作	无障碍指南 WCAG 2.1 AA	xConsortium 合作开展教学法研究❶
OpenStax		教师权限和学生权限		无障碍指南 WCAG 2.0	OpenStax Tutor 工具
Khan Academy	资源的在线翻译支持平台	可汗学区；MAP Accelerator 个性化学习辅助工具	40余种语言平台；36种语言以上的资源翻译；多语言证书模板	与博物馆合作提供专门内容；访问性可视化工具包Totally；减速运动（针对动画敏感）；离线方案Kolibri	学习仪表盘❷；增强教师能力的工具；学生个性化练习
OpenLearn	OpenLearn-Create 资源创建平台的无缝结合	非正式学习向正式学习转化	全球开放教育的组织成员；与国际机构合作	无障碍指南 WCAG 2.1；订购免费印刷品	徽章课程；My OpenLearn 个人资料
OER Commons	Open Author 共创工具；Groups 人人共创功能	Hubs 自定义资源中心和微站点结合；OER 培训计划	多语言翻译界面	页面显示个性化设置；Accessibility Checker；无障碍指南 WCAG 2.0	OER 专业学习项目；与 LMS 交互的 LTI（Learning Tool Interoperabi-lity，学习工具协同）工具；对接 Google 教室❸

分析发现，上述运营较好的开放教育资源平台的建设各有侧重。

①edX 平台侧重资源进化、增值服务和国际合作。作为目前唯一的兼具

---

❶ 张艺涵.开放教育资源平台"1+X"评价指标构建[D].北京:首都师范大学,2021: 8-9.

❷ 张振虹,刘文,韩智.学习仪表盘:大数据时代的新型学习支持工具[J].现代远程教育研究,2014(3):100-107.

❸ OER Commons. e-Learning[EB/OL].(2022-02-16)[2023-08-17]. https://oer-commons.org/authoring/61900-e-learning/view.

非营利性和开源性的 MOOC 提供商，借助 Open edX 开源平台，与全球知名高校合作，实现优质资源共创共享。edX 商业版及学位/证书课程等基于免费资源的增值服务为平台可持续发展提供了保障。

②OpenStax 平台侧重开放教育实践。Open edX 的资源特色在于提供免费的教科书。为了满足教科书的应用诉求，平台着力发展三类教学支持工具，以促进开放教育实践：第一，提供物理学、生物学、社会学资源学习指导的 OpenStax Tutor；第二，在线数学作业工具 Rover by OpenStax；第三，匹配最佳资源的内容筛选工具 OpenStax Tech Scouts。

③Khan Academy 平台侧重多语言翻译及开放教育实践。依靠独特的在线翻译支持工具，Khan Academy 拥有近 40 种语言平台和资源的多语言版本。此外，个性化学习辅助工具 MAP Accelerator、教师/学生仪表盘等工具，为开放教育实践提供了良好的应用基础。

④OpenLearn 平台侧重于资源进化和增值服务。OpenLearn 与其资源创建子平台 OpenLearnCreate 的无缝结合，很好地助力了资源进化。免费开放的部分英国开放大学的优质资源和徽章课程，及与英国开放大学平台的无缝连接，很好地帮助平台用户从非正式学习发展为在线正式学习，并获得学位。❶

⑤OER Commons 平台侧重于资源进化和开放教育实践。平台提供诸如 Open Author、Groups 等在线编创和社群工具以支持资源进化。自定义资源中心 Hubs 和微站点 Microsites 的无缝结合，与学习管理系统交互的 LTI 工具，以及与 Google 教室等外部平台的融合，使得 OER Commons 在开放教育实践取向上呈现了很好的发展势头。

---

❶ 张艺涵.开放教育资源平台"1+X"评价指标构建[D].北京:首都师范大学,2021:9.

第八章　开放教育资源的可持续发展

20世纪之初，OER运动在WFHF等基金会的推动下，在全球如火如荼地开展起来，吸引越来越多的大学投入这项建设全球OER的活动。国外项目的建设经费主要来源于校友捐赠或基金会资助，国内的OER项目经费则主要源自政府财政和大学自身投入。由教育资源需要时常更新可知，OER是一项长期的工作，因此OER的可持续发展同样需要长期的支持。而无论是基金会、政府还是个人，大多只是对OER项目的暂时扶持，很难长久开展下去。因此，寻求OER可持续发展模式这一问题亟待解决。[1]

对于OER的可持续发展的内涵，业界有很多不同的见解。早在2005年冬天，UNESCO教育研究与创新中心就已探讨过OER项目的可持续发展模式。对于OER项目的可持续性，可以从狭义和广义两个角度理解。狭义上，OER的可持续发展通常指是否有足够的项目资金支持该项目的可持续运行。保罗（Paul）认为，可持续性即"该项目会持续并且稳定地存在"。[2] 例如，对于一些知名的大学OER项目，在基金会资助的项目期结束后，看其能否继续向社会提供免费的教育资源。广义上，可以参考戴维（Davy）[3] 的定义，即可持续发展是OER项目为实现项目目标所具备的可持续运转的能力，也就是说该项目是否能够提供足够的动机让人们一直去从事该项活动。一个OER网站如果因为难以为继而不再更新，那么即使还有少量的经费维持

---

[1] 汪琼,王爱华.高校开放教育资源(OER)项目的可持续发展——基于投资与盈利模式的分析与研究[J].远程教育杂志,2012,30(3):11-16.

[2] DHOLAKIA P M. What makes an open education program sustainable? The case of connexions[EB/OL].(2006-05-24)[2022-05-17].www.oecd.org/dataoecd/3/6/36781781.pdf.

[3] WILEY D. Open educational resources: On the sustainability of OER initiatives[EB/OL].(2008-01-07)[2022-05-17].http://www.oecd.org/dataoecde/33/9/38645447.pdf.

其资源可以被继续访问，也不能算是可持续的。因此，这里的"可持续发展"指的就是项目能一直运作的能力以及持续实现其目标的能力。为实现可持续发展，就必须要找到维持 OER 不断生产和分享的方法以及维持最终用户对 OER 的使用和再利用的方法。

近年来人们对制约 OER 可持续性发展的瓶颈问题展开了深入的讨论与研究。文献调研发现，OER 的多语言问题、资源的质量保障问题、版权与知识产权问题、政策支持与机构策略问题、开放资源的平台问题、教育应用与实践运营问题等成为制约开放教育资源可持续发展的重要障碍。本章将对 OER 可持续发展的多语言问题、资源质量保障问题、版权和知识产权问题、运营问题进行分析，并介绍现有项目或平台的应对方式。

第一节　开放教育资源的多语言问题

开放教育资源面对的用户来自世界不同国家、不同文化背景，因此语言问题成为阻碍开放教育资源流通与发展的一个重要因素。目前已经有一些政府和机构提出了相应的举措来解决这一问题。本节通过具体案例，展示已有的开放教育资源多语言问题解决方案，并从其他资源平台的多语言建设中，总结其对 OER 平台发展提供的启示。

一、开放教育资源与多语言

由于 OER 自身具有开放性和共享性，为了使 OER 惠及全球，让更多的人能够实现公平、开放的教育，势必要面临多语言问题。在 OER 语言本土化方面，因为翻译成本过高，各国政府没有把 OER 本土化作为重要任务并予以重视。而且，在大多数国家，亿万人将英语作为第一或第二语言，致使大部分 OER 是英文版本，所以只有 41% 的国家能充分利用 OER。❶ 由此可见，这既是机遇，也是挑战。

国际上常用的语言约有 25 种，其中，将近有 15 亿人说英语，且 4.8 亿人是以英语为母语的，约占世界人口的 20%；约 13 亿人说汉语，6.61 亿人

---

❶ 邢冠英,陈颖. 国际开放教育资源的发展现状及对我国的启示[J]. 教育学术月刊,2020(7):58-65.

说西班牙语,5.44亿人说印度斯坦语。以联合国为例,它的正式语言有六种,分别是:阿拉伯语、汉语、英语、法语、俄语和西班牙语。在国际上,这六种语言具有同等效力,代表们可以选用其中任何一种。用于行政或商务等官方用途的语言容易造成一种认知偏差,如在欧洲的48个国家中,存在约250种本土语言。而且移民活动使欧洲语言种类不断增加,如在伦敦现有超过300种语言作为母语在使用。在美国,6000多万人在家里讲英语以外的语言,其中1/5是学龄儿童。而且,许多在家讲英语以外语言的美国居民并非移民。另外,世界上还有大约7000万人把手势语作为他们的第一语言(如聋哑人)。❶

除了以上应用较广的语言,根据UNESCO2010年的数据显示,目前已知的6700种语言中,超过2400种语言面临濒危的严峻形势。在这些濒危语言中,有607种语言状态堪忧,632种语言面临危险境地,502种语言形势很危急,538种语言濒临灭绝,还有超过200种语言将在三代人以内不复存在。如果按UNESCO所得出的语言消失速度预计,那么250年后人们可能将只会使用汉语、英语、法语、西班牙语和葡萄牙语等少数几种语言了。❷

除"经济全球化"外,政府政策的偏颇、主流文化的打压、社会对语言性能认识的不到位、个体对语言功利性的运用等因素,都会对语言种类的持续保持产生负面影响。有资料显示,全世界有5000种语言的使用者不到10万人,甚至有50种语言的使用者不到10人。因此,UNESCO在1999年1月提出倡议:从2000年起,每年的2月21日定为"世界母语日"。该倡议呼吁世界各国应该立即着手解决语言灭绝问题,把保护语言文化遗产纳入国家教育体系。❸ 实行母语和官方语言的双语教育将会促进孩子的认知发展,增强他们的学习能力,有助于他们在今后的事业中取得更大成就。另外,每一种语言不仅有着自身的美妙,还是本民族历史文化的记录,一

---

❶ 王法东.浅谈国际视角下博物馆多语言现象的理论和实践[J].科教文汇(下旬刊),2015(30):171-172,177.

❷ United Nations.联合国新闻:教科文组织推出新版世界濒危语言图谱[EB/OL].(2009-02-19)[2023-08-16]. https://news.un.org/zh/story/2009/02/108902.

❸ UNESCO.联合国世界语言图谱[EB/OL].(2022-04-21)[2022-05-20]. http://www.unesco.org/new/en/culture/themes/endangered-languages./atlas-of-languages-in-danger/.pdf.

旦消失，这既是语言文字的不幸，也是人类文化的遗憾。因此，保持、保护和保存现存的语言种类，积极推进各语言的发展，使各种语言蕴含的文化内涵闪闪发光，其本身就是对世界文化多样性的贡献。❶

随着对外交流的不断深入，不同语言之间的信息交换显得越来越重要，互联网实际上已经成为一个多语言的网络。当前我们已经进入了信息网络的时代，语言是信息最主要的负荷者，如何有效地使用现代化手段来突破人们之间的语言障碍，已成为全人类面临的共同问题。因此，多语言问题不仅仅是 OER 应该关注的问题，1972—2009 年，UNESCO 以及各国纷纷提出了相应的倡议和政策来保护语言的多样性（见表 8.1）。

表 8.1 各国保护语言多样性的倡议与政策（1972—2009）

时间	内容
1972 年	UNESCO 大会第 17 届会议在巴黎通过《保护世界文化和自然遗产公约》
2002 年	UNESCO 关于促进使用多种语言和普及使用网络空间的磋商工作和修订的有关建议草案的报告
2003 年	UNESCO 通过了《关于普及网络空间及提倡和使用多种语言的建议书》，该文件鼓励国家间在多语言内容和系统、网络普及设备、公共内容发展、公众利益和管理部门间的平衡方面开展行动
2008 年	法国修订的宪法规定：地方语言是法国文化遗产的一部分。这促进了人们语言遗产观的转变，法国的语言遗产由 75 种语言构成，其中很多还在被使用，但传播力在减弱
2009 年	中国向 UNESCO 提出了《建立多语言学习网络空间项目建议书》

二、开放教育资源已有平台的处理方式

OER 跨文化跨国家交流时，多语言问题是资源共建共享的主要障碍。以 OpenStax 平台为例，该平台目前只提供以英语为主要支持的语言，其中有极小部分西班牙语教材，对学习者和使用者英语要求较高，没有多语言

---

❶ UNESCO. 联合国世界语言图谱[EB/OL].（2022-04-21）[2022-05-20]. http://www.unesco.org/new/en/culture/themes/endangered-languages./atlas-of-languages-in-danger/.pdf.

支持，这在一定程度上也会降低平台的使用率和适应性。因此，为了更好地推动世界语言多样性保护，开放教育资源平台采取了一些措施来解决资源之间的多语言转换问题，帮助学习者克服 OER 中因为语言多样性而产生的种种难题。

（一） 全球说（Talkmate）

UNESCO 和全球说开展"世界语言地图"项目合作，该合作项目的目标是推动世界语言多样性保护，通过 ICT 的有效应用推广网络中的多语言文化。全球说是世界最大的免费语言学习平台，通过全球社交网络重新定义语言学习的全新平台，其宗旨是"确保人们能够平等的获取信息和知识"。全球说将传统的语言学习应用到线上平台，通过包含多语种语言学习的网站及相应 App 向全球的语言学习者提供免费在线学习工具，同时该网站及相应 App 还具有社交与即时通信功能，使得跨文化、跨种族的交流可以通过手机轻松实现。❶

全球说 App 的界面有四种语言可供选择，分别是汉语、英语、德语和阿拉伯语。截至 2017 年 6 月，全球说已经涵盖了英语、日语、韩语等 100 种语言的数字化互动课程，涵盖了世界 65% 的使用人口。该平台共提供超过四万小时的语言教学课程，由 152 位母语编辑历经超过 10 000 小时的跨国研究协作完成。全球说采用了独创的"iCOC（input, connect, output, check）自然母语学习法"，借助声音与图像等多媒体的综合运用在头脑中形成对语言的快速认知，并通过该平台的社交功能帮助学习者找到母语交换学习的语伴。语伴间互为师生，可相互进行听说读写的实时测试和反馈，在互动中完成语言学习。该平台的课程设置采用阶梯式，逐步为学习者提高难度，具体的课程内容以情境带入，从而让学习者记忆知识内容更为深刻，以帮助学习者达到更好的学习效果。当前，地球上超 87% 的陆地国家都有全球说的语伴，每一位用户都会得到精准推荐，匹配合适的语伴。

2017 年 7 月，全球说与上市公司北京真视通科技股份有限公司合作研发了"多语言云课堂"系统，该系统实现了一名母语教师授课，分布在全球各地的学生可以同步学习、实时互动的场景。UNESCO 第 38 届大会主席

---

❶ Talkmate. 关于我们：全球说介绍［EB/OL］．（2023-05-31）［2023-08-17］．https：//www.talkmate.com/．

西马塔（Simataa）亲赴全球说观看演示后，认为该项目具有很高的互动性，认为这一技术解决方案将为未来世界多语言的学习和传承提供高效的实现手段。❶ 为配合"一带一路"建设步伐，全球说制定了对各利益相关方开放合作、构建语言生态圈的发展战略。此外，全球说充分发挥自身技术开发、教学研发、产品研发的优势，拿出自己的核心资源，与不同语言教育机构共同打造面向终端用户的语言教育产品，这样可使自身语种数量第一的优势迅速裂变，使得大规模快速度地开展小语种的培训成为可能。❷ 全球说已经通过完整的学习系统，努力实现全世界所有国家官方语言的课程之作，目前已经完成了超过50%。

全球说上线当天恰好是 UNESCO 发起的"世界文化多样性促进对话和发展日"，其公司在全球范围内将启动"全球说语言学院"公益项目，将通过"语言大使""语言慈善家"和"语言图书馆"等活动，致力于将免费的语言教育传播到极端缺乏教育资源的国家和地区；并且通过创建濒危语种数字多媒体图书馆，以数字形式保存这些濒危语种，提高社会对濒危语种的关注度和使用度。全球说努力消除因语言壁垒造成的文化隔阂与地区发展失衡，保护和传播世界上少数民族语言和文化精髓，为全世界语言多样化的传承做出贡献。当前，全球说已经收录了全球95%的人类语言资源，以提供给学习者研究者使用，其中收录的濒危语种超过2651种。❸

（二）学习资源交换项目

2004年，欧洲学校网（European Schoolnet）启动了学习资源交换项目，旨在收集不同国家和供应商的OER。它是为了给教育部门提供学习内容存储库和相关工具的网络而开发的，可以让他们更轻松地交换高质量的学习

---

❶ 中教全媒体.多语言云技术成为全球语言教育新手段——联合国教科文组织第38届大会主席视察"全球说"[EB/OL].(2017-07-04)[2023-08-17].http://www.cedumedia.com/i/8548.html.

❷ 后疫情时代促进网络空间多语言使用的相关思考[J].语言产业研究,2021,3(00):237-242.

❸ Talkmate.关于我们:全球说介绍[EB/OL].(2023-05-31)[2023-08-17].https://www.talkmate.com/.

资源，并且能够让不同国家的教师使用。❶ 学习资源交换项目的发展得到了欧洲教育部的支持，还有一些欧洲委员会的资助。目前，在学习资源交换项目内容合作伙伴的支持下，eQNet 等项目也在继续推进中。该项目宗旨是：任何人都可以在学习资源交换项目联盟中浏览存储库和教师的内容，也可以使用学习资源交换项目社会标记工具注册，评估内容，保存他们喜欢的资源，并且可以与他们的朋友和同事分享这些资源的链接。

学习资源交换项目新的合作伙伴和新的资源也在被定期纳入，可以使用的学校资源数量也正在迅速增长。至今，该项目已有 78 个资源供应方，提供超过 20 万个资源，通过门户网站可以用 100 多种语言进行搜索。❷

（三）多语言开放资源自主学习项目

随着远程教育大学的不断出现，欧洲远程教学大学协会（European Association of Distance Teaching Universities，EADTU）启动了多语言开放自主学习项目。该项目得到了 WFHF 的赞助，其目的是为欧洲大学教育提供一种新的途径，丰富学习者的国际学习经验，提升开放与远程教育大学的知名度，积累 OER 项目的实施经验。该项目计划在整个欧洲通过多种语言形式发布一系列免费的在线 OER，为不同的目标群体提供新的接受大学教育的途径。❸

该项目最大的特色就是国际化。在经济全球化的背景下，欧盟成员都有各自的国家语言，培养具有国际化理念和视野的人才，适应跨文化的交流已然成为高等教育的必然要求。该项目的成员包括 EADTU 以及欧盟国家的 12 所大学。在遵循 EADTU 的策略与发展理念下，协会成员机构中的许多开放资源课程都参与该计划。这些 OER 和传统大学的课程学习资源相比，包含了丰富的教学方法和策略，特别适合远程学习和终身学习。资源的语言除英语外，还包括该协会成员国各国的语言，充分体现了多国家和多语言的特点。

---

❶ 王晓晨,孙艺璇,姚茜,等.开放教育资源:共识、质疑及回应[J].中国电化教育,2017(11):52-59.

❷ Wikipedia. Open educational resources[EB/OL].(2023-08-14)[2023-08-16]. https://en.wikipedia.org/wiki/Open_educational_resources.

❸ 柴少明,丁美荣.国际开放教育领域开放教育资源项目评述[J].现代远距离教育,2012(4):75-80.

正是由于这一特点，多语言开放资源自主学习项目能够为学习者提供跨文化的学习和交流机会。虽然并不是每一个欧洲国家的远程教育大学都拥有数量大且高质量的课程来满足本国民众和欧洲其他国家学习者的需要，但是多语言开放资源自主学习项目可以为他们提供更多的机遇。该项目中的每一个大学都有机会利用开放课程，丰富自身的课程体系，还可以改革他人的课程以适应本土的需要，如课程可以翻译成多国语言、本土化课程。人们可以在开发和评价多语言课程中获得更多的学习经验。同时本土化课程过程可以提供并促进新的、可持续的发展课程的产生，学生也将会在该项目中通过在线学习，在虚拟环境中获得真实的国际化学习经验。此外，虚拟的、多语言的研讨会也让来自不同国家和地区的学生在一起讨论所学的内容，真正实现国际化交流和协作。

（四）可汗学院

如前所述，可汗学院旨在利用网络影片进行免费授课，现有关于数学、历史、金融、物理、化学、生物、天文学等科目的内容，教学影片超过2000段，机构的使命是提高不同年龄段学生的学习速度。可汗学院通过在线图书馆收藏了3500多个可汗教师的教学视频，向世界各地的人们提供免费的高品质教育。可汗学院开启"翻转课堂"的教学模式，被认为正打开"未来教育"的曙光。可汗学院利用了网络传送的便捷与视频可重复利用的特点，提供课程的教学视频来代替教师上课。课程网站不仅为学生提供学习资源，同时也为家长和教师提供网站入口。网站用户可以自行选择语言，包括德语、英语、西班牙语、法语、土耳其语、波兰语等十种语言。以英语为例，可汗学院网站提供包括数学、科学与工程、计算机、艺术与人类学、经济与金融等课程资源。

可汗学院正是采取了第三方翻译软件的方式来解决 OER 的多语言问题。可汗学院应用 You Tube 的字幕翻译插件，将网站资源使用的四十多种语言进行翻译，这种方法的成本较小，而且见效十分快，基本不需要后期的维护。❶ 但是第三方的翻译插件的翻译精度并不高，其结果也不可控，另外对于网站的 CSS（Cascading Style Sheets，层叠样式表）技术要求较高。因此，

---

❶ 王晓晨,孙艺璇,姚茜,等.开放教育资源:共识、质疑及回应[J].中国电化教育，2017(11):52-59.

自 2013 年开始，可汗学院尝试将本站的语言翻译成世界各国自身语言，完成后还可以随时多语切换，提供全球一致的学习体验。目前"可汗学院汉语翻译计划"共有超过 500 名志愿者投入，并在持续招募翻译及校对人员。

（五）网易公开课

2010 年 11 月 1 日，中国领先的门户网站网易推出"全球名校视频公开课项目"，首批 1200 集课程上线，其中 200 多集配有中文字幕。用户可以在线免费观看来自于哈佛大学等世界级以及国内名校的公开课课程。网易公开课作为我国公开课的一个典型代表，其课程资源主要是通过资源整合，将世界范围内的名校公开课汇集到网易视频和公开课的平台内。对于多语言转换问题，网易公开课网站采用了镜像拷贝的方式，转载已翻译的资源或者是雇佣翻译人员基于结构和数据来进行翻译。这一方式的操作较为简单，翻译的语言也较为准确，显示效果更为直观，但是代码的复用性较低，资源冗余现象较多，而且日常的维护和更新较为烦琐。据其官网显示，当前网易公开课频道部分课程翻译转载自人人影视等 27 个网站对外免费发布的字幕素材，网易传播并保留其所有字幕版权信息。

（六）**Coursera 在线学习平台**

Coursera 平台的资源由专业的翻译人员将课程资源翻译成英语、汉语等语言以适应不同国家的学习者使用。截至 2016 年 11 月底，平台包括艺术与人文、商务、计算机科学等十个分类的资源，共计 3688 门课程，每门课程都像是一本互动的教科书，具有预先录制的视频、测验和项目。

前文中已经提及，Coursera 平台的特点之一就是其支持的语言种类丰富。除英语之外，以俄语、西班牙语、越南语、葡萄牙语、法语、德语、意大利语、阿拉伯语、汉语为最多，还支持荷兰语、希腊语、波兰语、波斯语、泰语、泰米尔语、日语、希伯来语、韩语、泰卢固语等。其中有些是课程开发者使用的语言，如中国高校开发的课程就以汉语为主；还有些是课程视频翻译的字幕语言，如 Coursera 与网易公开课合作，后者提供托管和翻译服务。果壳网、译言网等也先后加入其全球合作翻译项目。Coursera 还建设了 GTC（Global Translator Community，全球翻译社区）翻译志愿者社

区，学习者可以在业余时间参与翻译课程字幕工作。❶

除了以上举措外，像 TED 以及一些影视网站选择雇佣志愿者进行翻译的方式来解决语言问题。总的来看，目前已经采用的一些举措均存在着不足，如翻译不精确、成本过高、难以持续等，想要更好地解决多语言问题，还需要更有效的举措。

三、其他平台的多语言发展路径及启示

除了以上论述的 OER 平台针对多语言问题所提出的一些发展策略与翻译路径之外，由于国际机构、国际高校之间的相互影响和促进，很多平台或网站本身并不具有 OER 属性，但由于国际人群的受众面广这一特点，在这方面其他资源平台的多语言建设也为未来 OER 的多语言转换问题提供了借鉴，常见的平台有 UNESCO 网站、多语言数字图书馆平台（Multilingual Digital Library，MDL）、基于机器翻译的多语言自动翻译平台、跨语言教育资源共享平台等。这些平台在某些翻译策略或多语言转换方面为 OER 平台的发展提供的策略支持主要包括以下几方面。

（一）对不同语种信息资源进行语义关联

该策略通过对不同语种信息进行语义关联从而实现多语种信息资源的跨语言检索，能够实现为学习者提供必要的母语信息提示、辅助用户完成跨语言浏览或阅读等功能。同时，该策略还可以协调开放教育资源平台中语言文字多样性和沟通交流一体化之间的矛盾，在保持信息资源多语言特征的同时，也能够通过技术和管理手段实现多语言信息资源与多语言用户群体的最佳匹配，将语言文字差异性造成的沟通交流障碍降到最低，从而使用户获得更加良好的信息服务体验。❷

以 MDL（Multilingual Digital Library，多语言数字图书馆）为例，多语言数字图书馆是指涉及两种以上自然语言信息资源的存取或者可以为用户

---

❶ 刘安然.中美高校慕课比较研究——以"中国大学 MOOC"与 Coursera 为例[J].高教探索,2021(9):88-94.

❷ 赵生辉,胡莹.多语言数字图书馆信息生态链的结构、类型及启示[J].图书馆理论与实践,2020(3):73-78.

提供两种以上自然语言信息服务的数字图书馆。❶ 多语言数字图书馆当中的"多语言",通常包括多语言信息资源和多语言信息服务两个方面的特征,前者重点关注多语种信息资源的集成共享,后者重点关注信息资源的多语言传播。相对于单一语言数字图书馆,多语言数字图书馆信息生态链有以下三个特点。

①信息资源的语种多样。造成信息资源语种多样性的主要原因是信息生产者处于不同的语言文字生态圈,当收集信息的范围跨越不同区域时,就会对数字图书馆的体系结构和服务模式提出更高要求。

②信息服务的语种多样。信息服务需求呈现多语言特征的主要原因在于信息消费者群体来自不同的语言文字圈,不能识别和理解以其他语言文字为记录符号的信息资源。

③数字图书馆需要进行不同语种语言文字信息资源之间的相互转换。通常情况下,至少需要使用一种语言文字著录或者翻译另一种语言的信息,以保证信息消费者可以用自己熟悉的语言文字阅读或者了解其他语种信息资源的内容。

(二) 双语为主、热门小语种为辅的多语言机器翻译服务

经过数字图书馆工程近些年的深入推进,覆盖国内各级公共图书馆的数字图书馆网络体系已全面建成。随着信息技术的不断发展,图书馆也进入智慧化发展阶段。根据"十四五"期间的智慧图书馆发展规划,国家图书馆提出建立图书借阅云平台,提高文献资源利用率。图书馆学界也提出"全国智慧图书馆体系"的建设构想,围绕实体智慧服务以及虚拟智慧服务进行规划。如今,图书馆与国内外大型数据商合作密切,信息资源也呈现语种多样、信息激增、信息多维的趋势。翻译多语种信息,将信息转换为用户所熟悉的语言,全面提高信息的可理解性将成为图书馆未来的重点工作内容之一。以人工翻译为主导,提供以双语为主、少量多语为辅的翻译服务已经无法紧随图书馆发展的步伐。

机器翻译作为人工智能技术的领跑者,在语言服务行业中的应用越来越广泛,并展现出强劲的发展趋势。欧洲数字图书馆在实际应用当中利用

---

❶ 赵生辉,胡莹.多语言数字图书馆信息生态链的结构、类型及启示[J].图书馆理论与实践,2020(3):73-78.

机器翻译技术实现了对图书馆多语言信息存取服务的提升。国内图书馆的建设也开始尝试构建以机器翻译技术为主导的多语言自动翻译平台，以此来解决图书馆在翻译服务中遇到的困境。在传统图书馆阶段，图书馆需要翻译的信息资源较少，用户需求量不高，因此人工翻译基本上可以满足图书馆为用户提供翻译的需求。但随着图书馆与国内外数据商的合作越来越密切，越来越多的多语种信息涌入图书馆。受限于人工翻译的局限性，图书馆无法拓宽文献数据服务以及情报咨询服务的维度，图书馆馆员仍然依靠在线翻译工具以及自身专业知识处理多语言信息。[1]而目前普遍存在的情况是，一个人最多只能熟悉三种语言，并且未经特殊定制设计的在线翻译工具无法提供更多语种和更专业的翻译。所以，图书馆主要是为用户提供以双语为主、热门小语种为辅的翻译服务。多语言自动翻译平台是经过特殊优化的机器翻译系统，相对于部分开放教育资源平台采用的人工翻译，它在翻译质量上可以提供更优的效果，支撑的可翻译语种相较于现有的在线翻译系统以及图书馆馆员所掌握的语言也具有明显的优势。因此，多语言自动翻译平台的构建在未来同样也能够从一定程度上帮助 OER 平台摆脱目前翻译服务的困境，为学习者提供更加多语种的翻译服务。

（三）以跨语言教育资源语义模块和语义关联的分类、聚类研究指导资源分类与检索

近年来，在"互联网+"和大数据的深入影响下，教育资源已呈现出语言、类别和结构的多样性。这些变化在为学习者带来更多选择的同时，也出现了教育资源共享程度较低的问题。教育资源语言和层次结构的不同影响了资源的集成、传播和共享，因此对于海量的多种语言的教育资源进行系统的管理十分必要。构建一个跨语言教育资源共享平台可以确定资源的获取、存储、访问方式和途径，以国际化的开放数据标准为基础，制定教育资源的开放标准和共享标准。利用语义技术和参考元数据标准来标注资源的类别，方便学习者搜索，大数据的分析结果还有助于对学习者进行智能推荐。

目前可以获得的教育资源有互联网、MOOC 和一些学习社区共享的学习

---

[1] 刘莉,王怡,邵波.基于机器翻译的图书馆多语言自动翻译平台构建策略[J].图书馆学研究,2022(1):32-40.

资源，和存在于其他公共网站或个人主页上各种语言的教育材料。获取这些视频、音频、课件及习题等材料之后，应该进行统一整合分类和存储，教学资源跨语言的明确分类是检索的关键。跨语言教育资源共享平台应当对不同语言、不同类型和不同结构层次的教育资源所蕴含的语义进行研究分类，同时根据基于课程类型的语义结构模型，对语义模块和语义关联进行分类和聚类研究，并以此指导教育资源的分类和课程材料的说明标签。对不同语言但同一主题的教育资源进行统一标注，方便信息检索。对于来自世界各地的教学资源，同一门课程在不同环境下可能有不同的名称，因而对知识体系模块化、单元化，使教学材料的分类不再基于关键词，而是基于课程知识单元的搜索和匹配。对同一个教学内容来说，最终实现有多种语言体系的教育资源互联，方便用户查找到更多讲义、课件等材料的功能，极大满足学习者的学习需求。❶

第二节 开放教育资源的质量保障问题

质量是 OER 的生命线，是 OER 项目可持续发展面临的最为关键的问题之一。有效的质量管理是保障 OER 项目质量的重要手段，有助于实时了解当前 OER 质量现状，规范 OER 建设行为，提升 OER 质量，引导和推动 OER 运动的可持续发展。❷

高等教育产业化进程提出质量保障的责任要求。在国家层面，高等教育质量的高低是影响国家竞争力高低的重要因素，这也强调了政府干预远程教育发展的必要性。在此视角下，由于激活远程教育需要市场化机制，因而需要考虑市场与产业结构因素，强调无论是网络远程开放教育还是高等教育的质量都应遵循市场就业导向标准。20 世纪 70 年代后，为避免欧美国家在进入高等教育大众化时出现的高失业率现象，国家层面更要致力于保护市场经济体制功能的正常发挥，注重远程教育产业与其他产业之间的

---

❶ 徐昊,李慧君,秦玥.跨语言教育资源共享平台的构建研究[J].高教学刊,2016(17):187-188.

❷ 万力勇,杜静,蒋立兵.开放教育资源质量管理:研究进展与启示[J].中国电化教育,2017(2):55-63.

密切关系，重视解决日益扩张的高等教育需求与严重不足的高等教育资源之间的矛盾。在校本层面，高等教育走向了多样化，网络远程开放教育亦然。这体现在各种高等教育形式相互渗透，递进式课程与学分互认成为成人高等教育的重要形式，现代远程高等教育逐步成型，高等教育体系重新构建，各类远程教育院校出现了新的分类特征。而资源质量作为教育发展的生命线，是教育关注的重点，更是保障学校可持续发展的关键。

在社会方面，社会公平的实现需要开放教育质量的保障。相对于其他高等学校的高门槛来说，开放教育的推广能使更多的成年人加入学习的大军中来，以开展随时、随地的学习，这也在一定程度上有利于社会公平的实现。❶ 因此，开放资源质量保障的重要性不容忽视，同时这也是 OER 实现可持续发展的动力。

由此可见，资源的质量保障机制必须得到重视，而平台是 OER 的重要载体，不同的平台类型决定着资源质量保障的不同路径和不同的策略。OER 在初期的功能类型较为单一，多是以提供高校或机构合作的在线资源为主，资源类型汇聚了在线课程视频、文本、教科书等海量资源，如当前火热的 MOOC 平台 Coursera、可汗学院、中国大学 MOOC 等都属于以视频类资源为主的整合型平台。此外，也有部分 OER 平台开始探索发展新模式，如 OpenLearn，它是优质资源共享与学习活动、教学过程高度融合的学习平台，平台与用户或机构协同共建优质 OER，并经过一套严格的资源审核机制，将其从共建平台推向共享平台，完成资源更新与交替的完整机制。然而从资源呈现形式和功能上看，除了上述两类平台之外还存在一种较为典型且极具特色的平台，这种平台自身不开发资源，根据用户或机构提供的资源，进入平台创建的质量审核机制中，通过质量标准的资源，平台将为其创建链接，为用户提供资源链接。

综上，根据平台运作方式和功能差异，可将 OER 平台划分为三类：资源整合型、协同共建型、链接导航型。其中，链接导航型平台采用链接跳转的方式，从其他平台抓取资源实现运作，不需要进行资源的审核，所以资源质量保障也就无从谈起。因此，本节所谈的资源质量保障，主要是探

---

❶ 许滢.我国网络远程开放教育的质量现状及质量保障对策[D].长沙：湖南大学，2011：12-13.

讨资源整合型和协同共建型 OER 平台。

一、资源整合型 OER 平台的资源质量保障

资源整合型平台为用户提供文本、视频、广播、教科书以及资源集成式的课程资源，如 edX、Coursera、可汗学院等部分平台开放其开源代码，供用户免费使用、重新更改与创建新的资源，资源多由平台与国际知名高校或机构合作发布。平台的主要功能就是为用户提供资源，当然，各平台之间的资源类型或有差异。

资源整合型的 OER 平台的功能架构主要分为六大模块：注册登录、课程检索、在线学习、账户管理、平台概况和平台政策。注册登录模块是用户使用平台的第一步，部分平台为不同用户提供不同入口，以区别差异性需求。课程检索模块是 OER 平台中作为检索资源的一个子分类，该模块用于增强用户使用体验，便于用户定位资源。在线学习模块是 OER 平台的主要模块，包含用户在该平台上学习和使用的资源，edX、Coursera、可汗学院的在线学习模块主要以课程为单位，将视频、文本、测验等资源集合在课程中供学习者学习。账户管理模块是平台为用户提供的自管理模块，用户可在平台上管理自己的账户资料，设置平台使用偏好及管理学习资源等，该模块是资源整合型 OER 平台的通用模块之一。平台概况与平台政策模块是平台自身信息和条款的集合，包括平台简介、使用条款、开放许可以及使用教程等。本节以 edX、Coursera、Khan Academy 平台的资源质量保障为例作简要介绍。

（一）edX 平台的资源保障

如前所述，作为当前 MOOC 三巨头之一，edX 免费提供开源平台，以服务商的形式联合高校协同发展，并负责后期的运营与维护。除此之外，edX 还开发了商业模块，为一些组织和机构提供入职培训、项目培训、专业咨询等服务，通过这些服务来获取资金并将资金投入平台的运营。目前，平台上共有 140 门经过各高校同行审评后核实的课程证书，为学习者的学习成果提供质量证明。[1]

---

[1] 陈婷婷. 国际开放教育资源平台架构研究暨对我国师范院校 OER 平台建设的启示[D]. 北京：首都师范大学,2021:34.

1. 在线课程资源特征

edX 的 MOOC 课程资源包括视频资源和非视频资源，除了静态教学资源，还设计了交互支持等教学活动，这使学习者通过学习资源的使用和学习活动的参与，促进有效学习，进而为学习者提供资源质量的保障。

（1）MOOC 视频资源特征。

视频资源集合了文本、图形、声音等多种媒体优势，具有很好的传播特性；同时随着计算机和互联网技术的进步，能够实现高清晰度、高码流的视频文件的传输，视频资源已经成为目前最重要的数字教育资源形式。需要注意的是，早先的很多网络课程视频并不是专门为在线学习拍摄的，在视频长度、内容设计上并不能完全满足在线学习的需求。

MOOC 课程中视频资源的地位也是其他资源类型不能比拟的，有些甚至是唯一的学习资源，这些视频由专门的制作团队根据在线学习的特征进行制作，种类比 OCW 视频更加多样。从视频长度上看，MOOC 的视频具有微型化的特点，符合微型化的课程资料组织、碎片化学习时间利用的理念。微视频一般不是由原来的长课程录像直接裁剪为短小的视频，而是根据知识概念结构来重新组织，最终使得一个独立的知识单位构成一个独立的视频。微视频并非简单地堆砌在一起，而是通过设计结构化的任务活动，把碎片化的视频进行重构。当然，按照这种要求制作的视频和课堂直录式的传统视频资源相比有多方面的不同。

（2）MOOC 课程的非视频资源特征。

MOOC 课程中的非视频材料一般有阅读材料、在线水平测试、实验、投票、讨论、仿真实验等。edX 平台常见的非视频材料包括课程通知、常见问题、讨论区、Wiki 区、学习进程、概念表、辅助资源等。课程通知一般包括课程学习的指导、学习过程中课程进度要求等内容。这些课程信息除了在课程栏目中呈现外，还能主动推送到学习者的注册邮箱，提醒学习者根据课程安排进行学习。

学习过程中的问题可以在讨论区中发布，这些问题可以按照发布日期、参与人数或内容主题等方式排列，方便查找。在 MOOC 课程中主讲教师最大的忧虑之一就是几万甚至十几万的课程学习者提出的问题该如何及时解答，通过 edX 的实践发现，学生之间的互答是解决问题的途径之一。为强化学习效果，可以在视频内容中设置填空、选择等习题让学习者在线预习和回顾。而对于一些非客观问题，可以通过线下的调研、设计论文等方式提交后，以学生互评的形式给予相应评价。如果想建立一个系统完整、准确权威的课程知识体系，可以选择设立 Wiki 版块，从而使众多学习者进行协同工作。edX 平台可以同时根据课程内容，提供一些实验、虚拟仿真、阅读材料、地图等辅助资源，这也能有效促进学习效果。❶

2. edX 在线课程创建与开发机制

edX 平台由伯克利大学（University of California-Berkeley）提供，并由该项目的发起者麻省理工学院与哈佛大学负责管理。2013 年 6 月，edX 平台实现了完全开源，并采用 AGPL（Affero General Public License Affero 通用公众许可）许可证。edX 平台包括 LMS 和用于创建课程的 Studio 工具及其他部分，如用于课件制作的 xBlock 组件架构、基于机器学习的 Ease 识别工具、部署工具、系统扩展接口、Python 执行工具等。统一的课程平台有效保证了课程形式的统一，并且融入课程开发系统简化了课程建设的难度，使得课程开发更简捷、高效。

edX 课程由合作高校提供。目前 edX 为院校提供两种合作模式：一是 edX 以平台服务商的角色负责上线并运营合作大学独立开发的课程；二是 edX 除提供平台服务外，还参与课程的设计与制作。

在第一种模式下，课程提供高校独立完成课程的设计与开发。一般来说，首先由高校组织课程的遴选，接下来由课程设计制作团队进行课程制作，最后由专人对课程进行科学性的评审。例如，北京大学在 edX 上发布的一门课程《计算机辅助翻译原理与实践》，课程建设者在课程制作前首先参与学校统一组织的教师培训和助教培训，在正式的课程制作阶段，建设者需要设计开发教学材料、录制剪辑视频等，最后将课程发布在 edX 平台上。在该模式下，专家对于课程的科学性评审体现了平台对于课程制作方面的质量要求。

在第二种模式下，课程提供高校与 edX 技术团队合作完成课程的建设工作，即课程制作以教师为中心，由教师负责教学内容设计、教学活动组织以及课程资源的提供，edX 技术人员辅助教师完成课程视频的拍摄、剪辑

---

❶ 刘广. 基于 edX 平台的大规模在线课程经营策略与课程特征研究[R]. Singapore：Information Engineering Research Institute, 2017: 424-428.

以及课程的发布与后续支持。平台团队与高校的联合也在一定程度上保证了课程的质量。

3. edX 在线课程共享与应用机制

为有效解决网络资源发布的版权问题以更好地实现学习者良好的使用体验，edX 的在线课程遵循一定的标准协议向学习者开放，并且采用先进的设计理念及良好的技术支持来有效促进学习者的学习。

在设计理念及技术支持方面，edX 课程资源以主题为单位进行模块化设计，这有效保障了资源的重组和重用，同时方便学习者进行碎片化学习。edX 课程还提供了详细的课程分类，学习者可以查看所有开设课程，包括之前开设课程、当前开设课程和即将开设的课程，并且学习者能够按照学科或开设学校进行课程查询，以更快捷的方式选择课程。

此外，edX 为学习者创造了一个类似于传统课堂的学习方式，学习者可以按照"注册—登录—选课—课程学习—考核—证书授予"这样的学习方式进行学习。同时，edX 还为学习者提供了多元选择，学习者可以选择旁听、获得认证以及主修同类课程的方式进行学习。相应地，学习者通过考核后可以获得荣誉代码（Honorcode Certificate）、认证证书（Verified Certificate）以及系列课程证书（XSeries Certificate）。❶ 由此可见，edX 在线课程的共享与应用机制为优质课程资源的共享提供了保障，给学习者带来了更好的学习体验。

4. edX 在线课程评价与管理机制

edX 在线课程由合作高校提供并由麻省理工学院与哈佛大学共同管理。这有效保证了向学习者提供优质的课程资源，创设良好的学习体验服务。

在课程评价方面，edX 在线课程均是由合作高校优先选择的本校最优秀的课程，并且课程评价贯穿在整个课程开放过程中。具体表现在以下两方面：一是课程结束后课程教师面向学习者发放调查问卷，收集学习者对课程学习的反馈信息；二是利用在线课程平台记录收集学习者的学习行为信息，了解具体学习资源的被利用情况。此外，课程的受欢迎程度（如选课人数、及格率等）也可以作为课程评价的一个要素。

---

❶ 康叶钦.在线教育的"后 MOOC 时代"——SPOC 解析[J].清华大学教育研究，2014,35(1):85-93.

edX 的课程管理，由麻省理工学院与哈佛大学合作出资成立一个非营利的机构来负责。该机构通过清晰明确的分工及专门的技术团队保证了课程的规范化管理。此外，合作高校在"共享、开放"这一理念的指导下自愿开放本校的优势课程，实现全球范围内的优质课程资源共享。[1]

（二）Coursera 平台的资源保障

Coursera 是由斯坦福大学的计算机科学教授吴恩达和达芙妮·科勒联合创建的一个营利性的教育科技公司。Coursera 成立于加州山景城，它的启动稍晚于由斯坦福大学教授 Sebastian Thrun 投资的营利性在线教育网站 Udacity，但稍早于 edX。

Coursera 致力于给大众提供一些免费的在线课程，并且与多所大学进行合作，包括斯坦福大学、密歇根大学、普林斯顿大学和宾夕法尼亚大学在内的 28 个不同国家和地区的 145 所大学。2013 年 7 月 9 日，上海交通大学和复旦大学宣布与 Coursera 确立合作关系。2016 年 6 月 30 日，Coursera 舍弃旧平台并整合其绝大部分的课程到新平台。该平台为学习者提供超过 2000 门在线课程，其中涉及数据科学、商务、数学、法律、计算机等多个领域，是一个跨学科、综合性的在线资源平台。

Couresra 致力于名校名师授课，并提供在线学位及职业认证等增值服务，它采用"投资风险、免费分享、增值服务"的商业模式，是一个营利性平台。该平台同时提供面向高校的免费课程资源与面向企业的定制资源，对于专业技能人士，可以通过缴纳一定的费用以享受个性化定制服务，并按照自己的步调完成一系列课程，在此之后可以获得专业证书。

（三）可汗学院的资源保障

可汗学院致力于开发微视频资源，以良好的互动反馈和激励机制著称，它利用了网络传送的便捷与视频重复利用成本低的特性。每段课程视频长度约 10 分钟，从最基础的内容开始，以由易到难的阶梯式学习方式。教学者本人并未出现在视频中，而是使用电子黑板系统。其网站目前也开发了一种练习系统，记录了学习者对每一个问题的完整练习记录，教学者参考该记录，可以很容易得知学习者对哪些知识不懂。传统的学校课程中，为了配合全班

---

[1] 郭晓梅.中美开放教育资源建设比较研究——以国家精品开放课程与 edX 在线课程为例[D].武汉：华中师范大学,2014:18-19.

的进度，教师只要求学生跨过一定的门槛（例如及格）就继续往下教；但若利用类似于可汗学院的系统，则可以试图让学生懂得每一个未来还要用到的基础观念之后，再继续往下教学，进度类似的学生可以重编在一班。在美国，某些学校已经采用"回家看可汗学院视频代替家庭作业，上课时则是做练习，再由老师或已懂的同学去教导其他同学"这样的教学模式。

（四）学堂在线平台的资源保障

学堂在线是清华大学于2013年10月发起建立的MOOC平台，是教育部在线教育研究中心的研究交流和成果应用平台，是国家2016年首批"双创"示范基地项目，是中国高等教育学会产教融合研究分会副秘书长单位，也是UNESCO和国际工程教育中心（International Center for Engineering Education, ICEE）的在线教育平台。目前，学堂在线提供来自清华大学、北京大学、复旦大学、中国科技大学，以及麻省理工学院、斯坦福大学、加州大学伯克利分校等国内外高校的超过3000门优质课程，覆盖13大学科门类。

学堂在线的业务范畴分为两个部分：高等教育和终身教育。2018年4月，学堂在线在清华大学发布智慧教学生态解决方案，致力于构建一个连接校内校外、融合线上线下、贯穿课内课外的新型教学生态。方案包括课堂智慧教学平台"雨课堂"、校内网络教学平台"学堂云"、在线课程运行平台"学堂在线"以及课程国际化推广平台，为高校提供从辅助课堂教学到SPOC（Small Private Online Course，小规模限制性在线课程）教学，到国家精品在线开放课程，再到课程和学位国际化的在线教学服务。高校"微学位"由学堂在线与各高校携手打造，这基于优质在线课程的线上辅修联合培养。相较于传统的线下辅修专业，此种辅修联合培养结合了高校与学堂在线各自的平台与学科优势，旨在创新人才培养模式，实现跨专业人才培养。对于终身学习模块，学堂在线采用"训练营"，依托名校名师资源，精心设计训练营项目。该项目以培养具体职业技能为目标，在名师在线课程的基础上，配备实践教学环节和辅导团队，通过体系化的知识讲授、任务化的项目实训和项目化的答疑支持为学习者提供教学服务，以帮助学习者提高学习体验和成效。❶

---

❶ 学堂在线.关于我们[EB/OL].（2021-01-05）[2022-06-07]. https://www.xuetangx.com/about.

学堂在线项目提供的教学服务，通过学、习、思、练、测、问等环节，为学习者提供精心设计的优质课程，打造良好的学习体验。

二、协同共建型 OER 平台的资源质量保障

（一）协同共建型平台建设

协同共建型平台在为用户提供资源的基础上，共享优质资源与学习活动，属于一种教学过程高度融合的学习平台。该平台支持用户在质量评估机制的审核下，与自己的团队协同共建优质资源，为其他平台用户提供资源共享、重用与更新的功能，在资源共建共享的维度上打破了资源型平台的单向输出的闭环，使得资源可以自下而上地循环。同时，其为平台自身的可持续发展开拓了一条新的途径。这类平台包括 OpenLearn、OpenStax 和 OER Commons 等。

OER 平台从产生、审核、应用到最后的自生长都是一个漫长的过程。"学习元"作为在普适计算技术和泛在学习环境逐渐步入人们的生活、非正式学习的地位日益重要的背景下提出的一种适合泛在学习的新型资源组织方式，是未来学习资源设计与共享发展的新方向。其核心设计思路为协同共建型 OER 平台建设提供了借鉴，旨在对现有的学习资源共享模型基础上进行扩展和深化，使学习者的学习方式、学习资源建设和公开的方式产生变革。其资源共享的广度和深度都得到进一步发展，主要体现在以下几个方面。

①支持学习资源的持续演进和生长。学习资源不再是一成不变的，而是在使用过程中吸取广大学习者和教师的智慧不断进化和发展。资源进化过程中的版本更迭、历史记录、生成性信息都被保留，学习者可以从历史的角度来观察一个观念、一个主题、一个理论的演进过程，对其生命周期有更完整、更深入的理解，这有助于学生的知识建构以及理解知识的情境性。

②扩展资源的共享范围。除学习内容外，还包括活动、练习、评价等以支持完整的学习流程，并支持跨平台的用户通信和社会网络共享。

③提炼出资源背后的内在知识结构。这使资源的进化、不同类型资源的构建都紧紧围绕核心的知识模型展开，具备一定的内聚性；使资源不仅能被人使用和浏览，也能为机器方便地理解和自动化处理提供便利。通过海量资源的聚合，平台最终形成一个庞大的资源库+语义知识库。

④定义一系列开放的服务接口。这使资源能够在运行时实时地共享、

动态地获取更新的信息和用户交互，促进学习资源在更大范围内实现共享，构成无处不在的泛在资源空间。基于学习元的资源建设理念代表了当前学习技术和规范的最新发展趋势，更适合未来泛在学习环境和非正式学习形态的需求，而具体实现则依赖于对学习元的存储结构设计和相应的支持系统及其互操作模型的设计。❶

协同共建型 OER 平台主要包括六大功能模块：注册登录、账户管理、课程检索、资源创建、平台概况、平台政策。其中五大模块与资源整合型平台的五大功能模块一致，资源创建是协同共建型平台区别于资源整合型平台的不同功能模块。该模块在 OpenLearn 与 OpenStax 中称为"课程创建"，其将视频资源、文本资源、教科书资源等集成在课程中，以课程形式来创建资源。该模块在 OER Commons 中称为"在线团队"，它一方面体现该平台的协同性，表示 OER 由团队协同创建；另一方面则是用于创建、策划 OER，体现其能够创建资源的功能特性。这里的资源不再是单一的课程资源，而是多种 OER。这也打破了前面几个平台资源对 OER 的局限性，从而体现出 OER 的多样性。下文将介绍 OpenLearn、OpenStax、OER Commons 和 MIT OCW 的资源质量保障。

1. OpenLearn 平台的资源保障

（1）资源的设计与开发机制。

OpenLearn 平台在课程材料开发与建设过程中的质量保障主要体现在两方面：一是严谨规范的开发流程和评审制度；二是以团队协作为基础的课程组工作机制。❷

①严谨规范的开发流程和评审制度。OpenLearn 平台上的课程开发有一个完整的生命周期，通常情况下，一门课程的开发要持续 2~5 年，使用期限一般是 6~8 年，平均每隔 3~4 年要进行一次大的修订。❸ 课程开发的生命周期大致分为 5 个阶段，分别是提出课程方案、课程审批、课程开发、投

---

❶ 程罡,余胜泉,杨现民."学习元"运行环境的设计与实现[J].开放教育研究,2009,15(2):27-36.

❷ 李慧迎.战后英国大学开放教育资源研究[D].长沙:湖南师范大学,2019:132-133.

❸ 克伯蒂克.远程教育的质量保障[M].侯建军,译.北京:中央广播电视大学出版社,2009:116.

入使用和评价。每门课程在正式提交给学生前，需要选择一组具有相当学历背景的学生对课程的全部或部分内容进行测试，同时校外评审顾问也会对课程的全部内容进行详细检查，然后才能正式发布。在课程材料进入使用阶段后的前 2~3 年期间，每年都要进行课程发布后的评审工作，通过追踪学生的学习过程、辅导教师的任务报告、学生成绩、注册和辍学情况反馈等信息，对课程材料进行评价与修改。在课程使用 5 年后，也就是在课程的生命中期，需要对其进行周期评审：根据外部质量评价标准，对课程材料在相关学术传播中的绩效、学习成果、学生保持等方面的有效性进行总结性评价，明确课程能否继续使用。❶

②以团队协作为基础的课程组工作机制。课程组由来自不同领域的专业人士组成，课程组成员通常包括课程组长、课程管理员、教学设计专家、学科专家、地区中心责任教师、媒体开发人员等。其主要任务包括：开发和确定课程教学策略；整合可利用的教学资源和学习者支持服务；创建和实施适宜的课程评价策略；确保教学材料制作的高质量；策划、实施、监控和检查课程的呈现方式等。课程组机制让每一项工作都能获得专业人士的参与，这使得课程材料在开发时就得到了极高的质量保障。

除此之外，为保证 OpenLearn 平台中资源的高质量性，平台不允许用户在 OpenLearn 中发布材料，但用户可以通过 OpenLearn 的姊妹平台 OpenLearn Create 创设自己的课程。❷ OpenLearn Create 编制了详细的课程创建导航，以帮助用户了解创建课程的基础知识及有关高级功能的更多信息。在课程发布之前，平台会对课程进行检查，任何尚未准备好发布的课程都不会得到许可。平台还会就一些问题向创建者发送建议，以便创建者在课程发布之前修改完全。❸

---

❶ The Open University. Quality and standards: General principles for the management of quality and standards[EB/OL]. (2021-11-11)[2022-06-07]. https://www.open.ac.uk/about/main/teaching-and-research/quality-and-standards.

❷ The Open University. Quality and standards: General principles for the management of quality and standards[EB/OL]. (2021-11-11)[2022-06-07]. https://www.open.ac.uk/about/main/teaching-and-research/quality-and-standards.

❸ The Open University. OpenLearn create: Frequently asked questions[EB/OL]. (2022-10-27)[2022-06-07]. https://www.open.edu/openlearncreate/course/view.php?id=2039.

(2) 资源的审核与评估机制。

OU 为 OpenLearn 平台上的课程资源建立了完整的质量评估体系。在 OU 内部有各种周期的质量评估，如对校内学习服务质量的年度评估、课程发布后的年审和生命中期审核（通常是 3~4 年）、对学校在平等性和多样性方面的年度总结等。同时，OU 积极参加由第三方组织的外部评审，如由英国高等教育质量保障署组织的每 6 年一次的高等教育质量评审、由英格兰高等教育拨款委员会组织的一年一次的全国大学生满意度调查等。

同时，为保证学习者可以参与课程的质量监控，OpenLearn 在每门课程中，都设有课程评价模块，学习者能对此模块的相关课程做出星级评分和评论。在星级评分部分，系统通过收集学习者的反馈，自动计算出平均星级，并在课程简介中呈现出来，便于学习者快速了解其他学习者对该课程的满意程度。OpenLearn 平台还设置有最受欢迎的前 10 个课程，将热门课程推荐给学习者。在评论部分，学习者可以对课程问题进行反馈，平台会将反馈结果发送给编辑团队进行审核，以完成资源的更新、改进，提高学习者对内容的满意度。

2. OpenStax 平台的资源保障

(1) 资源的设计与开发机制。

OpenStax 数字教材的高质量，主要源自于编写团队的专业性及编写过程中的同行评审制度。在确立数字教材的内容结构、知识框架之前，会采用调查、访谈和课程结果分析的方式进行全面的市场分析和基准测试。通过调查可以了解该领域中新兴的不同观点、最新的研究和实践，以便圈定最难教学的知识点，为后续教材的编写奠定基础。

OpenStax 有偿聘请各学科领域的专家参与教材的编写、审查、修订、制作、出版几大关键环节，以确保 OpenStax 数字教材的高质量与前沿性。除了教师作者之外，OpenStax 还与数十位经验丰富的学术编辑合作，向他们了解课程需求和教学方法。在编写阶段，多位资深教师反复交流想法，根据以往经验和市场调查的反馈意见，起草并完善教材大纲，其他作者根据大纲起草章节内容；在写作过程中，作者可以对大纲中的问题进行反馈并进一步改进大纲；在审查与修订阶段，书稿的每一次迭代，从大纲到最终草稿，都会由来自各高校的数十名教师进行彻底的审查，这种审查与修改的迭代过程可能会经历多个周期；在制作与出版阶段，OpenStax 广泛邀请教师

进行审查，以确保教材准确无误。❶

除此之外，OpenStax 与 OER Commons 合作，由 OER Commons 为 OpenStax 数字教材的使用者搭建了一个共享、协作和组织资源的活动中心，即 OpenStax Community Hub。用户可以加入相应教科书的工作小组，上传分享自己创建的资源、添加相关讨论问题。OpenStax 平台还会选取活动中心的部分优质资源应用于电子教材的编写当中。

（2）资源的审核与评估机制。

在教材投入使用后，OpenStax 会定期组织专家团队对教材进行审核与更新，以保证官方平台中数字教材的高质量性。❷ 同时，OpenStax 也欢迎用户、学生和合作伙伴通过各教材详情页中的勘误表格提交修改建议。该网站提供的勘误表包括五个部分：错误类型、错误来源、教材中的错误位置、对错误的详细描述和修改建议。每年各领域的专家都会对用户发布的勘误进行梳理，在勘误被判定为合理且对教学有影响后，该平台会对教材进行修订，并于每年 6 月发布最新 PDF 和印刷版本的教材，这在一定程度上实现了教科书的可持续发展。

OpenStax 的工作人员会对用户发表在 OpenStax Community Hub 中的资源开展定期检查，并删除与教材无关的信息，以此来维护活动中心的学术秩序。同时，OpenStax Community Hub 中各个资源的详情页面都设置了关于下载量、阅读量统计及评论模块，用户可根据数据统计和评论判断该资源的质量。

3. OER Commons 平台的资源保障

ISKME（Institute for the Study of Knowledge Management in Education，美国知识管理研究协会）是一个致力于教育合作与变革的全球性非营利组织，自 2002 年成立以来，一直处于教育知识创新的最前沿，是教育领域的领导者。2007 年，在 WFHF 的支持下，ISKME 推出了 OER Commons 项目。OER Commons 是 OER 的公共图书馆，可供全世界的教育工作者探索、创造、改变、交流 OER。截至 2019 年 12 月，网站 OER Commons 上有 50 000 多种高

---

❶ PALMIOTTO A. How OpenStax books are made[EB/OL].(2018-03-30)[2022-05-29]. https://openstax.org/blog/how-openstax-books-are-made.

❷ 赵丹.美国 OpenStax 高等教育数字教材开发与应用研究[D].重庆：西南大学，2020：31-32.

质量的 OER，可供任何人免费下载使用。OER Commons 试图通过帮助幼儿园教师、K-12 教师以及大学教师积极使用 OER，从而来改进教育教学；通过创造、改编资源以及和同行之间的评论来提升教师使用 OER 的热情以及专业知识水平。

OER Commons 平台通过以下三种方式来推动 OER 的发展。

①第一种方式是通过链接资源的方式，将 58 000 多种资源以学科、年级等分类方式提供给用户，方便学习者检索、浏览、学习、下载和评论。这些资源涵盖了应用科学、人文艺术、商业通信、职业与技术教育、教育、英语语言艺术、历史、法律、生命科学、数学、物理科学和社会科学等主题，覆盖了学前班、小学、中学、大学、研究生、职业技术、成人教育这些不同教育程度的人群。这些资源来自与 OER Commons 合作的供应商或者个人，资源质量由 OER Commons 专家审定，以识别高质量的 OER。❶

②第二种方式是鼓励教育工作者积极主动创建 OER。如果用户发现其他优质的 OER 并愿意和其他人分享，那么只需要提供资源地址即可。OER Commons 网站管理员会对所提供的资源进行审核，若符合网站要求则会对资源进行收录。

③第三种方式是 OER Commons 提供灵活的学习环境，用户可以创建自己的收藏夹，将浏览、学习过的 OER 分类整理，还可以将标记出来的资源与平台上的其他用户共享、讨论。

OER Commons 有两个资源空间：资源中心 Hubs 和微站点 Microsites。资源中心是拥有相同性质的资源或者相同爱好的用户的聚集地，在这里可以创建和共享相关的资源，也可以和其他用户就某话题进行讨论。微站点是建立在 OER Commons 基础结构上的独立站点，具有 OER Commons 上的工具和资源集合，如协作工作区、元数据和标签、创作平台、数据分析等。用户可以对微站点进行自定义来创建属于自己的 OER。

（1）资源的共建机制。

OER Commons 提供大量的高质量 OER，但是它自身并不创造或收藏学习材料。在 OER Commons 中链接的 OER 大都是其他机构、大学或作者创

---

❶ OER Commons. Explore. Create. Collaborate[EB/OL]. (2023-01-27)[2023-08-17]. https://oercommons.org/.

作、开发、收藏和维护的。OER Commons 通过每天搜索互联网寻找 OER,而且已经和 120 多家值得信赖的机构和组织建立稳定关系,由他们提供免费的、开放的、有质量保证的教育资源。网站访问者可以推荐他们发现的比较好的 OER,也可以提供他们自己创造的、愿意和其他教师和学习者分享的资源,由网站管理员对内容进行评审后,对符合要求的资源进行收录。OER Commons 鼓励用户提供具体的内容或者是"元数据",如关键词或更多方便其他人寻找内容的元数据。这并不需要作者上传他们的资料,只需要提供资料现存空间的路径。该网站右上角有一个"贡献内容"按钮,访问者可以提供三种类型的资源,分别是与课程有关的材料、图书馆和文献资料、OER 社区项目。站内链接 OER Commons Wiki,学习者和教育者可以在这个工作空间开发和共享 OER,其中包括他人已经做过的项目和上传的文档,用户可以上传自己创建的分享文档,如图 8.1 所示。

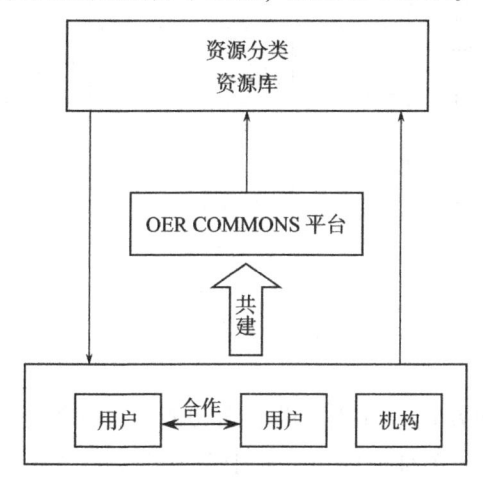

图 8.1　OER Commons 的共建机制

资料来源:宫淑红,胡贝贝,盛欣.共享开放教育资源的门户——ISKME 组织的 OER Commons 项目评析[J].现代教育技术,2011,21(6):9-12.

(2) 资源的共享机制。

①资源的组织方式。OER Commons 对资源的不同属性都做了相应的描述,方便用户根据自己的需要定位资源。这些分类是由资源的创作者和 OER Commons 的管理者确定的,如图 8.2 所示,主要的划分依据包括学科、年级、材料类型、媒体种类、与课程有关的材料和图书馆文献材料。其中

学科包括艺术、经济学、人类学、数学和统计学、科学和技术、社会科学；年级包括小学、中学、大学；材料类型包括活动和实验、评价、视频讲座、讨论、游戏、作业、会议记录等多种形式；媒体种类包括视频、图片、文本、可下载文档、音频和交互性内容；与课程有关的材料分为全部课程和学习模型；图书馆文献材料分为初级资源、教学和学习策略、其他。OER Commons 主要内容的提供者是一些大型的组织或机构，提供者提供的内容分为两类——与课程有关的材料和图书馆文献材料。OER Commons 有一个独特的以绿色为主题的主页，绿色开放资源是 OER Commons 中的一个项目，其主要内容是学生和教师合作开发的聚焦农业可持续发展的科技需要和绿色设计创新。❶

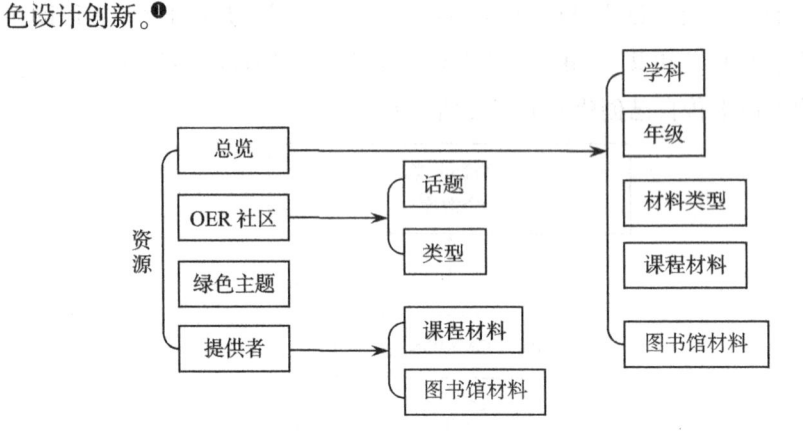

图 8.2 资源的组织方式

②资源的查询方式。网站提供检索功能，包括简单检索和高级检索。简单检索只需要输入关键词即可。对于简单检索进行条件控制，即可增强检索的有效性，如限定学科、年级等。高级检索为优化检索提供了大量的选择，而且也可以对条件进行限制。该网站拥有良好的组织结构，用户可以通过不同的方法浏览资源。网站首页有内容推荐，学习者可以很容易地发现中小学教育和高等教育中目前最受关注的方面。学习者还可以通过资源的分类、学科和年级、内容提供者以及标签等进行浏览。

③其他共享方式。OER Commons 中有两类标签：自下而上的分级方案

---

❶ 宫淑红,胡贝贝,盛欣.共享开放教育资源的门户——ISKME 组织的 OER Commons 项目评析[J].现代教育技术,2011,21(6):9-12.

和自上而下的分级方案。自下而上的分级是用户创造和指定关键词标注资源，使用户拥有自己划分材料的方式，更容易找到自己需要的资源。自上而下的分级是由网站的管理员确定资源的关键词，是一种标准的关键词格式。用户可以根据自己的评价标准对资源评定等级，被评价的资源右上角会直接显示，其他教育者和学习者查找材料时，可以对资源有一个直观的印象，这对于资源的选取有一定的帮助。用户还可以对资源进行评论，这也在一定程度上有助于他人选择。

（3）资源的评价机制。❶

①评价对象。为了保证提供的资源都是高质量的，OER Commons 会对机构和个人提供的材料进行质量评定，但它只是对材料本身的质量进行评价，即判断材料是否对用户具有较高的利用价值，而不会根据材料提供者的学术水平、内容的多少、材料使用的语言等外在因素进行限定。这更好地保证了它收录材料的高质量，同时扩大了收录的广泛程度，保证了资料的全面性。

②评价主体。OER Commons 的评价机制分为"用户评价"和"管理员审核"两类，即评价主体为用户和管理员。用户的评价标准是个人化的，根据自己的评价标准对已经存在的 OER 进行质量评价，这种评价发生在资源的查询、使用过程中。与用户评价不同，管理员审核的是还未被收录于 OER Commons 中的资源，是机构或个人提供的位于其他空间的 OER。也就是说，只有通过管理员的审核，这些资源才会被链接到 OER Commons 中，访问者才可以查询到，因此这种评价其实是对资源的一种认证。

③评价方式。OER Commons 制定了详细的评价指标，管理员审核就是根据这些标准检验资源的质量水平。用户评价的方式有多种，如星级评价、发表评论、创建标签。星级评价是用户对资源的主观评价，其评价结果可以直观显示，最好的为五颗星。任何用户都可以对资源进行星级评定，所有经过用户评星的资源都会由系统自动计算出平均得分，通过资源的属性表示出来。星级评价只是一个模糊的对资源质量进行评价的方法，用户也可以发表评论，评论的内容可以很具体，这样其他访问者就可以明确地了

---

❶ 宫淑红,胡贝贝,盛欣.共享开放教育资源的门户——ISKME 组织的 OER Commons 项目评析[J].现代教育技术,2011,21(6):9-12.

解资源的具体优缺点。评论的内容可以包括怎样使用材料、在什么课程或项目中使用，总体的质量、清晰度、连贯性，以及内容是否有错误、交互性、突出的特征或对于其他平台用户的建议等。

OER Commons 项目秉承"学习即分享"的理念，该项目通过其独有的共享、开放、评价机制实现了开放教育资源的分享与再利用其分享的理念、知识库的建设、资源的分类、完善的共享与评价机制、用户使用的良好互动机制等，对其他国家开放教育资源建设具有重要的借鉴意义。❶

4. MIT OCW 项目的资源保障

（1）系统的课程开发流程。❷

MIT OCW 的课程材料源于 MIT 教师上课时所用到的教学材料，属于原汁原味的课程。这些课程材料都是教师通过多年的教学和实践慢慢积累和总结而成的，同样也是经过学生检验过的有价值的，并经稍加改编和整理而成的，这样就保证了课程材料的质量。这些课程材料主要包括课程介绍、教学大纲、日历、学习材料、实验、作业、考试、项目和其他相关资源，如 Java 小程序等。

MIT OCW 在制作课程时有一套非常详尽完善的流程，每一个阶段都有详细的步骤、职责安排和反馈措施，这有效地保证了课程发布的效率和质量。其发布流程可分为课程准备阶段、课程建设阶段和课程发布阶段，MIT OCW 课程资源具体的发布流程如图 8.3 所示。

在课程准备阶段，教师将 Stellar 课程管理系统、Sloanspace 课程管理系统以及个人保存的电子资料和文本资料归类提供给 MIT OCW 专职人员，然后专职人员将资料进行重新整理并规范化，如将一些大文件转化为小文件，将文本资料和其他电子文档转换为统一的 PDF 文档，处理资料所涉及的版权问题等。针对在整理过程中出现的问题，MIT OCW 专职人员会及时与教师进行沟通并做出补救方案等。

---

❶ 宫淑红,胡贝贝,盛欣.共享开放教育资源的门户——ISKME 组织的 OER Commons 项目评析[J].现代教育技术,2011,21(6):9-12.

❷ 何济玲.开放教育资源的质量保证体系研究——以 MIT OCW 项目为例[J].管理观察,2014(22):167-169.

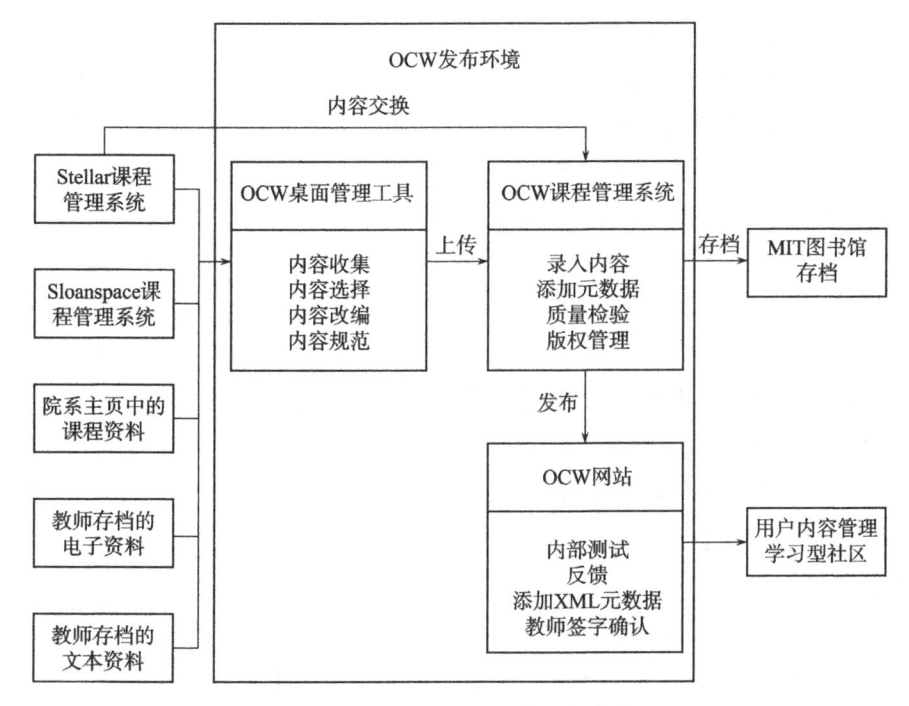

图 8.3 MIT OCW 课程资源发布流程

注：图中虚线表示未完成。

在课程建设阶段，MIT OCW 专职人员根据要求将资料上传到内容管理系统中，由于课程数目较多，为了方便用户的查询和使用，需要给资料填写元数据、检验质量和添加版权信息等，以后这些资料还将送到 MIT 图书馆进行存档。

在课程发布阶段，内容管理系统中的资料会被发布到 MIT OCW 网站上，随后添加 XML 元数据，进行内部测试，并将反馈结果提供给教师，以征求教师意见，并按教师的意见修改后交由 MIT OCW 团队审查、处理版权信息，最后对外进行发布。MIT OCW 所有的课程资料都遵循知识共享协议中的署名—非商业性使用—相同方式共享（CC BY-NC-SA），在此协议下教师可将资料分发给学生，只要不是基于商业的目的，也可根据需要进行改编。

（2）专业的技术支持服务。

MIT OCW 拥有一个统一的且功能非常强大的课程平台，其主体为微软公司开发的内容管理系统，保证 MIT OCW 流程化、模块化的开发与管理。该系统由技术专家负责管理，给用户提供技术上的强大支持并进行系统的维护和升级。在课程制作的每一个环节和后期管理中同样得到了一些网络公司的支持，他们分工合作，为 MIT OCW 的运行提供重要保障。由此可见，强大的技术支持使 MIT OCW 课程建设和管理变得简单，也为用户的使用提供了便利。为了更好地实现开放共享，MIT OCW 还尝试将视频、音频课程上传到 YouTube、Flickr 网站和 iTunes U 平台中，这样用户可使用计算机直接访问门户网站或者使用手机等移动设备观看课程视频，并与其他学习者进行交流。MIT OCW 与这些网络公司合作，利用现有的成熟的网络平台，不仅方便了用户，而且增加了各网络公司的用户访问量，这大大减少了 MIT OCW 对网络带宽的需求，同时削减了开支。这是所有人都希望看到的共赢的结果。

MIT OCW 课程资源从建设、发布到维护由教师和 MIT OCW 专职人员协作完成，并且阐述了部门联系人帮助他们整理、制作、修改并在线公开发布课程的一些技术支持等。这种课程建设模式一定程度上保证了课程资源的创新性和质量。

（3）强大的课程开发团队。

MIT OCW 项目组织如图 8.4 所示，它隶属于 MIT 教务长办公室。这有利于与各个学院进行协调与协作，并有效地执行项目政策和决议。MIT OCW 项目组织主要由核心团队、教师顾问委员会和外部咨询与评价委员会三大部分组成。其中核心团队包括知识产权组、生产组、出版组和 MIT 高中课程组，主要由高级管理人员和行政人员组成，主要包括执行董事、对外关系主任、出版总监、生产部经理、企业关系部主任以及捐赠管理人员和行政管理人员。

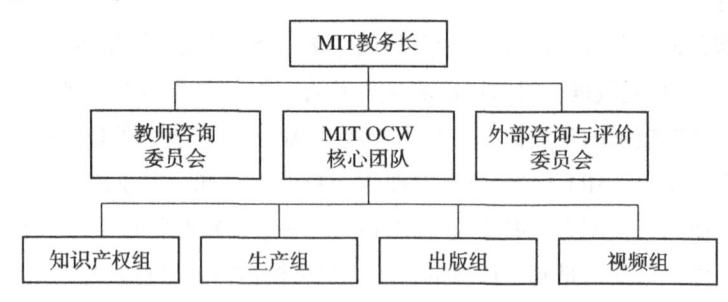

图 8.4 MIT OCW 的组织结构

在该组织结构中，知识产权组主要负责与教师和其他课程资料的版权所有者进行联系，负责处理所有材料的知识产权问题。目前 MIT OCW 的所有资源都采用知识共享协议中的署名—非商业性使用—相同方式共享（CC BY-NC-SA），即允许他人对资源进行复制、节选、分发、展览等，但要标注资源所有者的姓名，而且不能基于商业性的目的，并要求新作品使用与原作品相同的协议。

生产组主要负责规划、协调、监督和支持与 MIT OCW 项目有关的技术问题，搭建技术架构、为终端用户提供技术支持、设计并制作课程网站等。

出版组主要负责与 MIT 的各个院系进行联系，与教师进行交流，获知其授课情况，询问教师有没有将课程资料贡献出来的意愿，以帮助他们整理、制作、修改并在线公开发布课程。

视频是 OER 的重要组成部分，视频组主要负责对视频的发布进行管理。

MIT OCW 的两个咨询委员会执行监督和建议的职能。其中教师咨询委员会由 11 名教师组成，主要负责提供关于教师和课程方面的建议；外部咨询与评价委员会主要由一些与本项目有关的组织和基金会的 CEO，以及其他学校的知名教授组成，其中多半是 MIT 的校友，其在决策和资金筹集方面贡献重要力量。

MIT OCW 课程资源从建设、发布到维护由教师和 MIT OCW 专职人员协作完成，MIT OCW 配备了专门的部联系人，这些联系人直接在麻省理工学院的各个院系中工作，他们与教师进行交流，获知其授课情况，询问教师是否有将课程资料贡献出来的意愿，帮助他们整理、制作、修改并在线公开发布课程，负责课程发布的技术支持。

经过多年的运行，MIT OCW 已形成了以教师团队和专职人员为中心的课程建设模式，教师和专职人员之间进行平等的交往与合作。专职人员开放、共享的理念激发教师形成共鸣，并用行动感染教师，帮助教师解决技术和版权等方面的问题，解除教师的后顾之忧，坚定教师参与项目的信念，使教师在一个自由的环境中进行创作，这就保证了课程资源的创新性和质量。

（4）完善的质量评估。

MIT OCW 在质量方面得到认可离不开其定期且详细的质量评估。MIT OCW 有一个专业的评价委员会，拥有强大的数据收集和评估工具，负责制定详细的评价指标体系和评价方式。数据的收集主要是用 Akamai 公司的 Netrake 和 WebTrends（一种网站日志分析工具）通过网络调查和数据分析后获取的，其每月进行一次数据统计，每年进行一次综合数据分析与评价。

由 MIT 公布的评估报告可以看出，其评价数据主要搜集了访问、应用和影响三个方面的数据。访问方面收集的数据是关于访问者的个人信息，包括教育角色、登录地区及感兴趣的领域等。应用方面收集的数据是关于访问者使用 MIT OCW 网站或镜像网站的教育目标、选择促进目标资源的类型和对网站的满意度等。影响方面收集的数据是关于 MIT OCW 或镜像网站对用户的影响，包括使用这些资源是否达到了预期目标以及网站对全世界教育实践的影响等。

MIT OCW 项目组还会在一个评估时段随机抽取用户进行在线问卷调查，根据问卷产生的答案，专职人员如果产生了能与项目组有思想共鸣的内容，则会被邀请进行访谈，这样能获取到关于 MIT OCW 使用和影响的定性方面的数据。此外，MIT OCW 还建立了一个电子邮件数据库，它能够自动对用户的反馈信息进行分类、分析和编辑，并能获知邮件发送者的一些个人信息，如教育角色、地域等。收集完数据之后，MIT OCW 项目组会对数据进行系统的分析，包括定量分析和定性分析，同时 MIT OCW 项目实施的每一个过程都有质量监控和反馈机制，项目评价和过程评价同时进行（如图 8.5 所示）。这种全面的评价过程有效地保证了项目质量。❶

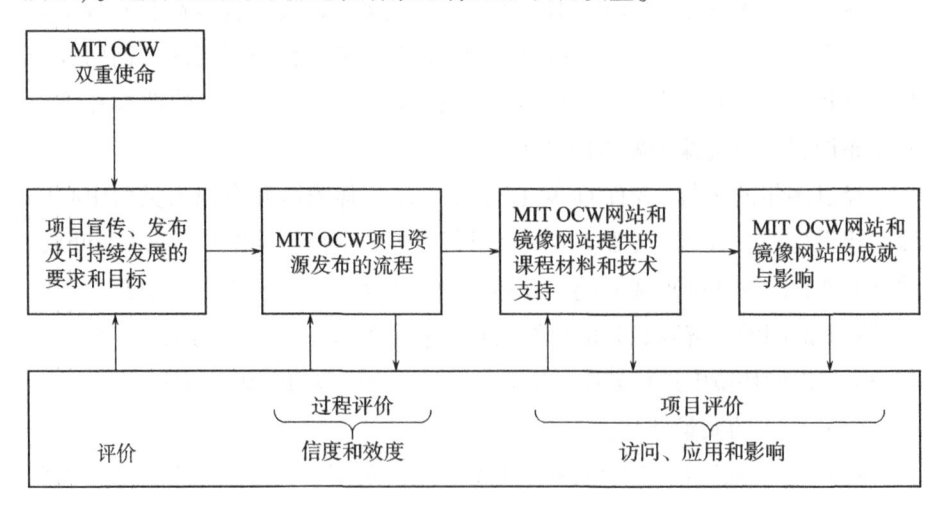

图 8.5 MIT OCW 评价逻辑模型

---

❶ 何济玲.开放教育资源的质量保证体系研究——以 MIT OCW 项目为例[J].管理观察,2014(22):167-169.

(二) 协同共建型平台资源质量保障的思考与启示

1. 从战略管理角度做顶层设计，规划开发在线 OER 的质量标准

质量标准贯穿整个 OER 运行的全过程。在 MOOC OER 的开发、运行和评估过程中，OU OpenLearn 平台以及开放教育质量标签都致力于 OER 的结构和流程设计来保证质量，质量标准和规则会渗透整个教育运行过程。在教学中需要考虑教学设计、教学内容、教学资源、多项选择和评估、教学技术以及教师所具有的素质等。[1] 以上提及的方面与传统课程教学完全相符，所以要制定这些方面的质量标准。此外，还包括制定学习成果评估的质量标准，主要涉及学习者完成 MOOC 课程或获得证书方面，其指标相对较为容易衡量，但并非所有的学习者都会遵循 MOOC 教学平台上的教学规则。

2. 以学习者为中心，为学习者提供学习支持服务

任何教育形式的服务对象都是学习者，教学手段的变化都是为了使学习者受益。OEP 的兴起吸引了来自不同领域的学习者，他们具有不同的背景，因此学习动机迥异，平台需要在学习者数量不断增加的情况下保持稳定的教学支持服务。从学习者角度看，质量需要考虑的因素主要包括各种不同的学习目标、期望、学习行为以及学习者自身的学习能力。在分析典型 OER 案例质量保障的设计中，都会考虑与学习者互动及对学习者的学习过程进行监控，为学习者提供个性化在线学习支持服务，而不仅仅是传统教育中教师知识的传递。实践证明，学习者对远程 OER 质量的满意度可以充分证明学习资源质量。

3. 多元合作主体参与质量把控的过程

对于在线教育，尤其是 OER 的质量问题非常复杂，会涉及很多因素，如学习者、教师、高校机构、MOOC 平台供应商、质量评估方、潜在未来雇主以及对 MOOC 教学认可的群体。OU 及 FutureLearn 平台（英国 MOOC 在线学习平台）非常注重多方利益相关者的参与，从校内到校外建立了一体化的质量保障标准体系。这套体系也提升了 OU 甚至欧洲远程 OER 质量。

---

[1] 孙维祎,赵红梅.MOOCs 国际开放教育资源质量保障标准探索及启示——以英国开放大学开放教育资源为典型案例的研究[J].成人教育,2021,41(10):15-21.

第三节　开放教育资源的版权问题

版权问题是开发、使用和推广 OER 过程中的一个重要问题。人们在开发和应用国内外教育资源的过程中，对如何获得许可，如何在有条件的情况下获取、使用、修改、重组第三方提供的教育资源保持着十分谨慎的态度，不愿意共享或使用 OER，并且会担心失去对资源的控制权，其根本原因还是在于人们对开放教育资源所采用的开放许可协议的不理解。基于此问题，本节详细介绍开放版权许可协议中最重要也是应用最广泛的协议——CC 协议的内涵与发展，选取国际上知名的 OER 平台为案例，说明 CC 协议在 OER 项目版权保护问题中的应用及影响。然而，虽然 CC 协议可以促进 OER 的可持续发展，但其在我国的应用还存在一些问题。针对 CC 协议的本土化困境，本节提出了进一步完善国内版权制度、进一步明晰 CC 协议的申请与救济程序等建议，以期让 OER 在我国获得更进一步的开发与应用。

一、版权与开放版权协议

版权指文学、艺术和科学作品的创作者对其所创的作品享有的权利，包括精神权利和经济权利。[1] 其中，精神权利指作者对其作品体现出的特定精神或人格所享有的权利；经济权利又称财产权利，指通过对作品的利用获得经济收益的权利。利用作品，既可以是作者直接利用，也可以是作者通过版权转让或许可的他人利用。

开放版权许可协议也称开放版权许可证、公共版权许可协议，是协调版权保护和信息自由获取保障方面的处理机制。在该协议下，作者仅保留少数几项权利（如署名权、保护作品完整权、信息网络传播权等），或放弃大部分权利后，将其作品以数字化形式存储至网络，允许社会公众免费获取使用，但用户必须尊重作者保留的部分权利，遵守协议规定。需要特别指出的是，美国《纽约时报》采用的开放版权许可协议指开放获取过程中

---

[1] 中华人民共和国著作权法实施条例[EB/OL].（2022-09-15）[2023-09-21]. https://ipc.court.gov.cn/zh-cn/news/view-406.html.

适用的各种版权许可协议；但开放知识基金会（Open Knowledge Foundation）认为开放版权许可协议仅代指 CC 协议等内容开放版权许可协议。❶

开放版权许可协议鼓励作者让渡大部分权利给社会公众，这既降低了版权利用的交易成本，又方便了社会公众获取和利用信息资源，于是越来越多的人加入开放获取运动之中，每个个体既是信息贡献者，又是资源使用者。开放版权许可协议中最重要也是应用最广泛的协议便是 CC 协议，其也是促进 OER 发展的重要因素之一。

（一） CC 协议背景与含义

2001 年，美国斯坦福大学法学院教授劳伦斯·莱斯格（Lawrence Lessig）等发起和成立的知识共享组织（Creative Commons，CC），属于非营利性性质。CC 协议的产生主要是应对美国的版权保护过甚的情形。长久以来，随着美国的版权制度日益成熟，政治利益博弈的愈演愈烈，正如日本法学学者中山信弘曾说的："主张延长权利的权利人一方的团结，形成了强大的政治力量。与此相对应的是反对者方面，即作品的各个使用者，未达到组织化从而发挥政治作用。"❷ 其结果则是用户在使用权利人作品的过程中，一再地为已支付对价的作品买单，沦为弱势一方。❸ CC 的产生扭转了这一局面：一方面，对知识产权进行了保护。作品在创作完成时自动"保留所有权利"，每一次使用作品都要受到规制，这在某种程度上限制了创新。另一方面，通过自愿和自由选择的方式保留了部分潜力。随着互联网的出现，各种创作品的取得、复制和传播的成本变得极低，创作者的知识产权易于被非法利用。为使知识产权保护和创作品自由使用达到平衡，CC 基于"使用私有权利创造公共产品"的理念，提出通过自愿和自由选择，即宣布"保留部分权利"，构建一个合理、灵活的著作权体系，鼓励对知识创造成果合法地分享与演绎。这样既可以体现自我价值，又可以通过许可公众自由使用作品，激发创新和交流。

CC 协议是由 CC 发布的适用于各类型作品分享的标准化版权许可协议。它既适用于网络上的数字作品（文学、美术、音乐等），也适用于非网络作

---

❶ 赵昆华.开放版权许可协议研究[D].北京:中国社会科学院研究生院,2015:4-5.

❷ 百度百科.版权[EB/OL].（2023-07-02）[2023-08-17]. https://baike.baidu.com/item/%E7%89%88%E6%9D%83/275922?fr=ge_ala.

❸ 杨丹蕾,安雅毓,赵超哲,等.网络环境下 CC 共享协议的本土化困境与出路[J].法制与经济,2016(12):54-56.

品。2002 年,以相关著作权法律为基础版本的最初 CC 协议在美国发布,到最后共有 4 个版;2013 年,CC4.0 公布,至今其仍为最新版本,在国际范围内通用。但鉴于各个国家、地区的法律规定、语言表达等方面的差异,CC 随后以司法管辖区为基础,结合当地著作权法,开展 CC 协议的本地化工作。截至目前,知识共享组织已经完成了包括中国、美国、法国、德国等在内的 37 个国家和地区的 CC 协议的本地化工作。❶

(二) CC 协议在中国的发展历程

2003 年,中国引入 CC 协议。当年 11 月,CNBBlog. org 与 iCommons(即 Creative Commons 国际,当时称为 International Commons,简称 iCommons;现改为 Creative Commons International,简称 CCi)合作推出 Creative Commons China 项目 [后改名为 Creative Commons China Mainland,即 CC 中国项目(不含港、澳、台地区)],项目团队对 CC 协议的 1.0 版本进行翻译,并将 Creative Commons 翻译为"创作共用",此时的 CC 协议还未本地化。

2004 年,在哈佛大学法学院伯克曼网络与社会中心网络法诊所计划创始人、CC 总部法律顾问黛安娜·卡贝尔(Diane Cabell)的组织下,哈佛大学法学院学生张金飞与卜元石完成了更新版 CC 协议(2.0 版)的文字翻译,并根据中国相关的法律对中文版 CC 协议内容与表达进行了调整。❷

2005 年,由王春燕教授担任 CC 中国项目的负责人,中国人民大学法学院为合作机构,开始 CC 协议的翻译与本地化,以及本地化协议的各项相关推广工作。❸ 经过一年的网络公众讨论和专家讨论,2006 年 3 月 29 日,经 CCi 批准的中国版 2.5 版 CC 系列许可协议在北京正式发布,Creative Commons 的正式汉语译名确定为"知识共享"。自发布之日起,中国版 CC 协议免费向公众开放使用,为了向社会各个领域、各个地域推广中国版 CC 协议,CC 中国项目展开了一系列的推广活动。这些推广活动包括 CC 沙龙、CC 生日会、CC 学术研讨会、CC 摄影大赛等。在项目推广工作中,项目与许多机构(如搜狐网、谋智网络、中国开放教育协会、中国教育在线、新摄影网、打工青

---

❶ 荀玥婷,乔振,陈建. 基于 CC 协议的科技报告著作权授权许可研究[J]. 中国科技资源导刊,2017,49(2):8-11,106.

❷ 周玲玲. 知识共享协议及其可持续利用价值[J]. 科技与法律,2009,82(6):8-11.

❸ 严富昌. 从 Copyright 的弊端看 Copyleft 的空间——网络媒体的知识共享许可机制研究[J]. 编辑学刊,2012(1):84-88.

年艺术团等)建立了密切的合作。除了各种推广活动,CC 中国项目还通过参与包括教育、科学、文化和艺术等不同领域的会议,向各个领域的听众介绍 CC 协议,解答疑问,扩大 CC 的社会影响。2012 年,中国版 CC 协议正式升级为 3.0 版本❶,主页如图 8.6 所示。

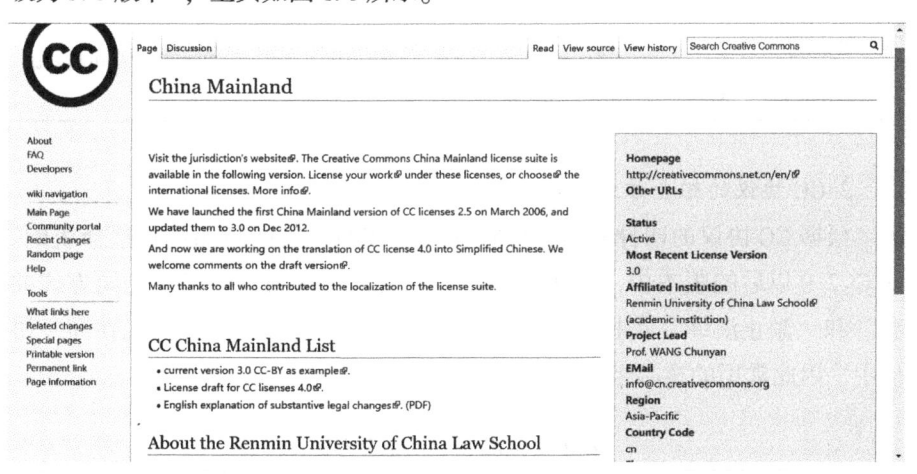

图 8.6 Creative Commons China Mainland 主页

(三) CC 协议要素及组合

1. CC 协议要素

CC 协议是在 OER 领域使用最广泛也是最具影响力的版权许可协议。CC 协议共包括四个要素,其具体名称与含义见表 8.2。

表 8.2 CC 协议的要素与含义

要素名称	含义
署名 (Attribution/BY)	用户可以对享有著作权的作品及演绎作品进行复制、发行、展览、表演、放映、广播或通过信息网络向公众传播,但必须保留版权人对原作品的署名
非商业性使用 (NonCommercial/NC)	用户可以对享有著作权的作品及演绎作品进行复制、发行、展览、表演、放映、广播或通过信息网络向公众传播,但仅限于非商业性使用

---

❶ 陈晋,阮延生.知识共享许可协议在中国本土化的实践及思考[J].四川图书馆学报,2013(6):16-19.

续表

要素名称	含义
商业性目的禁止演绎（NoDerivs/ND）	用户可以对享有著作权的作品进行复制、发行、展览、表演、放映、广播或通过信息网络向公众传播，但不得改编、转变或更改原作品
相同方式共享（ShareAlike/SA）	用户必须使用与该作品相同的授权条款才可以发行在该作品基础上的衍生品

2. CC协议的组合方式

根据CC协议的四种要素，版权人可以按照自己的意愿进行选择组配。在CC2.0以后的版本中，"署名"被规定为默认选项。由于"相同方式共享"和"禁止演绎"是相互矛盾的，所以两项要素不能同时出现在同一协议中，因此常用的核心组合模式为以下6种，见表8.3。

表8.3 CC协议的组合方式

协议	署名（BY）	非商业性使用（NC）	禁止演绎（ND）	相同方式共享（SA）
署名	√			
署名—相同方式共享（BY-SA）	√			√
署名—禁止演绎（BY-ND）	√		√	
署名—非商业性使用（BY-NC）	√	√		
署名—非商业性使用—相同方式共享（BY-NC-SA）	√	√		√
署名—非商业性使用—禁止演绎（BY-NC-ND）	√	√	√	

CC协议的授权模式构成了从"松"到"紧"的授权限制，给作品的创造者提供更加灵活便利的选择，既在知识共享上体现了个人价值，也保证了创造者的权益，使作品不被滥用。

3. CC协议在OER项目中保护版权应用的案例

由前文CC协议的不同组合可以看出其灵活性与实用性，从CC协议发布以来，世界各地已经有越来越多的个人和组织开始在文化领域（如摄影、音乐、网站、丛书）、科学领域（如科研成果、插件）、教育领域（如教材、课件）及政府部门使用。❶ 对于教育领域中的开放资源来说，OER 与知识共享拥有相同的理念：倡导合法共享文化、推动社会文化繁荣。知识共享许可协议是 OER 运动的领导力量。下面介绍部分 CC 协议在 OER 项目中保护版权应用的案例，如表 8.4 所示。❷

表 8.4 关于 CC 协议的项目案例

CC 协议种类	开放教育资源项目	资源开放程度
BY	OpenWashington 项目 OERu 项目 加拿大 BCcampus 项目 华盛顿州立社区技术学院开放课程图书馆项目	此协议下，除须按照要求标注作者署名外，对作品的修改、传播或演绎等没有任何限制条件
BY-SA	TESSA Ontario Online Learning Portal Stepic	作品除要表明作者署名外，对作品的修改、传播或演绎等有非商业使用、使用相同协议等限制条件，开放程度相对降低
BY-NC	CK-12	
BY-NC-SA	OER Commons 项目 马来西亚宏愿开放大学开放课程（WOU） 麻省理工学院 MITOCW 项目 印度技术增强学习项目（NPTEL）	
BY-NC-ND	阿萨巴斯卡大学（Athabasca University）开放教育平台	作品的版权归作者所有，可以对作品进行分享或传播，任何人不能对其有所修改，限制了对作品的进一步完善

二、OER 可持续发展与 CC 协议

（一）CC 协议促进 OER 可持续发展

当谈论教育资源的开放时，每个人心目中对"开放"含义的理解是不

---

❶ 腾艳杨.知识共享许可协议在开放教育资源版权中的应用案例研究[J].现代教育技术,2011,21(9):11-16.
❷ 刘德建,黄荣怀,王晓晨,等.国际开放教育资源发展研究报告[R].北京:北京师范大学智慧学习研究院,2017:35.

同的，知识共享许可协议以及其他开放资源的许可协议相当于提供了"资源开放"的操作性定义，有利于知识的传播和信息的分享，对于 OER 运动的快速发展功不可没。

使用 CC 协议可以使著作权人自愿让渡出一部分自己所属的专有版权给公众，允许公众自由复制、下载、传播和行使著作权人所默许的一切权利。如此不仅可以极大地降低公众获取新知识、新科技的成本，还能更好地促进其在原作品的基础上进行一系列合乎著作权人在 CC 授权许可协议规定外的再"创作"，也使得原版权人、传播者和普通民众之间的利益矛盾冲突得到了很好的调节和缓和。❶

知识共享开放协议通过简单的标志、易于理解的授权文字和有效的合同授权框架，加快了文章、作品等在数字世界的授权速度。采用 CC 协议，于人于己都是双赢的。且不说对互联网世界数字知识库的贡献可以有效解决教育机会不均等、教育资源不均衡的问题，对自己而言，公开自己的部分作品，也有利于快速建立个人的知名度，不少人还因此找到了商业伙伴。然而，很多案例都表明，开放是会影响传统渠道的收益的，初次接触 OER 概念的人可能会认为开放会伤害收益。❷ 对此，根据前面内容的分析，可以发现：第一，根据 OER 的定义，其并没有把重点放在"免费"上，并不是说资源一定要全部免费开放出去；第二，OER 采取的开放共享许可协议也大多为商业应用排除了障碍。所以使用 CC 协议并不会影响自己的利益，反而能够促进和提高在传统渠道的收益。如今，已经有很多开放资源网站找到了较好的商业模式，能够在开放资源的同时保持可持续发展。虽然对于 OER 而言，盈利并非其目的，但也在一定程度上促进了开放资源更广泛和深入的使用。

（二）OER 盈利模式

OECD 的《论高等教育开放教育资源倡议的可持续性》的报告中，斯蒂芬·唐斯（Stephen Downes）根据众多 OER 项目的筹资方式，归纳出九种筹资模式捐赠基金模型（Endowment Model）、会员制模式（Membership Model）、捐款模式（Donations Model）、转换模式（Conversion Model）、贡献者

---

❶ 冯宇典.开放教育资源的知识产权问题研究[D].哈尔滨:黑龙江大学,2018:20-21.
❷ 汪琼,王爱华.认识知识共享许可协议[J].电化教育研究,2012,33(7):64-68.

付费模式（Contributor-Pay Model）、赞助商模式（Sponsorship Model）、学校资助模式（Institutional Model）、政府资助模式（Governmental Model）、伙伴交换模式（Partnerships and Exchanges Model）。❶ 保罗则根据营销理论和产业界案例，归纳了四种对开放资源项目可能适用的收益模式，分别为替代模式（Replacement Model）、基础模式（Foundation Model）、分段计费模式（Segmentation Model）、自愿支持或小额支付模式（Voluntary Support Model）。❷

根据以上 13 种模式的特点并综合各学者观点将 OER 的盈利模式归纳为以下三种。❸❹

1. 捐赠与资助模式

捐赠与资助捐赠模式包括基金模式和捐款模式。两者的区别在于基金模式是以捐赠款作为本金，用产生的利息投资 OER 项目；而捐款模式是用捐赠经费支持项目运作，有余额的情况下也会设立基金。捐款模式又分为机构捐款和用户自愿捐款两类，有的网站就采用用户自愿支持模式，在网站上挂一个"捐款箱"。资助类型的模式包括学校资助模式、政府资助模式和赞助商模式。目前，很多大学视 OER 为其社会责任，同时也看到开放课程建设对本校教学质量的促进，对学校声誉的影响，因此，会在大学日常运行经费中拨出一部分投入 OER 项目，其中最著名的可能是 MIT OCW 计划，该计划的资金是大学常规经费项目的一部分。MIT OCW 被认为是其组织使命的一部分。

例如，OpenStax 由 WFHF、麦克斯菲尔德基金会和莱斯大学共同资助；可汗学院由盖茨基金会、美国银行、谷歌、甲骨文等机构赞助，OpenStax 和可汗学院的网站主页也都有"捐款箱"。再比如，英国开放大学 2006 年投

---

❶ DOWNES S. Models for sustainable open educational resources[J]. Informing science institute,2007,3(1):29-44.

❷ DHOLAKIA P M. What makes an open education program sustainable? The case of connexions[EB/OL].(2012-01-24)[2022-09-25]. https://www.oecd.org/dataoecd/3/6/36781781.pdf.

❸ 汪琼,王爱华.高校开放教育资源(OER)项目的可持续发展——基于投资与盈利模式的分析与研究[J].远程教育杂志,2012,30(3):11-16.

❹ WILEY D. Open educational resources:On the sustainability of OER initiatives[EB/OL].(2008-01-07)[2022-05-24]. http://www.oecd.org/dataoecde/33/9/38645447.pdf.

入565万英镑启动开放内容创新项目OCI，基于该项目背景，英国开放大学于2006年10月25日正式发布了OpenLearn平台。

2. 购买服务模式

斯蒂芬·唐斯提出的转换模式和保罗提出的分段计费模式，指对所有人提供自由获取所有教育内容的同时，对部分用户群体提供增值收费服务。比如提供内容的纸质版本、开展证书类培训、对机构用户收取年费、提供有偿专家咨询服务、为公司客户提供定制服务、在网站上销售有版权的内容等。很多OER平台在刚开始创立的时候推出的大都为免费的基础功能，在发展过程中逐渐推出更多功能，而这些功能则需要学习者支付一定费用，如OpenStax、Coursera、OLI、OpenupEd等。[1]

例如OpenStax，该平台在其基础免费功能教科书资源的基础上推出的OpenStax Tutor，针对教科书中的内容，予以补充说明，提供个性化家庭作业、练习题、复习题、测试题等资源。这个功能是收费的，在一定程度上增加了平台的资金来源，促进了其可持续发展。

再比如Coursera，其平台上的所有课程均可免费访问，但大部分课程只允许观看教学视频、参与讨论和提交作业。如果学习者还要获得个别化辅导或评分，参加期末考试，拿到相关的认证证书、学分或学位，则需要支付另外的费用，专项课程、学位课程和无限访问的Coursera Plus功能一般按月或年收费。此外，Coursera将大学提供的每门课程的总收入的6%~15%支付给大学，这也在一定程度上吸引更多的合作者。

3. 合作与交换模式

该模式包括斯蒂芬·唐斯提出的会员制模式和伙伴交换模式。在会员制模式中，感兴趣的单位或个人以会员身份加入，交纳一定的会费，享受会员待遇。会费可以一次性支付，也可以是以年为单位支付。而伙伴交换模式则是大家互相交换自己的专长，例如各校组成联盟提供自己的特长课程，互通有无，国内的学校共同体模式也属于此类。也可以是分工合作，比如有人贡献资源，有人贡献技术，大家一起共建共享。通常高校开展教学信息化需要花巨资建立虚拟学习环境，投资数据存储和网站建设，但是

---

[1] 汪琼,王爱华.高校开放教育资源(OER)项目的可持续发展——基于投资与盈利模式的分析与研究[J].远程教育杂志,2012,(3):13.

如果使用 OER，这笔费用就可以省下。如果将各个学校的这笔费用汇聚而投入 OER 项目建设，将会使开放教育项目得到长期的投资，这也是一种合作形式。

edX 平台为世界各地区的高校免费提供开源平台，将各高校自行开发的课程在平台上线，并负责后期的运营与维护。除此之外，该平台还开发了商业模块，为一些组织和机构提供入职培训、项目培训、专业咨询等服务，通过这些服务来获取资金并将资金投入平台的运营。

OU 与中国地区独家合作伙伴清华大学发起成立的 MOOC 平台学堂在线，利用双方丰富的教育资源优势，面向中国国内职业经理人联合推出国际认证的在线上 MBA 项目。

对于一个 OER 项目来说，往往可以根据项目特点，采用上述几种盈利模式或多种模式的组合。

综上所述，开放资源的定义和许可协议大多没有禁止资源的商业使用，这为开放资源获得盈利提供了前提。不可否认，开放资源的盈利及可持续发展模式在一定程度上可以促进开放资源的丰富和发展，不过开放资源仍然需要保持开放资源运动的初衷，让更多人能够自由获取和共享全人类创造的各类资源。❶

（三）CC 协议本土化的困境

虽然使用 CC 协议可以促进 OER 的可持续发展，但是其在我国还存在一些困境。从前面有关 CC 协议在我国发展的情况，可以知道 CC 协议从 2003 年引入到 2006 年形成以及在 CC 中国项目负责人王春燕教授的主持下，知识共享中国项目自 2010 年开始 CC3.0 协议的本地化工作，在 2012 年底中国版 CC 协议正式升级为 3.0 版本。❷ 至今，中国版 CC 协议 4.0 还在翻译和本地化过程中，Creative Commons China Mainland 官网也在欢迎各界人士对草案提出意见。为何 CC 协议 4.0 从 2013 年推出至今还未完成中国的本土化工作？对此，可以从以下几点进行分析。

---

❶ 余平,祝智庭.开放·版权·盈利——开放资源几个焦点问题研究[J].现代教育技术,2013,23(6):9-12.

❷ 中国人民大学法学院.中国大陆版 CC 协议从 2.5 版本更新为 3.0 版本[EB/OL].(2013-01-22)[2022-05-24].http://www.law.ruc.edu.cn/article/?id=39788.

1. 意识层面的困境

我国最初引入 CC 协议是试图利用该协议在权利保留和自由共享之间达到一种平衡。有学者认为传统著作权强调的是"保留所有权利"或者是"没有任何权利"的两种绝对的状态，而 CC 协议则主张"保留部分权利"，故希望通过引入 CC 协议这种灵活选择协议授权模式的方式实现作品相对开放的传播。我国对 CC 协议的引用是基于对公众利益及作者个人权利两方面的综合考虑。从公众利益来讲，CC 协议有利于作品的再创作，降低公众侵犯原作品著作权的风险。从作者个人权利角度出发，最初引入者认为引入 CC 协议有利于著作权许可人自由地选择知识共享协议的许可方式，从而来对其作品进行管理，避免使用人的使用行为超出著作权人的预期。❶

而现实情况却事与愿违，如出现了很多在已表明未经许可不可商用的情况下被用作商用，使用资源不标明出处，随意修改资源内容等。这些行为都大大危害了著作权人的权利，严重违反了优质开放学习资源提供方的初衷。这些不良的版权意识和行为也为今后长久利用优质开放学习资源带来了不良的影响。

2. 与国内法的冲突

CC 协议是在现有著作权法框架下的一种协议授权，权利人自愿放弃某些著作权法上的权利来促进作品的传播，这可以视为对著作权人权利的某种限制。但是《中华人民共和国著作权法》已经规定了合理使用和法定许可制度，它们同样可以起到限制作者权利的目的，所以就有学者认为没有必要引入 CC 协议。❷

第一，合理使用是法律对著作权人权利的主要限制，其目的在于达到公众利益与作者个人权利之间的平衡，促进作品的分享、使用与演绎，这与知识共享协议所欲达到的目的保持一致。只是合理使用则是通过法律进行规制，而 CC 协议是著作权人通过许可的方式明确放弃一部分权利，两者手段不同但目的相同。

---

❶ 杨丹蕾,安雅毓,赵超哲,等.网络环境下 CC 共享协议的本土化困境与出路[J].法制与经济,2016(12):54-56.

❷ 杨丹蕾,安雅毓,赵超哲,等.网络环境下 CC 共享协议的本土化困境与出路[J].法制与经济,2016(12):54-56.

第二，CC 协议是通过事先签订协议授权使用作品，它需要知识共享组织进行合同的拟定、著作权人对格式合同的选择等，其推广和使用是需要付出一定的前期经济成本的，而合理使用相较于 CC 协议，其优点在于无须授权，避免了前期的成本支出。这样看来，合理使用更符合经济学原理。

第三，我国的法定许可默认"传播权利开放，经济权利保留"的观点已在我国《著作权法》第三十五条第二款有所体现："作品刊登后，除著作权人声明不得转载、摘编的外，其他报刊可以转载或者作为文摘、资料刊登，但应当按照规定向著作权人支付报酬。"如此看来，我国著作权法本身就是一种"部分权利保留"的状态，这一点与 CC 协议是相同的。

以上说明了 CC 协议与我国国内法存在一定冲突，CC 协议是否能与我国法律相互协调、相互适应成为一个需要重视的问题。

3. 制度的不完善

由于我国的知识产权法律法规体系还不是特别完善，且在缺乏有效监督的情况下，CC 协议的进入可能被控制利用而扩大侵权。目前 CC 协议主要在版权保护体系比较成熟的国家和地区使用，而我国由于建立知识产权保护制度的时间较短，且受到传统以及其他因素的影响，我国的版权制度仍存在一些问题：传统的全社会共享知识创造成果的观念根深蒂固；公众知识产权保护意识比较淡薄。此外，网络作品侵权也是制约我国互联网产业健康发展的一大因素，如果 CC 协议缺乏执法监督的话，将会给版权人或使用作品的第三方带来损失，甚至有可能成为某些人侵权的幌子或牟利的工具。❶

（四）CC 协议本土化的建议

综上可以看出，版权问题是 OER 可持续发展的一个重要因素，CC 协议一方面在促进版权保护过甚地区的 OER 的可持续发展有着积极的作用，而另一方面在缺乏良好版权意识和完善的版权制度的地区，CC 协议则会对 OER 可持续发展有一定的阻碍。在这种对作者的权利和收益保障力度不足的情况下，CC 协议所倡导的权利共享就显得十分荒谬，对此提出以下两点建议。❷

---

❶ 陈凌浩,林伟文. Creative Commons 中国本土化的困境及建议[J]. 前沿,2012(18):69-71.

❷ 杨丹蕾,安雅毓,赵超哲,等.网络环境下 CC 共享协议的本土化困境与出路[J].法制与经济,2016(12):54-56.

1. 进一步完善国内版权制度

前面已经谈到，CC 协议的诞生是为了缓解美国当下版权保护过甚的问题，而 CC 协议如果想要真正发挥作用，就必须以良好的国内版权立法与施行作为前提条件。改革开放以来，我国出台了大量的对版权几乎可以称得上是全方位的保护规定，但是现实中还存在一些问题与冲突。因此，完善国内版权制度势在必行，相关法律的完善同样也能够培养知识产权保护意识，使版权在被尊重的基础上倡导分享。综上所述，完善国内相关版权法律制度是 CC 协议发展的基础，也是保护我国知识产权的基石。

2. 进一步明晰 CC 协议的申请与救济程序

最朴素的法律启示我们：无须承担法律后果的法律规则是不完整的。而 CC 协议在当下的中国也陷入相同的尴尬境地：一方面，当权利人依据 CC 协议的相关权利受到侵害之时，其很难寻求除诉讼之外的法律救济；另一方面，当当事人因为 CC 协议而受到侵害时也无法向共享组织寻求救济。另外，在依照该协议申请权利共享时，并没有成体系的申请程序。由此可见，CC 协议的适用出现了较大的法律空白，如果没有相关的配套措施来配合协议的话，那么引入 CC 协议就毫无意义。

第四节 开放教育资源的运营问题

威利对可持续发展的定义被大部分人认可。他指出可持续发展就是项目继续运营的能力以及持续实现其目标的能力。[1] 换句话说，想要实现可持续发展，就要找到维持 OER 不断生产和分享的方法以及维持最终用户对 OER 的使用和再利用的方法。因此 OER 项目的运营也是影响 OER 可持续发展的重要因素。

运营管理（Operation Management，OM）由生产管理（Production Management，PM）演变而来，其作用对象是运营过程和运营系统。[2] 运营是一个投入、转换、产出的过程，也是一个劳动过程或价值增值的过程。运营

---

[1] 汪琼,王爱华.高校开放教育资源(OER)项目的可持续发展——基于投资与盈利模式的分析与研究[J].远程教育杂志,2012,30(3):11-16.

[2] 孙明波.运营管理[M].北京:机械工业出版社,2015:3.

必须考虑如何对生产运营活动进行计划、组织和控制。OM 不但对组织十分重要，而且对整个社会也是十分重要的，因为产品和服务的消费是我们社会的组成部分。OM 直接关系到这些产品及服务的创造，建立组织主要是为了提供服务或创造产品。因而，运营是一个组织的核心职能。没有这个核心，就不存在对其他任何职能的需要，该组织也就失去了存在的意义。这也是许多 OER 项目失败的原因：运营过程出现了问题。

运营职能是由与生产产品或提供服务直接相关的所有活动组成。因此，运营职能不仅存在于产品导向的制造和装配运营方面，还存在于服务导向领域，诸如医疗、运输、娱乐、信息传递等。运营的多样性见表 8.5。

表 8.5　不同类型的运营举例

运营类型	例子
产品生产	农业、建筑、制造
储备/运输	仓库、货车运货、邮政服务、客运
交换	零售、批发、银行业务、租入或租出
娱乐	电影、广播和电视、戏剧演出、音乐会
信息传递	报纸、电台、互联网

资料来源：孙明波. 运营管理[M]. 北京：机械工业出版社，2015：4.

对大多数企业组织来说，运营职能是其核心。一个组织的产品或服务的创造正是通过运营职能来完成的，利用投入通过一个或多个转换过程以获得资源或服务。为确保获得满意的产出，需对转换过程的各个阶段进行检测（反馈），并与制定好的标准或者策略做比较，以决定是否需要采取纠正措施（控制），如图 8.7 所示。

运营职能的实质是在转换过程中发生价值增值。增值是用来反映投入成本与产出价值或价格之间差异的一个概念。对非营利性组织而言，产出的价值即是它们对社会的价值；其增值部分越大，说明其运营效率越高。而对营利性组织来说，产出的价值由顾客愿意为该组织的产品或服务所支付的价格来衡量。企业用增值带来的收入进行研究与开发、投资于新的技术和设备，从而获取丰厚利润。结果增值越大，可用于这些方面开支的资

金就越多。❶

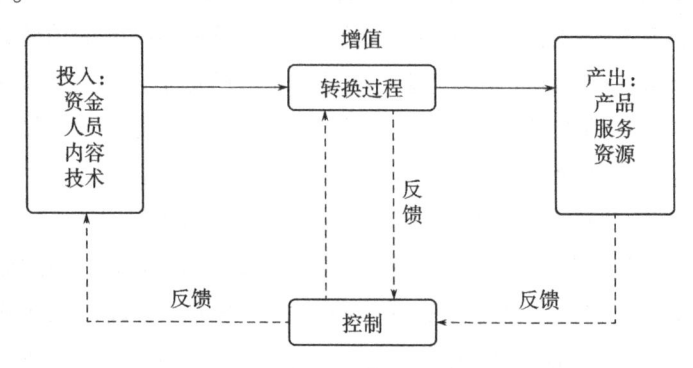

图 8.7 投入—转换—产出过程

根据以上内容，可以对 OER 项目运营的各种因素进行分析，首先对于 OER 项目运营的投入来说，最重要的是内容、人员、技术等方面的资金投入。对于转换过程，则需要分析整个过程利益相关的所有个人（和组织），从全盘的视角审视相关群体的能力、责任和诉求，结合政策支持等来协调多方利益，促进合作共赢，从而保障项目的增值和可持续发展。对于控制过程，应当据整个过程的反馈来不断调整。最后经过运营产出的各种资源、服务等呈现给用户的就是用户体验。

因此，对于 OER 项目的运营，下文将从成本、利益相关者、政策支持、推广策略以及用户体验这五个对 OER 运营相对更具影响力的方面进行分析。

一、成本分析

（一）内容成本

内容成本主要是指支付给内容提供者的费用或因使用内容而支付的版权费用。例如，MIT OCW 项目中的课程资源大部分是由专业人士开发的，因而需要给开发人员支付费用。虽然 MIT OCW 项目有一些志愿者的加入以及大部分高校教师的参与，可以提供无偿的志愿服务，但仍要支付部分费用给课程教材开发人员。此外 MIT OCW 项目还购买了课程推荐的参考文献的版权，这又是一笔支出。因此，要想减少内容成本，最有效的途径就是

---

❶ 孙明波. 运营管理[M]. 北京：机械工业出版社，2015：3-6.

让提供者提供无偿的内容。这就要求开放平台,让人们共建共享内容。❶

Connexions 项目就是一个很好的例子,利用志愿者无偿提供的内容来丰富平台的资源。此外,目前在这方面做得最好的是维基百科。就文本形式的 OER,维基百科无疑是典范,全世界各地的志愿者共同创建网页目录,内容覆盖了各个学科以及不同的方面,形成了一个巨大的数字百科全书。❷在我国,百度文库不仅借鉴了维基百科的模式,还加入了一些创新点,如上传文档可以获得下载券,使用下载券可以下载其他用户的文档。这样的方式可以激励共建共享的行为。

然而这种方式也存在一个问题,就是不能保证所贡献内容的质量。若要审核内容,就需要相关的工作人员,且工作量巨大,这既增加了成本,也会降低用户体验。维基百科的做法是大家针对同一个内容文档完善,靠人多力量大以及软件系统的易操作性,假以时日,形成高质量的资料。随着科技的发展,很多平台已经具有了自动审核的功能,相对于人工审核,这也降低了管理成本。

(二) 技术成本

OER 的宗旨是借助资源开放以达到教育质量提高、成本下降、机会扩大。由此可见,资源建设是重中之重。资源建设的过程、环节都涉及技术成本,其中包含软硬件设施成本、系统研发成本、平台运营维护成本、技术外包成本等。例如,要购买一些储存设备来存放大量的资源与数据,购买服务器来支撑平台的运营,还要购买固定的带宽来支持数字通信等。

除了硬件设施,平台的建设也需要很大的费用。若一个平台能为用户提供多样化的功能与服务,相应的成本也会大大增加。像维基百科、百度文库,这类平台的资源大多是文本格式,且平台的功能单一,大多数用户只使用上传或下载文本资料这些功能,这些类型的网站在平台建设方面的成本就比较低。但像 OU 的 OpenLearn 项目,该平台上有很多功能,有在线的免费课程,资源的不同格式下载,学习社区,还可以自主创建课程。这些功能可以使用户得到很好的体验,但平台建设的成本也大大增加。

---

❶ 汪琼,王爱华.高校开放教育资源(OER)项目的可持续发展——基于投资与盈利模式的分析与研究[J].远程教育杂志,2012,30(3):11-16.

❷ 杨满福.开放教育资源的可持续发展:现状、问题及趋势[J].中国电化教育,2013(6):73-77,82.

项目运营期间平台还需要定期进行维护，这也是一笔费用。平台上的资源需要更新，有的平台支持用户的创建，则需要有专门的存储空间储存用户上传的作品。此外，OpenLearn 这类项目的成本还包括学习管理系统的研发费用。有些 OER 项目以开源软件作为平台，没有系统采购的费用，但安装调试还需要一些经费。例如，MIT OCW 项目选择与一些供应商合作，供应商为平台提供一些服务，平台需要支付相应的费用，这属于技术服务外包费用。

（三）人力资源成本

OER 项目的运营需要大量的工作人员来维持正常运转，如对资源的审查、数字化内容的开发、解决知识产权问题，同时设备的运营维护、平台网站的更新也需要相关工作人员的参与。

除此之外，还有一笔花销容易被忽视，那就是对用户的培训费。用户可能需要掌握某些技能和一些工具的使用方法之后，才能很好地利用资源。比如，用户需要知道如何才能创建一个课程，如何便捷地分享资源，上传文件需要什么格式等，都需要对用户进行培训，或者需要开发出培训资源供用户自学。针对以上问题，有的平台采取文本叙述或视频演示的方式进行培训，有的设有专门的咨询入口，也有如 OpenLearn 这样的平台会请辅导教师来帮助、指导和监督学生的学习。这些工作也需要一定的成本。

二、利益相关者分析

尽管目前许多 OER 项目都是由单个政府或机构发起（如 OpenLearn 项目、中国国家精品课程项目等），但是在项目运营过程中，实际上有包括传播平台、用户在内的众多群体共同参与。这些群体拥有不同的能力、承担不同的责任、具有不同的诉求，关系错综复杂。因此，我们有必要从全盘的角度审视相关群体的能力、责任和诉求，并以此为依据协调多方利益，促进合作共赢，从而保障项目的可持续发展。❶

（一）国际组织与政府部门

OER 项目运营离不开众多有影响力的国际组织支持，如 UNESCO、OECD、IMS 全球学习联盟、知识共享组织等。国际组织通过国际宣言、学

---

❶ 刘梦蓉,李倩慧,高媛,等.开放教育资源可持续发展的利益相关者分析[J].中国电化教育,2017(11):43-51.

术研究、线下活动等多种方式，致力于提升各国政府、机构的开放意识，呼吁和倡议各国政府重视 OER 传播的基础设施建设，鼓励其通过政策、行动生产 OER 资源，促进项目运营的资源可持续，有些甚至直接投身于 OER 的资源生产。

随着 OER 的优势得到广泛认可，各国政府逐渐将 OER 列入教育发展的重要规划，在运营传播方面提供全方位支持，包括完善基础设施、保障并丰富传播渠道等。政府部门尤其是教育部门，有能力和责任为促进优质教育资源的传播和推广提供必要的软硬件环境，进一步提升民众应用资源的意识和能力、推广 OER 使用。此外，政府部门也应承担起健全版权制度和法律宣传的责任，用以规范资源的传播和应用。在制定战略规划以及财政拨款时，应重视 OER 的有效应用，而不是一味强调资源的生产。[1]

（二）企业与学校

在项目运营时期所必需的设备、硬件、软件环境甚至资源的推广，都需要依靠企业的力量。尤其是大部分的 OER 通过互联网进行传播，因此提供必要的平台和传播渠道就尤为重要了。企业作为 OER 平台的主要搭建者，有责任保障其传播环境的质量，对所传播作品的版权问题进行把关，规避侵权行为。其实企业往往会与学校合作，通过教育服务平台为用户提供资源应用支持（如网易公开课整合各大高校的资源，为用户提供服务）。相对于学校这种直接资源生产方来说，企业在资源的格式、分享机制等方面权力性较低，只处于中等水平。但是作为平台的主要建设方，他们有责任关注资源使用情况，维持可持续的网站运营，为用户提供有价值、个性化的教育资源，促进 OER 可持续应用。

学校在项目运营期间，对于资源能否规范、准确而广泛地到达终端用户的问题，学校具有责任和义务进行关注和监管，其诉求也会引起其他群体的关注。但是由于学校往往并不直接参与资源的传播，因此权力有限。学校作为资源的生产方，有能力和责任通过一定的手段，提高项目运营的可持续性。例如，在保障基本权益的情况下，扩大资源的应用授权范围，将资源转换为方便重用和跨平台兼容的格式，为用户提供便利的编辑、修改、重用工具，建立合理的评估机制，对长期无人访问的资源进行评估、

---

[1] 刘梦蓉,李倩慧,高媛,等.开放教育资源可持续发展的利益相关者分析[J].中国电化教育,2017(11):43-51.

推广、升级或者淘汰等。❶

（三）资源贡献者与使用者

在 OER 项目运营中资源的贡献者往往希望自己的作品被更多的人传播和应用。因此，他们普遍会选择更适合传播和应用的资源格式，方便作品的推广和重用。他们能够通过明确作品的使用条件，影响本人作品的应用行为。因此，资源贡献者对项目的运营至关重要，不仅影响运营资源的可持续性，也能够引起其他群体尤其是其资源使用者的关注。

使用者在运营期间的参与行为是 OER 项目运营是否良好的有效检验。在版权所有者授权允许的范围内，使用者可以自由地应用资源。大数据时代的到来使用户行为数据更易收集和分析，这为项目的可持续发展提供了明确的指引和坚实的支撑。

综上所述，可以看出，国际组织与政府部门、企业和学校、资源贡献者与使用者几个利益相关者对于 OER 的可持续运营起着非常关键的作用。

三、政策支持分析

UNESCO 是 OER 运动的协调者和指导者。其《2012 年开放教育资源巴黎宣言》中指出：建议各国各尽所能，进一步制定 OER 战略、政策和策略，以期从更高的层面引导 OER 的发展方向。OER 潜力的可持续发展事实上是以政策支持环境为基础的，但从发展策略和实践层面看，OER 的政策与实践理论研究仍普遍停留在机构层面，从政府层面推出的、明确促进 OER 发展的政策方针，以及为保障资源合理分配而制定的必要行政手段仍非常鲜见。这对 OER 的协调、引导与统筹，以及激发各种创新模式与机制都非常不利，也制约了 OER 的可持续发展。因此，国家政策与战略应当跟进 OER 的发展，发挥协调、引导与统筹作用，政府和科研教学机构应当从项目运营的全过程营造良好政策支持环境，提供包括法律保障、内容创作、相关技术等方面的支持。❷

---

❶ 刘梦蓉,李倩慧,高媛,等.开放教育资源可持续发展的利益相关者分析[J].中国电化教育,2017(11):43-51.

❷ 杨满福.开放教育资源的可持续发展:现状、问题及趋势[J].中国电化教育,2013(6):73-77,82.

(一) 国家层面

政府部门应承担健全版权制度和传播法律的责任，如美国教育局规定，所有接受公共资助的科研项目都必须将其成果在开放协议下公开发布，并允许公众获取和使用；俄罗斯的民法典甚至规定，在教育领域，资源的使用不需要获得特定许可，任何人都可以自由地使用和修改公众领域的 OER，这些举措都直接促进了 OER 的可持续传播。[1]

此外还应该高度重视 OER 的创作和利用，并将 OER 的使用、生产和共享纳入教育、教学评价体系，引导教师积极参与到 OER 的生产中来；以国家和各级政府为导向，通过媒体推广和定向推广等方式提升 OER 利益相关者对 OER 的认知并挖掘新的建设资金来源。

在 UNESCO 的积极倡导下，欧洲和北美更加深入细化了 OER 政策，加强了对 OER 技术的支持。他们的 OER 相关政策已经由"宏观倡导"深入到"解决 OER 相关技术"层面，如使用 ICT 和数字技术能力、资源开放许可能力，OER 质量监控能力和 OER 资源应用效果及可持续性的研究能力。如 COL 在 2017 行动计划中倡导建立英联邦小国虚拟大学（Virtual University for Small State of the Commonwealth）和进行技术增强学习（Technology-Enhanced Learning），以期利用新技术助推开放交互学习模式。又如欧洲远程数字化教育协会为促进高等院校信息化建设，着力支持技术探索项目，包括 D-Transform、Armazeg、eLene4work 和 MicroHE；t-Mail 项目倡导使用 ICT、移动学习和自主学习；Open Badge Network、ReOgen、MicroHE 和 OEPass 等项目开展使用微证书对正式和非正式学习进行认证的研究。[2]

(二) 机构层面

增强 OER 运营期间的政策建设，包括鼓励高校教师以及其他教育者利用 OER 进行教学实践，提高高校师生运用信息技术的能力等。[3] 这意味着必须实施微观层面的支持和激励措施，要恰当发挥组织者的作用，为使

---

[1] 赵艳,肖曼,张晓林,等.开放教育资源的可持续发展:现状、问题与挑战[J].图书馆论坛,2019,39(3):42-50.

[2] 邢冠英,陈颖.国际开放教育资源的发展现状及对我国的启示[J].教育学术月刊,2020(7):58-65.

[3] 邢冠英,陈颖.国际开放教育资源的发展现状及对我国的启示[J].教育学术月刊,2020(7):58-65.

用者提供法律的、内容的、技术的、绩效提升的支持，使用奖励在内的评价导向促进 OER 使用行为。事实上，对于政策支持的环境，不管是国家层面的还是机构层面的，都对利用 OER 潜力的可持续努力起到了基础性作用。❶

总体来说，只有建构起多层次、多角度、全覆盖的 OER 政策及规划体系，才能促进和保障 OER 运营的可持续发展。

四、推广策略分析

加大 OER 的宣传和推广，提高大众对 OER 作用的认识，是 OER 项目运营的关键。推广，顾名思义即是将自身想要传达的东西推送出去并广泛地传播。在推广模式上可以将推广分为线上推广和线下推广。线上推广又可以划分为搜索推广、公众号推广、定向广告投放、社交圈推广和社区推广五类。线下推广可以划分为电视广告、报纸杂志广告、户外广告、地推、路演、会议营销、口碑营销七类。❷ 随着互联网的发展，线上推广所占的比例会越来越大。结合 OER 特点以及现有 OER 项目推广策略，可以从线上媒体推广、线下活动推广以及合作推广三方面进行分析。

（一）线上媒体推广

线上推广是目前 OER 项目运营推广最常用的策略。例如，OpenLearn 早期主要通过推荐网站（如 BBC）和搜索引擎来获得用户。2013 年，OU 对 iTunesU 和 OpenLearn 上访问其 OER 的用户进行了一次大规模的调查，发现 OpenLearn 比其他平台更能吸引用户。OpenLearn 在《开放教育媒体经营政策》中也规定其 OER 内容的制作和发布应该有明确的搜索引擎优化考虑，以此来改善其资源的可发现性，以便让更多的学习者看到。此外，可汗学院的微课最初也是上传到 YouTube 上被广大网友发现的，现如今其 YouTube 订阅量已超 700 万。

---

❶ 杨满福.开放教育资源的可持续发展:现状、问题及趋势[J].中国电化教育,2013(6):73-77,82.

❷ 吕森林.玩转互联网教育:平台搭建+课程制作+运营推广+行业案例[M].北京:人民邮电出版社,2016:118-119.

（二）线下活动推广

举办线下活动进行推广，可以在较短的时间内迅速地扩大知名度和影响力。活动推广包括各种宣传海报、宣讲会、活动沙龙等。例如，联合各高校图书馆，在校园内传播并组织相关学习和创意活动来推广 MOOC 资源以及相关平台。2015—2016 年，合肥工业大学图书馆通过推选指导教师、招募在校生"MOOC 校园大使"，开展了一系列体验和推广活动。其中包括建立 MOOC 学习小组，依托清华大学平台学堂在线进行学习；组织暑期新生预科班，将 MOOC 平台的推广与新生教育结合，通过多种渠道宣传并号召新生进行预科课程的学习；"校园大使"开展 MOOC 讲座，与其他同学交流学习过程中的感想、遇到的困难以及自己的应对办法等。❶ 此外，还有国家精品课程团队，如"学习科学与技术——信息时代大学生学习能力培养"团队组成本地—跨校导学小组，开展校际协作和研究性学习活动，并形成了稳定的校际主题活动，其中包括校际思维导图（脑图）评论大赛活动、读书交流活动、大学生学习与发展专题研讨活动等。❷

（三）合作推广

与各类学校合作对 OER 项目进行推广，提高师生对开放资源利用和分享的意识和能力，为教师提供可以定制的 OER，支持教师创建新的 OER，如开放课程等，并且协助教师进行资源的选择和评价。❸ 例如，OU 在其学生手册、学生会网站以及很多课程说明里提到 OpenLearn 平台，推荐学生使用 OpenLearn 平台来辅助学习。据美国高等教育内情网站报道，OER 在美国高校日益普及，不少大学推广使用 OER，并使其取代教科书。例如，亚利桑那州的一所社区学院通过推动 OER 的使用，帮助学生节省了近 500 万美元的教材费；弗吉尼亚州正将"零书本费"学位项目推广至 15 所院校。❹

---

❶ 张仁琼,詹婧,黄苑.基于体验视角的高校图书馆 MOOC 推广研究和实践[J].大学图书情报学刊,2017,35(4):75-79.

❷ 梁林梅,桑新民,刘永贵,等.国家精品课程创新推广特性及策略研究——以"学习科学与技术"课程为例[J].开放教育研究,2011,17(4):34-40.

❸ 田晓迪,尹相权,龙世彤,等.加拿大图书馆员参与开放教育资源的实践与启示[J].高校图书馆工作,2021,41(2):65-69.

❹ 中国教育和科研计算机网.美国高校推动开放教育资源的开发及使用[EB/OL].(2016-08-23)[2022-06-02].https://www.edu.cn/xxh/focus/zctp/201608/t20160823_1441832.shtml.

五、用户体验分析

用户体验是 OER 项目的最终成果,也是运营最关键的一点。用户体验是在交互过程中,用户内在状态、系统特征与特定情境相互作用的产物。这一产物是用户在使用某个产品之前、期间和之后的全部感受,包括情感、喜好、生理和心理反应、行为等各个方面,用户体验的主体是人,客体是产品,体验是中转站。平台的用户体验体现在很多方面,如平台开放的时间是否稳定、用户是否可以在任何时段内进行平台学习、用户在平台上看到的内容和数据是否及时更新、用户在使用平台时是否能够体验到个性化服务和信息服务、用户使用平台的难易以及与平台的交互性等。❶ 下面将从特色服务体验、个性化学习体验以及互动社交体验三方面进行分析。

(一) 特色服务体验

内容体验在 OER 的学习型平台上更多的是教育性,即主要强调用户通过对课程资源的学习有所收获和提升。而随着时代的发展,在平台运营中单纯的资源学习已经不能满足不同层次学习者的需要,这需要在资源类型上进一步多样化,也需要推出更多支持学习的服务。学生愿意付费其实往往是愿意为课程提供的增值服务买单。例如,Udacity 聚焦培训计算机等前沿领域的就业技能,和顶尖企业合作开发具有未来性、前瞻性的课程项目,如无人驾驶工程师与飞行汽车项目;Coursera 平台也为编程类慕课教学提供了云端调试工具,2019 年 1 月,该平台宣布上线百门卫生保健领域的课程和专项证书;美国的 Kadenze 平台则致力于提供艺术和创意技术类课程,并吸引了大量用户的参与。还有一些比较小众的 MOOC 平台也具有自身特色。例如,由塔斯马尼亚大学管理运营的专门介绍痴呆症护理的 MOOC 平台,其学习人数超过 12 万,课程评价非常高。该平台因为满足了特定群体的需求而得以立足。总之,不同 OER 平台都需要找准自己的定位,提供特色服务,实现差异化运营,如和知名高校合作、和一线企业对接、提供其他平

---

❶ 李倩慧,镡睿,张艺涵,等.基于用户体验的开放教育资源平台评测指标的构建及应用[J].软件导刊(教育技术),2018,17(8):49-51.

台所不具备的学位项目等,这些都可能是吸引学习者的特色服务体验。❶

(二) 个性化学习体验

随着 OER 平台的发展,采用大数据、人工智能等技术提升个性化学习体验也将是 OER 项目运营的着力点。互联网平台学习与传统学习相比,在学习数据上具有明显的优势,平台大数据的分析在学习支持方面可探索的空间很多,故应该更有效地利用学习数据辅助学习者进行自我调节,获得更好的学习效果。例如,澳大利亚的人工智能专家朱迪·凯(Judy Kay)曾谈到用人工智能技术结合学习数据构建开放学习者模型,学习者通过查看自己的学习数据能够自我感知并自我调节,从而更加主动地学习:给用户提供更透明的系统,让他们感受到控制权。❷ 国内已经有研究团队运用学堂在线平台上积累的大数据,让智能学习辅助系统"学堂小木"根据不同的学习动机给出相应的激励话语,以此帮助提高课程学习者的保留率。❸

人工智能技术也可以进一步和学习路径规划等功能相结合,向学习者提供更加符合需求和自身特点的课程或资源,并实时地做出学习路径的调整(如在学完一门课后立即推荐下一门递进课程等)。此时,学习者在 OER 平台中的学习将不再是一个个孤立的"点"(课程),而是体现出发展与变化的"线"(课程路径),这同样有利于提升学习者的学习体验。❹

(三) 互动社交体验

现在越来越多的 OER 平台关注互动、讨论与协作。如何利用好学习群体的异质性满足学习者之间学习社交的需求,也是运营中应该重点关注的方向。例如,FutureLearn 的许多课程都基于讨论和对话,该平台认为 MOOC 不可能奢求教师或者助教随时提供学习支持,而是应该依靠学习同伴彼此

---

❶ 纪九梅,王宇,欧阳嘉煜,等. 2018 慕课发展概要与未来趋势——以 Coursera、edX、学堂在线、Udacity 和 FutureLearn 为例[J]. 中国远程教育,2019(9):16-25.

❷ 危怡,胡梦华,胡艺龄,等. 开放学习者模型:让学习者参与构建——访国际知名教育人工智能专家朱迪·凯教授[J]. 开放教育研究,2018,24(3):4-11.

❸ FENG W, TANG J, LIU T X. Understanding dropouts in MOOCs[EB/OL]. (2019-07-17)[2022-06-10]. http://keg.cs.tsinghua.edu.cn/jietang/publications/AAAI19-Feng-dropout-moocs.pdf.

❹ 纪九梅,王宇,欧阳嘉煜,等. 2018 慕课发展概要与未来趋势——以 Coursera、edX、学堂在线、Udacity 和 FutureLearn 为例[J]. 中国远程教育,2019(9):16-25.

之间互相表达观点、分享知识、共同讨论、答疑解惑、促进反思。❶ 还有，就是用户与用户、用户与资源开发者或运营人员等的交互或反馈互动体验。OpenStax 还与 OER Commons 合作，OER Commons 为 OpenStax 数字教材用户搭建一个共享、协作和组织资源的合作平台即虚拟社区，在虚拟社区中，用户可分享自己的资源或下载别人的资源，在讨论区可以自由发言，还可以看到参与成员信息及资源数量，用户还可以在资源共享单元发表评论、评定级别以及添加标签。可汗学院的学习社区包含了课程内容讨论、用户反馈以及展示并统计学生提问、对别人问题的回复、对可汗学院的建议和致谢，以及学生参与学习社区行为的次数等。这样的互动社区也大大提升了用户的交互体验感，让用户感觉到不仅仅是自己一个人在学习。当前很多 OER 平台大多以高质量资源来吸引学习者，但是从用户体验上来看，学习者获得更多师生交流和生生交流的机会也是选择平台的标准之一。

综上所述，可以看出，运营也是影响一个 OER 项目能否进行下去的关键因素。正如威利所说的那样，OER 项目的可持续发展，要求充分理解项目目标，坚定不移地贯彻执行项目目标，并且要有能力激励大家积极参与。❷ 而良好的运营是激励人们积极参与以及维持项目可持续发展的重要因素。

---

❶ 纪九梅，王宇，欧阳嘉煜，等.2018 慕课发展概要与未来趋势——以 Coursera、edX、学堂在线、Udacity 和 FutureLearn 为例[J].中国远程教育，2019(9):16-25.

❷ 汪琼，王爱华.高校开放教育资源(OER)项目的可持续发展——基于投资与盈利模式的分析与研究[J].远程教育杂志，2012，30(3):11-16.

第九章 不同国家 OER 组织方式

各国的 OER 运动大致可以归属于三个层面：国家、州/市、机构。OER 的发展，从国家战略驱动层面上，主要体现为全国性的法律、战略、倡议等，如俄罗斯《联邦教育法》对包括 OER 在内的教育资源建设做出规定；从区域政府驱动层面上，主要体现为下一级行政单位针对 OER 发起的地方性政策、法律、项目等，如加拿大的三省协议为三省共建共享 OER 提供了指南；在教育机构驱动层面上，主要体现为高等教育机构或者 OER 联盟发起的项目、平台等，如英国开放大学创建的 OpenLearn 平台。

针对不同国家 OER 的发展历程及各驱动层次活跃程度，OER 的驱动模式大致可以分为如表 9.1 所示的三种类型。

表 9.1　OER 驱动模式

驱动模式	典型国家	发展特点
国家战略驱动	阿曼、巴林、波兰、俄罗斯、德国、美国、澳大利亚、巴西、安提瓜和巴布达	发展初期主要是以政府文件为导向，由国家级机构牵头，通过省、市向教育机构扩散
区域政府驱动	加拿大	发展初期由区域政府（州/省/市等）牵头推进 OER 建设，之后得到机构的响应和国家的重视（这类国家往往由于国家对各州教育政策缺乏影响力，因此在国家层面上大多是倡议，并没有全国性政策）
教育机构驱动	印度尼西亚、英国、马来西亚、印度	发展初期并未得到政府的支持，主要是由机构自发组织和建设，之后向上扩散，逐渐得到政府的重视

第一节 国家战略驱动的典型国家

OER 的驱动模式为国家战略驱动的典型国家有阿曼、波兰、俄罗斯、德国、美国、澳大利亚等。下面以澳大利亚、德国、波兰、俄罗斯四个国家为例,主要从国家基本情况、该国 OER 的相关政策与倡议和 OER 项目成果三个维度进行具体分析。

一、澳大利亚

(一) 国家基本情况

澳大利亚是一个君主立宪制联邦国家,有六个州及两个领地(北领地和首都领地),各州设有州长,负责州内事务。❶ 各州议会既服从于州宪法,也服从于国家宪法。联邦法律高于任何与之相抵触的州法律。在实践中,两级政府在州和区负责的许多领域,如教育、运输、健康和法律实施等方面开展合作。澳大利亚议会和政府负责处理涉及全国利益的所有事务,六个州政府和州立法机构补充联邦政府的活动。因此,由其政体和政治制度可以得知,澳大利亚开放教育资源的组织方式是国家战略驱动模式,即从全国性角度提出开放教育资源政策与倡议。

澳大利亚各州或领地的教育主管机构管理中小学及职业学校,联邦政府拨款资助,大学由联邦政府统一管理。澳大利亚的高等教育是一个相对较小的部门,由 40 所正式大学和约 130 个其他高等教育机构组成。但它在澳大利亚经济中发挥着重要作用,并已取得瞩目成就,不仅大学整体水平高、办学质量佳,而且高等教育普及性较高。自 2016 年以来,在澳大利亚,25 岁以上完成高等教育的比例大于 30.0%,远高于 OECD 成员国的平均比例。❷ 随着知识竞争全球化演变,一个国家的科技实力很大程度上与大学的科研实力相关,是国家硬实力的重要组成部分。因此,澳大利亚高等教育力求构建全方位可持续的高等教育质量保障体系,先后组建了政府应用机

---

❶ 王宗文.澳大利亚的政治体制(下)[J].英语知识,2002(10):7-9.

❷ Education at a Glance 2017[EB/OL].(2017-09-12).https://www.oecd-ilibrary.org/education/education-at-a-glance-2017_eag-2017-en.

构评估框架、澳大利亚大学质量机构、高等教育和质量标准署。❶ 由此可见，澳大利亚重视高等教育质量发展，促进"终身"学习，而且澳大利亚高等教育培养模式多元化，注重与行业需求结合，其授课方式、考核方式灵活多变，强调给学习者创造自主学习的机会，让学生从网上获取所需的知识和资源并实现资源共享，以打造宽松、便捷、共享、开放的学习和实践环境，为OER在澳大利亚的发展奠定基础。

开放性改变了世界教育的现状。在高等教育领域，它使学习者和教育者受益，并影响着大学高级管理人员制定机构战略计划和政策的方式。同时，它也影响了全国范围内的研究政策的制定和资金的筹集，改变了既定的大学商业模式，影响了新模式的发展，也使各国领导人聚集在一起，来讨论较富裕的国家如何帮助较不富裕的国家增加免费和开放教育的机会。开放大学采用的"开放"原则，代表"随时随地学习"，这是开放大学及其函授和远程教育模式的基础。❷ 目前，有很多实现"开放"的方式，包括开放存取（研究和数据）、开放学习设计、开放政策、OER、OEP以及MOOC。❸

然而，正规的高等教育仍然没有惠及所有希望接受高等教育的学生，如那些生活在农村和偏远地区的学生，以及来自底层社会背景的学生。❹ 据调查，澳大利亚的高等教育是世界上所需学费最贵的前三名之一，因而其高昂的费用是影响澳大利亚高等教育参与度的重要原因之一。由此可见，开放教育计划不仅适用于那些受限于澳大利亚正规教育之外的人，也适用于那些想要追求专业发展和终身学习的学习者。

---

❶ 王润青. 澳大利亚高等教育现代化的发展历程与特点[J]. 煤炭高等教育, 2021, 39(4): 97-104.

❷ JAMES R, BOSSU C. Conversations from south of the equator: Challenges and opportunities in OER across broader Oceania[J]. RUSC. Universities and Knowledge Society Journal, 2014, 11(3): 78-90.

❸ BUTCHER N, HOOSEN S. A guide to quality in post-traditional online higher education[EB/OL]. (2014-04-03)[2022-05-08]. http://www.academicpartnerships.com/sites/default/files/Guide-OnlineHigherEd.pdf.

❹ BOSSU C, BULL D, BROWN M. Opening up down under: The role of open educational resources in promoting social inclusion in Australia[J]. Distance education, 2012, 33(2): 151-164.

OEP 给澳大利亚高等教育带来了转变。在转型的早期阶段，国家引入了开放存取政策、资金支持和基础设施。随后，开展了一些关于展现 OEP 变革潜力的举措。此后，澳大利亚 OEP 的转型范围不断扩大，在多个方面对各机构产生了影响和冲击，使该部门在世界范围内处于更高的地位。然而，澳大利亚开放式教育项目仍面临许多挑战，如限制性的版权制度、国家和机构政策限制以及资金缺乏等。如果能够消除这些障碍与难题，OER 会得到进一步发展，澳大利亚的高等教育部门就能充分受益于开放教育的变革潜力。

（二） OER 政策与倡议

在澳大利亚，OEP 始于 1998 年左右，当时澳大利亚政府推出并支持了首批开放存取倡议。❶ 但直到 2002 年，当澳大利亚政府资助了一项名为"支持澳大利亚的能力"的计划时，开放存取运动才逐步兴起。❷ 该计划的主要目的是促进研究、科学和技术的发展，并且其附带的若干举措在澳大利亚开放存取的进展中发挥了重要作用。该计划在以下方面提供了帮助：提高对开放存取的认识；构建研究信息基础架构，包括大学知识库；开放数据、论文和其他数字对象；建立元数据标准，以提高研究信息的可访问性和可发现性；制定相关指南。❸ 然而由于缺乏资金等原因，目前只在一定程度上完成了这些举措。因此，澳大利亚还制定了其他举措，以便使开放存取继续发展，取得更大进步。

2008 年，澳大利亚国家数据服务局（Australian National Data Service, ANDS）成立，旨在提供支持开放数据环境所需的基础设施。❹ ANDS 的目标

---

❶ PICASSO V, PHELAN L. The evolution of open access to research and data in Australian higher education[J]. RUSC Universities and knowledge society journal, 2014, 11(3): 122-133.

❷ JACOBS N. Open access: Key strategic, technical and economic aspects[J]. National bureau of economic research, 2006, 31(4): 545-546.

❸ JACOBS N. Open access: Key strategic, technical and economic aspects[J]. National bureau of economic research, 2006, 31(4): 545-546.

❹ PICASSO V, PHELAN L. The evolution of open access to research and data in Australian higher education[J]. RUSC. Universities and Knowledge Society Journal, 2014, 11(3): 122-133.

之一是创建澳大利亚研究数据共享区,所有人都可以轻松访问研究信息。❶ ANDS 是一个大型数据库,包含来自澳大利亚教育和研究机构的研究资源。此外,澳大利亚政府及其机构也主要通过以下三种不同的举措促进开放存取。

①澳大利亚政府关于开源软件的政策,包括《澳大利亚开源软件指南》等。这些政策与措施旨在鼓励政府机构和社区将开源软件作为专有软件的替代方案。❷

②政府 2.0 这一举措不仅是为了在公开许可下向公众提供政府文件,而且这也代表了政府通过告知公众并让公众与政府利用社交媒体、众包和其他形式的合作开展各种各样的活动。❸

③澳大利亚政府开放存取和许可框架(Australian Government Open Access Licensing Framework,AusGOAL),本质上是一个版权管理框架,旨在对开放数据中的风险进行管理。❹

上述政策表明了政府对透明度、信息共享和开放公共信息的承诺。这种承诺也成为其他公共资助组织如高等教育机构效仿的榜样。

如今,大多数澳大利亚大学都有一个信息开放存取仓库,从中可以查找论文、研究数据以及政府资助项目和倡议。信息开放存取仓库通常使用开放许可证,包括知识共享许可证,供其他研究人员使用或重复使用。国家层面的举措无疑有助于促进开放存取发展。

澳大利亚早期的 OER,大部分是小型的、基于机构的项目。后来,有几个项目得到了澳大利亚政府学习和教学办公室的资助。该办公室是澳大

---

❶ Australian National Data Service. Our approach:The Australian research data commons[EB/OL].(2023-01-31)[2023-02-05]. http:∥www. ands. org. au/about/approach. html#ardc.

❷ Wikipedia. Australian Governments' open access and licensing framework:Using AusGOAL[EB/OL].(2015-12-06)[2022-05-09]. https:∥wiki. creativecommons. org/wiki/Australia:_AUSGoal_-_Australian_Governments_Open_Access_and_Licensing_Framework.

❸ Commonwealth of Australia. Australian Government Department of Finance:Government 2.0[EB/OL].(2023-02-02)[2023-02-05]. http:∥www. finance. gov. au/policy-guidesprocurement/gov20/.

❹ Wikipedia. Australian Governments' open access and licensing framework:Using AusGOAL[EB/OL].(2015-12-06)[2022-05-09]. https:∥wiki. creativecommons. org/wiki/Australia:_AUSGoal_-_Australian_Governments_Open_Access_and_Licensing_Framework.

利亚高等教育的主要资助机构。像其他主要的澳大利亚资助机构一样，其要求项目期间制作的所有资源都必须以知识共享署名的方式分享。

（三）项目成果

澳大利亚项目的主要成果之一是 OER 和 OEP 可行性协议。[1] 其中提出了 OER 和 OEP 的教育机构需要考虑的问题。可行性协议中讨论四个主题：OER 和 OEP 可以为机构和更广泛的社会带来的机会；OER 和 OEP 被采用后相关的挑战；围绕机构有效采用 OER 和 OEP 战略方向的考虑；澳大利亚高等教育机构的政策建议。其还将倡议、计划和活动分为五个主题，以展现澳大利亚 OEP 转型的范围，分别是协作、资源和基础设施、开放政策、学习和教学、调查研究。

澳大利亚采用 OEP 始于开放存取运动，这一转变的主要推动者是澳大利亚的国家和州政府。之后在职业教育和学校部门的作用下转变为开放和免费的内容，与国际趋势保持一致。在全球 OER 倡议数量不断增加的推动下，澳大利亚的一些大学通过各种机构和合作项目，或政府资助的项目，开始了 OEP 之旅。

OEP 在澳大利亚高等教育中的范围迅速扩大，影响了多个相关机构。这些机构和政府机构在时间和资金上的投资表明，在未来几十年，对 OEP 的支持是保持该行业的竞争力和繁荣至关重要的一点。OEP 通过加强各机构和倡导者之间的合作，已经改变了澳大利亚高等教育，表现在使所有学习者都能公开、自由地获取高质量的资源；制定更加透明和开放的政策愿意从事 OEP 的人；以鼓励创新和课程更新的方式支持学习和教学；吸引研究人员，让他们帮助 OEP 在澳大利亚取得进一步进展。

二、德国

（一）国家基本情况

德国的国家政体为议会共和制，联邦总统为国家元首，议会由联邦议院和联邦参议院组成。联邦德国政府 1945 年后自上而下推动民主政治教育，

---

[1] BOSSU C, BROWN M, BULL D. Feasibility protocol for OER and OEP：A decision making tool for higher education[EB/OL]．(2014-05-05)[2022-05-09]．http://ecite.utas.edu.au/100794．

影响民众参政意识，增强民众对统一国家的认同感。

在德国，教育的责任主要由联邦各州承担。因此，仅在中学教育中，就有16种不同的课程和5种不同类型的学校。教材在提供给学校之前，必须得到每个联邦州的批准。这是一个艰难而漫长的过程，目前几乎只有商业出版商生产的教材获得批准。看起来整个批准系统是基于传统的出版商业模式：出版商开发教科书，根据特定联邦州的课程进行修改，获得相关部委的批准，并最终提供给学校。事实上，在德国许多联邦州，学校只允许将教材预算用于印刷书籍，教育资源尤为短缺，OER便显出优势，成为德国教育发展新趋势。

2011年，在OECD的一项调查中，德国宣布OER不是德国教育政策的优先问题。❶ 这表明德国并没有将数字材料的获取视为一个挑战，而对于开放的需求也并没有非常紧迫。虽然德国的开放数据和开放存取在关于教育和科学的公共讨论中是热点话题，但在OER活动中却不常出现。在一份重要的国际研究报告《超越OER》中可以看出：包括德国在内的所有欧洲国家的高等教育机构和学校的OER原则上都可以被使用，但并不经常被使用。该研究确定了使用OER的主要障碍：缺乏机构支持，缺乏分享和改编资源的技术工具，用户缺乏技能和时间，OER的质量或适用性不足，以及个人问题如缺乏信任和缺少时间。❷

在德国，人们很少考虑利用OER来支持教育实践，并促进教学质量和创新。因此，德国教育工作者面临着从关注资源到关注其使用的转变，以及OEP挑战。为了促进这种从OER到OEP的转变，必须使用一个共同的框架来概述学习者、教育专业人员和组织机构对OER的实际创造、组装、使用、共享和再利用的所有因素。这种框架必须能够为利益相关者展示一条通往创新、开放教育的道路，其中OER发挥着提高学习质量的作用。❸

---

❶ HYLÉN J,DAMME D V,MULDER F,et al. Open educational resources:Analysis of responses to the OECD country questionnaire[J]. OECD education working papers,2012,33(2):110-113.

❷ EHLERS U . Beyond OER:Shifting focus to open educational practices:OPAL Report 2011[R]. Essen:Due-Publico,2011:1-191.

❸ FOSSLAND T,RYE R K,GJERDRUM E. Ulike forståelser av kvalitet i norsk,fleksibel høyere utdanning - eksempler fra teknologi og læring på og utenfor campus[EB/OL]. (2022-12-23)[2023-02-05]. http://norgesuniversitetet. no/files/ulike_forstaelser_av_kvalitet. pdf.

现在，OER 项目正在德国实施，人们对开放教育以及在互联网上向学校、教师和学生免费提供教育材料的兴趣越来越浓厚。开放存取（Open Access，OA）在德国的教育机构中被广泛使用，版权法允许公共资助的研究作品在机构存储库中存档。这与教材的情况不同，出版商在其中起着主导作用。随着德国人对开放教育的兴趣日益浓厚，民间社会也逐渐开展一些 OER 项目。

（二）OER 政策与倡议

联邦政府在推动一项 ICT 政策，旨在实现高等教育和学校的数字化。然而，目前还没有专门在教育系统中推广 OER 的政策。德国的各个教育部门：学校、职业教育和培训、高等教育和成人教育，对 OA 数字材料有着深刻的认识。研究人员、联邦政府和 16 个联邦州已经进行了一些活动来改善 OA。主要的研究组织和许多高等教育机构都有 OA 政策。OA 资源库的研究和报告显示，德国最重要的资助机构德国研究基金会（Deutsche Forschungsgemeinschaft，DFG），已经将 OA 与它的资助政策联系起来。德国联邦教育和研究部（Bundesministerium für Bildungund Forschung，BMBF）计划为德国的公共资助研究引入类似的 OA 法规，而且通过了二级出版权来加强 OA，并将其纳入了德国版权法。现在，对于科学家和研究人员而言，他们已经同意将所有开发权转让给他们的出版商，并对互联网上存档的他们的出版物保留法律权利。

为加强对数字研究成果获取的认识和开放性，马克斯普朗克协会在 2003 年提出了一项倡议：关于知识开放获取的柏林宣言。❶ 该宣言已经被 53 个德国机构签署，包括代表 258 所大学和其他高等教育机构的德国校长会议。DFG 为出版费用提供一次性资金，包括文章处理费（Article Processing Charge，APC）。同时，它也有一个资助计划，即开放存取出版计划，大学可以通过该计划申请资金，以支付大学作者的 APC。自 2010 年起，DFG 对"联盟许可证"提供财政支持。在这种情况下，该（联盟）许可证下的期刊出版商允许德国作者及其机构在各自的期刊之外发表他们的文章，最后汇总在 OA 存储库中。虽然人们对 OA 有很强的认识，但"OER"这个词

---

❶ FENGCHUN M, SANJAYA M, RORY M. Open educational resources：Policy, costs and transformation[EB/OL].（2016-04-11）[2016-04-15]. https://en.unesco.org/icted/content/open-educational-resources-policy-costs-and-transformation.

在当时并不那么出名，对于普通的德国教师或大学教授来说，更是不熟悉。最直接的原因是，"OER"在德语中没有准确的对应术语。因此，一些对技术有浓厚兴趣的教师有可能了解英语的 OER，但大多数学校及其教师，没有意识到 OER 的巨大好处。

2011 年 11 月，在德国比勒费尔德举行了一次会议，不同的利益相关者签署了一份兴趣声明，以在德国更深入地传播开放教育的概念。此后，一个旨在统一德语区 OER 术语的倡议成立了，并组织了 OER 研讨会，展开关于开放教育领域的挑战和机遇的讨论。2013 年夏天，德国举办了第一个关于 OER 的开放式在线课程。同年秋天，维基媒体基金会在柏林组织了第一届开放式教育资源会议。

2012 年 11 月，联邦教育与研究部和兰德教育部长会议组织了一次专家会议，对 OER 的发展做进一步讨论。会后，教育部长会议启动了一个关于 OER 的工作小组，在 2015 年前提出一份立场文件，该立场文件指出：学校的书籍和教材应尽可能免费提供，应扩大开放许可证的使用范围。2013 年，OER 被纳入联邦层面的联合条约。

2015 年，德国联邦各州的教育部长撰写了一份关于 OER 的报告。该报告介绍了 OER 概念的定义、实例和历史，明确了 OER 发展的六项目标：第一，支持建立平台、登记处和存储库，使 OER 更容易获得，并对目标群体提供；第二，在知识产权的基础上，完善共享和再利用 OER 的法律框架；第三，提高对 OER 的认识；第四，更好地了解 OER 的情况；第五，改善欧洲和国际上关于 OER 的合作；第六，为学校和终身学习中的 OER 建立一个协调点和服务台。[1]

（三）项目成果

1. OER-Schul-E-Books[2]

该项目始于 2010 年，它通过众筹来制作教科书。教师、大学的专家和图形设计师共同制作电子教科书。由于这些书是根据特定的联邦州的课程

---

[1] BUND LÄNDER A G. Bericht der arbeitsgruppe aus verterinnen und vertretern der länder und des bundes zu open educational resources(OER)[EB/OL].(2015-01-27)[2022-05-09]. http://www.bildungsserver.de/Bericht_AG_OER_2015-01-27.pdf.

[2] EBNER M,LORENZ A,SCHON S,et al. Offene lizenzen als treiber für neuartige kooperationen und innovationen in der Bildung[M]. New York:Waxmann,2016:55-64.

制作完成的,所以它们属于区域项目。

Schulbuch-O-Mat(该项目的 OER 社区,提供免费和开放的教科书内容)的发起人主要来自大学,且项目的推进伴随着评估。到目前为止,OER-Schul-E-Books 已制作了两本教科书。

2. Lehrer-Online[1]

该项目始于 2008 年,基于一个全国性的学校平台,最初由 BMBF 资助。Lehrer-Online 的主要任务是为学校(小学、中学、职业学校)提供信息和教学材料。该项目的一个重点是将其塑造为教学的新媒体。Lehrer-Online 是由 BMBF 资助的在线网络[2]的一部分,在其发展的第一阶段,也由德国电信赞助。现在,它由 Lehrer-Online GmbH 公司领导,并通过广告和其他服务为其他政府部门提供资金。IT 专家和了解当前教育需求的教师也支持这个门户。

Lehrer-Online 的服务包括:第一,实用的教学模块(包括免费的工作材料、方法和教学文章以及课堂准备的建议),这些模块是由一线教师开发和批准的,在出版前由编辑部在主题和方法上进行了仔细的开发、研究和验证;第二,专门的讨论论坛,教学专家可以在这里交流他们的想法和经验;第三,专门针对用户需求的信息服务(包括关于学校、新媒体和教育政策的新闻,以及关于数据隐私和版权问题等实际法律问题的深入信息);第四,虚拟学习环境,为与同事的合作、课堂教学以及与德国和其他地方学校的合作项目提供虚拟房间;第五,为学校提供制作网页的生成器。Primolo 是一个基于互联网的工具,可以免费使用,小学生在教师的指导下可设计自己的网站。

3. learn:line[3]

媒体服务器 learn:line 提供与德国最大的联邦州北莱茵威斯特法伦州的课程一致的开放教育材料。其材料主要是由开放式教育资源构成,取自不同的路径,并始终注明版权。教师注册后,可以免费下载并随时使用教育资源。

---

[1] Lehrer-Online:Unterrichtsmaterial und inspiration für den schulalltag[EB/OL].(2023-02-02)[2023-02-05].http://www.lehrer-online.de/lehrer-online.php/.

[2] Pressemeldung. Entwicklung von schul-clouds[EB/OL].(2019-03-13)[2022-05-15].https://bildungsklick.de/schule/detail/entwicklung-von-schul-clouds-1.

[3] WEBER W. Professional development needs of teachers managing self-guided learning[R].Melbourne,Australia:Springer US,2003:115-124.

三、波兰

(一) 国家基本情况

波兰,位于欧洲中部,首都为华沙。波兰实行议会民主制,总统为国家元首,由全民直接选举产生,负责维护宪法和国家的安全。1997年4月,波兰国民大会通过新宪法。新宪法确立了三权分立的政治制度和以社会市场经济为主的经济体制,众议院和参议院拥有立法权,总统和政府拥有行政权,法院和法庭行使司法权。❶

从2017年9月1日起,波兰实行新的国民教育体制,取消初中,学制分为小学8年,普通中学4年或职业/技术学校2~5年。高等教育一般为3或5年。2018年,国民基础教育支出约38.89亿兹罗提(约合9.3亿美元),高等教育与科研经费支出约为161亿兹罗提(约合38.5亿美元),分别占GDP的0.2%和0.8%。著名高等学府有克拉科夫雅盖隆大学、华沙大学、波兹南密茨凯维奇大学、华沙工业大学等。❷

作为一个有吸引力的概念,教育资源的开放性进一步明确了波兰教育改革的主要目标。2010年,OER作为一种工具被引入教育署的一项重要ICT计划——数字学校项目(the Digital School Programme),它使得教育内容更广泛地被访问和使用。然而,由于在实施方案期间没有得到强有力的政策支持,该项目被视为部分成功:一方面,它是采用OER模式提供大规模公共资源的几个例子之一;另一方面,波兰政府未来是否会致力于这种模式还不确定。自20世纪末以来,波兰政府一直在教育领域实行大力支持ICT的措施。正是在这样一个大背景下,2010年以后政策制定者开始制定与开放教育相关的政策。❸

---

❶ 中华人民共和国外交部.波兰国家概况[EB/OL].(2022-10-08)[2022-05-11]. https://www.mfa.gov.cn/web/gjhdq_676201/gj_676203/oz_678770/1206_679012/1206x0_679014/.

❷ 波兰国家概况[EB/OL].(2019-06-21)[2023-09-21]. https://www.yidaiyilu.gov.cn/p/841.html.

❸ FENGCHUN M, SANJAYA M, RORY M. Open educational resources: Policy, costs and transformation[EB/OL].(2016-04-11)[2016-04-15]. https://en.unesco.org/icted/content/open-educational-resources-policy-costs-and-transformation.

(二) OER 政策与倡议

1999—2005 年,波兰的学校开设了一个叫作"计算机教室"的大型课程,政府为超过 11 000 所学校提供设备。波兰加入欧盟后,其资金由欧洲基金提供。2003 年,一个名为 Scholaris 的在线教育门户网站被推出,以支持在农村地区工作的教师。2008 年,该门户网站有 29 000 个学习者。然而,到 2011 年,这个门户并没有在教育界普及而成为主流。这些倡议是由国家教育部(Ministry of National Education)在中央教师培训服务中心(Central Teacher Training Service)的支持下发展和进行的,该中心后来被更名为教育发展中心(Center for Educational Development)。

2008 年初,总理唐纳德·图斯克(Donald Tusk)宣布成立一个工作小组,其目标是为每个学生提供一台计算机。

2009 年,将 ICT 作为必修课。

2010 年,教育部的咨询机构的资讯及传媒教育委员会(Council on Information and Media Education,CIME),发表了一篇关于教育和信息技术应用建议的报告。该报告指出,OER 是数字学习环境的重要组成部分。CIME 表示,在波兰学校正确使用数字技术是十分必要的。

2010 年,波兰 90% 的小学有 ICT 配备教室,93% 的小学有互联网接入;80% 的中学有 ICT 配备的教室,83% 的中学有互联网接入。

(三) 项目成果[1]

1. 数字学校项目(Digital School Programme)和电子课本组件(e-Textbooks Component)

2012 年 4 月,部长理事会(Council of Ministers)批准政府数字学校项目。该项目将覆盖波兰的整个学校系统。这个项目主要包括四个成分:电子教师(e-teacher)、电子课本(e-textbook)、电子学校(e-school)和电子学生(e-student)。该项目的既定目标是发展和提高中小学教师和学生的 ICT 教育技能。最初的试验计划包括把 400 所选定的小学纳入电子学校,把 1200 多名教师纳入电子教师部分。电子课本部分计划在 2012—2015 年实行。该项目由国家预算和欧洲基金提供的混合资金资助,由国家教育发展

---

[1] FENGCHUN M,SANJAYA M,RORY M. Open educational resources:Policy, costs and transformation[EB/OL]. (2016-04-11)[2016-04-15]. https://en.unesco.org/icted/content/open-educational-resources-policy-costs-and-transformation.

中心（The National Center for Development of Education）负责。

2. 把电子课本配备作为一项 OER 政策

数字学校项目包括一套开放电子课本，涵盖中小学教育的核心课程。电子课本旨在为学校购买的设备提供高质量的公共教育资源。

根据部长理事会的一项决议（2012 年），数字学校计划中资助的所有版权内容，应符合以下要求：①根据知识共享署名许可证（CC BY）或另一个免费许可证提供，该许可证允许以无限制、非排他性的方式免费使用资源及其衍生产品；②至少提供一种开放格式（无技术和法律限制的完整规范）；③对于 Web 访问，根据当前的 W3C Web 内容可访问性指南（Web Content Accessibility Guidelines，WCAG）提供。

以上要求定义了一个非常严格的 OER 政策，它不仅包括严格的许可要求，还考虑了技术格式和可访问性标准。这超过了 2012 年《巴黎开放教育资源宣言》规定的最低标准。因此，该决议可被视为其他公共 OER 计划的典范。

2012 年，数字学校项目推出后，OER 在波兰已经推广了至少五年。从 2008 年开始，波兰国外教育发展中心（Center for Development of Polish Education Abroad）为国外的波兰学校创建了一个模块化的开放课本。该项目旨在为波兰的学校创造一个"安全港"，以实现课本的提供和分发要求。除了波兰国外教育发展中心，一些部委和机构也在他们的项目中实施公开许可。

开放教育联盟（Coalition for Open Education）在波兰也开展了社区建设和宣传活动。联盟成员参与了讨论和工作组，领导数字学校项目的创作。电子课本在定义项目的最终形态中起到了重要作用。

3. 波兰开放式电子课本和实体课本制作

计划创建公共、开放的电子课本是波兰课本生产模式发生重大变化的信号。在数字学校项目开始之前，所有课本都是由教育出版商出版的，没有国家的直接支持，国家相关部门的作用只是证实课本是否符合课程的要求。

2009 年，根据对教学资源的选择，制定了新的核心课程和新规则。教师被赋予了选择教学资源的自由，引入了使用数字教科书的可能性。原则上，教师们不再需要使用课本，但在实践中，几乎所有教师仍然依赖商业教科书作为核心教学资源。到了 2012 年，只有一本数字课本和八个纸质书的电子版本可用。电子课本倡议的目的是为商业课本提供一个公共的替代品。教科书可以被视为 OER 倡议的一个明显选择，而从更广泛的教育改革角度来看,教科书则是一个模棱两可的选择,对教科书的依赖通常被视为波兰学校发展更现代、更个性化教育的障碍,现代化支持者希望教师更积极地选择甚至创造教育资源。

4. 电子课本项目的实施

该项目从一开始,由教育发展中心管理。该中心组织了五个投标承包商,其中四个创建课本,一个创建在线出版平台。内容制作分为四大部分:早期教育(小学 1~3 年级)、自然科学、数学和计算机科学及人文学科。该模式因为没有为小出版商提供参与机会,只有大型出版商和组织能够加入生产而饱受批评。最终,该中心决定向公共机构招标。

5. 公立一年级初级读物(Public First Grade Primer)[1]

2014 年,政府宣布为小学一年级提供免费的公共课本。到 2014 年 9 月,课本已印发给所有一年级学生。据估计,这一新政策可能会导致教育出版市场利益减少 1/3。作为改革的一部分,财政部还将提供资金用于额外购买学习资源——对于早期教育而言,这些就是外语课本和练习本。最有可能的是,新政策可能会导致一个统一的市场,只有最大的出版商能够创建基于有限公共资金的可持续商业模式。

四、俄罗斯

(一)国家基本情况

俄罗斯,即俄罗斯联邦,是联邦半总统制共和国,实行联邦民主制。同时,俄罗斯以俄罗斯联邦宪法和法律为基础,根据资产阶级立法、司法、行政三权分立又相互制约、相互平衡的原则行使职能。总统是国家元首,由人民直选产生。俄罗斯联邦政府是国家权力最高执行机关。联邦政府由联邦政府总理、副总理和联邦部长组成。此外,宪法还规定了各联邦主体(共和国、边疆区、州、自治州和自治区)的权利、地位平等。在超过 1.43 亿人口中,1360 万是学生,104 万是学校教师。[2]

---

[1] MIAO F C, MISHRA S, MCGREAL R. Open educational resources:Policy,costs and transformation[EB/OL]. (2022-07-20)[2023-08-17]. https://unesdoc.unesco.org/ark:/48223/pf0000244365.

[2] 对外投资合作国别(俄罗斯)指南[EB/OL]. (2020-11-19)[2023-09-21]. http://opendata.mofcom.gov.cn/front/data/detail?id=C5E1C2CA614F1C512980B497A98BE71C.

俄罗斯有578所公立和391所私立高等教育机构（Higher Education Institutes，HEIs）。俄罗斯于2013年颁布了规范国家教育政策的《联邦教育法》，该法包含在教育中使用ICT的相关条款，并规定了教育计划的实施，包括使用在线学习和远程教育以及使用数字教育资源。在20世纪90年代，联邦层面的战略主要集中在IT基础设施上：为教育机构配备计算机并建立电信网络，提高互联网在教育机构中的普及率。

（二）OER政策与倡议[1]

2014年10月1日，联邦法引入了有关使用开放许可证的规定。在此之前，"开放许可"的概念并未成为俄罗斯知识产权立法的一部分。因此，开放许可（如知识共享许可）很少被用作法律机制，也不会作为作者转让权利或作品归属权的使用条款。对于知识产品的分发（如在互联网上可公开获取的出版物），立法要求作者签订一项协议，规定作品使用的条件。在俄罗斯语境中，开放式教育资源的概念不包括强制性公开许可，但公众可以免费访问的教育资源被视为OER。

在过去10年中，在努力修改立法和使开放许可合法化的同时，俄罗斯联邦教育和科学部（Ministry of Education and Science，MES）支持教育资源的生产和互联网的共享。近十年来产生的众多教育资源大部分没有开放许可证。一些大型项目，包括那些由公共资助的项目，尽管它们没有获得公开许可，但可以按照免责声明或使用条款进行共享使用。这些项目是根据OER运动制定的概念和方法以及OER倡议的经验实施的。

（三）项目成果

1. 单程教育窗口资源（Single-Entry Window for Access to Educational Resources，SEW）

获取教育资源的SEW项目于2005年设计并启动，为进一步发展OER奠定基础。联邦教育门户系统SEW的开发旨在整合OER和联邦门户网站，以及整合来自大学和其他教育机构的网站、教育互联网项目和个体教师的资源。[2]

---

[1] MIAO F C, MISHRA S, MCGREAL R. Open educational resources：Policy，costs and transformation[EB/OL]. (2022-07-20) [2023-08-17]. https://unesdoc.unesco.org/ark:/48223/pf0000244365.

[2] IVANNIKOV A，BULGAKOV M，GRIDINA E，et al. Educational resources integration in Russia：electronic library and metadata catalogue[C]//Conference on Iasted International Conference Web-based Education. Chamonix，France：ACTA Press，2007：382-385.

开发时在"联邦门户网站上,SEW 团队从几个 OER 项目中探索了信息结构、功能和用户界面方面的经验教训。考虑了两种主要类型的项目:第一类是提供存储在其他网站(如 OpenDOAR、Open Education Consortium、OER Commons、MERLOT)上的基于 Web 教育资源的结构化描述信息(元数据)的互联网目录,第二类是直接存储在其网站上的 OER 存储库(如 MIT OpenCourse、OpenStax CNX Library、Open Science Resources 和 OER@ AVU)。

SEW 是包含资源元数据的目录、学习资料、新闻公告、反馈子系统(论坛、问答)和搜索子系统的数字图书馆。综合目录包含所有资源的元数据:在其他网站上发布的外部资源以及在数字图书馆中发布的材料。[1] 数字图书馆中的所有资料都存储在 SEW 服务器上。门户的最初版本只包括引用资源的元数据,并引用其生产者或权利所有者在网站上可用的文件。然而,这种方法并不能保证在互联网地址发生变化的情况下的可持续性。网站的改组、改用不同的 Web 技术等,往往会导致初始 Web 地址的变化。很多时候,一些包含资源集合甚至完整站点的页面会消失,尤其是那些研究小组和教师的站点,或者是由学生制作并免费托管的站点。如果将全文上传到 SEW 图书馆可以保证它们的永久可用性和完整性。

互联网资源目录包括来自 25 000 多个外部资源的元数据。资源的一部分是教育网站,如大学、系、实验室、职业学校、数字图书馆、教育项目等的网站;另一部分包含数字教材、讲座课程、在线测试、虚拟实验室作品等。SEW 数字图书馆是俄罗斯互联网上最大的开放式教育资源库,它包含 3 万多种资源,包括教科书、手册、课件、讲义、工作簿、用于实践培训的学习材料、教学指南、课程、参考书、专著和会议论文集等,其中大多数材料旨在用于高等教育。SEW 整合了大量教育工作者、管理人员和研究人员感兴趣的资源,改变了资源分散在数百个大学、院系和部门的网站中的状态。因此,SEW 提供资源的方式更方便、快捷、高效。

2. 数字教育资源综合集合(Integrated Collection of Digital Educational Resources,ICDER)

在开放社会研究所与俄罗斯当局合作实施互联网方案的同时,建立了一个名为 RUNNet 的全国性研究和教育网络。2001 年启动的名为发展综合教

---

[1] ABRAMOV A,BULAKINA M,IVANNIKOV A,et al. Learning innovations and quality:The future of digital resources[M]. Rome:Logos Verlag Berlin,2013:37-42.

育信息环境的联邦目标方案，是第一个设想在教育中全面发展信息和通信技术的联邦方案，包括向学校提供设备/互联网连接和光盘上的数字资源，教师专业发展措施，教育门户信息系统等。2006—2008 年，在国家重点教育项目中，俄罗斯全国有超过 50 000 所中等和职业学校可以连接到互联网。2005—2008 年，教育系统计算机化项目为中学积极使用 ICT 创造了有利环境。

ICDER 包括关于某些主题的自我学习的信息材料、支持学习的说明性材料、绩效评级工具、任务和练习、测试、参考书，以及用于实践和实验室工作的计算机模型。重要的资源类型包括教师课程计划、关于如何使用这些资源的教学指导方针。这些资源是由资源的生产者和参与其评估的教师开发的。除了莫斯科的主要门户网站，俄罗斯在不同地区建立了 10 多个镜像站点。

3. **联邦信息和教育资源中心**（Federal Centre for Informational and Educational Resources，FCIER）

FCIER 的建设是联邦教育目标计划的重点项目之一。这个大型项目于 2007 年启动，旨在开发硬件和软件基础设施，以将各种类型的数字资源存储在中央数据存储库中，实现资源免费访问，并为学校提供 Web 托管和电子邮件服务。[1] 除了建立硬件和软件基础设施，该项目还支持开发新的教育材料，以促进更高效地利用数字资源来学习基础学科，引入新的教学方法并提高学生对学习过程的满意度。

FCIER 教育内容的核心是为其开发的交互式多媒体模块的集合。这些模块是在开放式教育模块化多媒体系统（Open Educational Modular Multimedia System，OMS）的概念内开发的，符合统一的技术要求。[2] 其主要有三种类型的模块：叙述型（内容解释）、实际型（虚拟实验室和实际工作）、控制型（不同类型的测试）。每个模块都是自主的，旨在解决特定的学习任务。这些模块使用特殊的 OMS 播放器运行，OMS 播放器是一种开源软件，可以

---

[1] BOLNYKH A, KUZNETZOV A, KONDAUROV V. Federal centre for informational and educational resources: Architecture and technologies [J]. Informatization of education and science, 2010, 1(5): 8-25.

[2] SIGALOV A B, ALEXEY S, SKURATOV A, et al. Educational portals and open educational resources in the Russian Federation [R]. Moscow, Russia: UNESCO IITE, 2012: 31-34.

在 Windows 和 Linux 上运行。如今，FCIER 存储库包含 11 个主要中等教育学科（如数学、物理、化学、生物学、历史、地理）的 15 000 多个模块和许多职业教育学科（如食品工业、汽车机械、机械、自动控制、焊接、化工）。OMS 的开放架构和学习模块的结构使得修改模块的内容（文本、图像和动画）和场景成为可能。与此同时，许多多媒体开发商成功地将 FCIER 资源用作开发新的互动资源的基础（如莫斯科教育资源媒体中心）。FCIER 资源的使用条款允许用于教育目的的非商业用途。同样，这些资源可以在学校免费分发、修改和重新利用。这完全符合 OER 原则和知识共享属性的非商业性类似共享许可证（CC BY-NC-SA），并使资源在价值意义上等同于 OER。

4. 国立开放大学

俄罗斯第一个为开放、免学费、大规模在线教育而设计的项目是创建国立开放大学（Internet University of Information Technology，INTUIT）。2012 年，其项目概念进行了升级，增加了一个交流组件，允许教师和学生通过社交网络进行互动。2015 年，其提供了超过 700 门关于以下学科的课程：计算机科学和信息技术、电信和网络、数学和物理、经济与管理。课程材料采用电子教科书或视频讲座的形式，学生在学习完每个模块后需要通过测试，并在课程结束时参加期末考试，最后获得课程证书。其课程被整合到俄罗斯和独立国家联合体（Commonwealth of Independent States，CIS）的许多高等教育机构中。自 2003 年以来，完成一门课程的最高学生人数超过 15 万人，注册学生人数更是翻了数倍。自 21 世纪中期以来，俄罗斯高等教育机构的电子学习一直在快速发展。然而，大多数情况下，只有在特定高等教育机构注册的学生才有访问该机构的学习材料的权利。俄罗斯的联邦教育法为在线课程的开发和运行提供了新的动力，因为它承认电子学习和远程教育是教育提供的等效形式。俄罗斯联邦教育和科学部成立了一个工作组，旨在评估俄罗斯电子学习和在线教育的现状，并为进一步扩展在线培训提出建议。与世界上许多大学一样，在过去几年中，俄罗斯的高等教育机构一直在开放使用 MOOC 的学习材料，并使用了多种方法和平台进行推广。❶

---

❶ ИНТУИТ. Учитесь вместе с друзьями![EB/OL]. (2015-05-23)[2022-05-15]. https://www.intuit.ru/.

第二节 区域政府驱动 OER 的典型国家

OER 的驱动模式为区域政府驱动的典型国家是加拿大。下面以加拿大为例，主要从国家基本情况、该国 OER 的相关政策与倡议以及 OER 项目成果三个维度进行具体分析。

一、加拿大

（一）国家基本情况[1]

加拿大位于北美洲北部，首都为渥太华，截至 2021 年 6 月总人口为 3813 万。直至 1982 年，英国女王签署《加拿大宪法法案》，加拿大才获得立宪、修宪的全部权力。加拿大是全球最发达的经济体之一，是联合国、国际货币基金组织、世界银行、世贸组织、七国集团、20 国集团以及亚太经合组织的成员国。

加拿大实行联邦议会制。联邦议会由参议院和众议院组成，是国家最高权力和立法机构。值得注意的是，加拿大实行三权分立的政治制度，但至今没有一部完整的宪法，主要由在各个不同历史时期通过的宪法法案共同构成。

加拿大教育由各省教育部门负责，联邦政府只负责管理、资助一些特殊学校。加拿大实行 12 年制中小学义务教育，一般分为公立和私立两类，公立学校主要招收本地学生，私立学校通常由教会主办，政府给予补贴，有些设有宿舍，招收海外学生。

加拿大 OER 发展的背景和历史在世界上是独一无二的，因为它是唯一一个政府没有教育权力的国家。在加拿大，教育完全是一个省或地区的责任，联邦政府可以干预与开放教育相关的其他领域。

（二）OER 相关政策与倡议

加拿大在开放教育方面拥有重要的专业知识领域，主要集中在中学以上的教育，这一领域正在所有教育和培训部门建立和推广。但除此之外，几乎没有其他迹象表明加拿大政府、机构或行业有任何旨在支持 OER 发展

---

[1] 加拿大国家概况[EB/OL]. https://www.mfa.gov.cn/web/gjhdq_676201/gj_676203/bmz_679954/1206_680426/1206x0_680428/.

和开放实践相关活动的重大举措或政策。另外,加拿大的 OER 发展和开放倡议往往侧重于获取和可用性问题,而不是制定鼓励开放的实践政策或倡议。虽然目前没有专门支持 OEP 的联邦政府战略,但在加拿大西部的省一级已经开展了部分相关活动。例如,不列颠哥伦比亚省(Province of British Columbia,B.C.)采取了开放举措,向公众提供获取政府信息和数据的机会,这使公民有机会就政策和服务等事项开展工作,其开放式政府许可证允许使用和重复使用政府信息和数据。

开放的概念和活动在许多加拿大大学和社区学院中表现得非常明显,一些大学和社区学院制订了扩大开放获取的计划和政策,并设计、开发和构建了学习对象存储库。例如,阿萨巴斯卡大学(Athabasca University,AU)、纽芬兰纪念大学(Memorial University)、康考迪亚大学(Concordia University)和卡尔加里大学(University of Calgary),它们越来越熟悉和适应开放获取的概念,并通过大学存储库积极共享学术研究和数据。它们还为作者提供资助,帮助研究人员支付开放获取费用,同时努力减免出版商收取的费用。此外,这些大学还使用加拿大的知识共享许可证来促进开放。

AU 一直是 OER 的领导者,被称为加拿大"第一所 OER 大学"。它也是第一个采用开放获取政策的加拿大机构,其建议教师、学术专业人员将已发表文章的电子版存入 AU 知识库。2009 年,渥太华大学(University of Ottawa)通过了一项开放计划,支持免费获取其学术研究成果。该开放计划还包括支持开放的大学出版社。例如,渥太华大学出版社以及其他大学出版社的有限开放出版物。同时,其他大学也纷纷效仿。例如,多伦多大学安大略教育研究院(Ontario Institute for Studies in Education,OISE)在 2012 年 3 月通过了一项关于开放获取的正式政策❶,其中引用了加拿大政府倡议的开放数据。

虽然开放和开放获取的概念似乎获得了相当大的支持,并明显得到了政府的认可,但仍存在一些问题,如公共资金缺乏、具体的 OER 举措很难独立出来、很少有机构在开展开放实践和政策制定的工作等。

加拿大的 OER 可以用不同的方式进行分类,倡议也可从类型、地理位置、制度加以分类。

---

❶ Ontario Institute for Studies in Education(OISE). OISE/UT open access policy statement [EB/OL]. (2012-03-30)[2022-06-09]. http://www.oise.utoronto.ca/research/UserFiles/File/OA_Policy.pdf.

1. 泛加拿大 OER 倡议和组织

①开放数据。加拿大政府已经启动了一项使用开放政府许可的开放数据试点项目，该许可类似于 CC BY-NC 许可，允许混合和非商业用途。CANARIE 是一家由联邦政府资助的公司，是加拿大支持研究、教育和创新的数字基础设施的重要组成部分。

②加拿大知识共享（CC Canada）。OER 诞生于全球开放教育运动，OER 的创建和使用得益于知识共享许可证的开发和使用，该许可证为共享这些资源提供了法律框架。CC Canada 是由加拿大互联网政策和公共公益所（Canadian Internet Policy and Public Interest Clinic，CIPPIC）、BCcampus 和 AU 共同提出。它创建了一套免费的许可工具，允许作者和开发人员共享、重复使用和重新组合（包括但不限于 OER），并对版权采取明确的"保留部分权利，但明确允许其他权利"的方式。

③加拿大教育部长理事会（Council of Ministers of Education of Canada，CMEC）。CMEC 是由 13 个省和地区教育部长组成的组织。为响应 UNESCO2012 年《巴黎开放教育资源宣言》，CMEC 在 2012 年的一次全国会议上首次讨论了 OER 问题。部长们重申他们对知识和教育开放的承诺，以及使教学和学习实践适应信息时代的必要性。

④三机构开放存取政策。加拿大的三个研究资助机构分别为加拿大卫生研究院（Canadian Institutes of Health Research，CIHR）、加拿大自然科学与工程研究理事会（Natural Sciences and Engineering Research Council of Canada，NSERC）以及加拿大社会科学与人文研究理事会（Social Sciences and Humanities Research Council of Canada，SSHRC）。三大机构就支持学术出版物开放获取的政策草案达成一致。这些机构强烈支持知识共享及国内和国际的研究合作。

2. OER 倡议的国家和国际合作

加拿大也有一些以国家和国际合作为特色的具体 OER 举措的例子。特别是 OERu，它在国家和国际合作的广度和范围上是独一无二的。

OERu 是一个由五大洲超过 36 个机构和几个组织组成的联盟，与加拿大合作伙伴共同提供免费的在线大学课程，以便学习者可以从合作伙伴机构获得正式证书，为国际上的学习者拓宽获取资源的渠道，并降低高等教

育的成本。❶

BCcampus 可以说是加拿大在开放实践领域最活跃的合作组织，它是一个公共资助的服务机构，其转向开放的概念，为不列颠哥伦比亚省的公立高等教育机构创建一种可持续的在线学习方法。同时，BCcampus 一直是加拿大与 CMEC 合作推广 OER 的领导者。它的可共享在线学习资源库支持对免费在线教学资源的授权、贡献和访问。

3. 机构的 OER 举措

AU 一直在持续开展 OER 活动。它是加拿大第一所加入开放课程联盟（Open Education Consortium，OEC）的大学，截至 2014 年，仍然是加拿大唯一的机构成员。AU 采用开放获取始于 1999 年创建的学术期刊《开放和分布式学习研究国际评论》（*International Review of Research in Open and Distributed Learning*，IRRODL），并于 2005 年继续实施 AUSpace——这是一个在 AU 社区内产生的学术文章、论文和其他文件的开源数字存储库。此外，AU 出版社是加拿大第一个加入开放获取的大学出版社。

北方联系机构（Contact North/Contact Nord，CN）是安大略省的远程教育和培训网络。它致力于提供来自公立学院、大学和学校的课程，重点关注小城镇、农村和偏远社区的学习者。

（三）OER 当前项目成果

MOOC 起源于 OEP，代表了 OER 领域的一个重要组成部分❷，而 MOOC 的根在加拿大，这个名字可以追溯至 2008 年曼尼托巴大学的乔治·西门子（George Siemens）和国家研究委员会的斯蒂芬·唐斯领导的一门实验课程，该课程是首个将开放内容与开放教学相结合的 MOOC。在加拿大，MOOC 有以下两个明确的开设地点。

---

❶ MCGREAL R, KINUTHIA W, MARSHALL S, et al. Perspectives on open and distance learning: Open educational resources: Innovation, research and practice[R]. Vancouver: Commonwealth of Learning and Athabasca University, 2013: 47-59.

❷ YUAN L, POWELL S J. MOOCs and open education: Implications for higher education [EB/OL]. (2014-09-04) [2022-05-22]. https://www.researchgate.net/profile/Stephen-Powell-16/publication/265297666_MOOCs_and_Open_Education_Implications_for_Higher_Education/links/54081e710cf2c48563b89fbc/MOOCs-and-Open-Education-Implications-for-Higher-Education.pdf.

1. 阿萨巴斯卡大学

如前文所述，AU 的教师对 2008 年开设的第一个 MOOC 做出了重要贡献。2013 年，AU 的教师乔治·西门子和罗里·麦格雷尔（Rory McGreal）举办了该大学的首个开放教育 MOOC，其强调自学、互助模式。这门课程可以被称为"嵌入式"MOOC，因为它是基于 AU 远程教育中心的教育硕士课程，也能够为学习者提供学分。2015 年，AU 的 MOOC "在线学习"面向 3000 多名学员开放。

2. 英联邦学习共同体

它的总部位于温哥华，负责在英联邦 50 多个国家推广开放教育。2013 年，COL 与坎普尔印度理工学院（Indian Institute of Technology Kanpur, IITK）合作，在 Sakai 开源平台上使用 cMOOC 的改进模型，并将适当的 OER 制作为视频发布到为 YouTube 上，向来自 116 个国家（包括许多非英联邦国家如东欧国家）的 2000 多名学习者提供了一个关于"移动促进发展"的 MOOC。[1]

第三节 教育机构驱动 OER 的典型国家

教育机构驱动 OER 的典型国家代表有马来西亚、印度尼西亚和英国。下面以这三个国家为例，主要从国家基本情况、该国 OER 的相关政策与倡议以及 OER 项目成果三个维度进行分析。

一、马来西亚

（一）国家基本情况

马来西亚是东南亚国家，首都为吉隆坡。马来西亚人口大约为 3268 万人，其中马来人占 69.1%，华人占 23%。马来西亚是个多民族、多元文化国家，主要信仰伊斯兰教。马来西亚是资本主义国家，其经济在 20 世纪 80 年代至 90 年代突飞猛进，为亚洲"四小虎"之一，当时已成为亚洲地区引人注目的多元化新兴工业国家和世界新兴市场经济体。

---

[1] COL. MOOC on mobiles for development[EB/OL]. (2014-01-30)[2022-05-22]. http://www.col.org/progServ/programmes/KM/Pages/MOOCM4D.aspx.

马来西亚政府规定所有国民需接受 11 年的中、小学教育。马来西亚有两个部门管理教育事务，分别是马来西亚教育部和马来西亚高等教育部。教育部负责国立中、小学事务，高等教育部负责高等教育事务。[1] 在马来西亚，初等教育的费用大部分由政府负担。马来西亚的初、中等教育已经脱离发展中国家水平，接近发达国家水平。马来西亚通过发展教育事业，扩大就业机会，提高国民收入，以经济和教育等方式加速转型，建设新型的现代化国家。

作为开放大学的典型代表，马来西亚开放大学（Open University Malaysia，OUM）负责协调全国所有地方公立大学的开放和远程学习课程。马来西亚宏愿开放大学（Wawasan Open University，WOU）属于私立非营利开放式远程教育机构，是亚洲最年轻的开放式远程教育机构之一，也是世界上学生人数最少的学校之一。"Wawasan" 在马来语中是"远见"的意思，是一群教育家和慈善家的创意。WOU 的目的是为那些年轻时由于各种原因没有进入传统高等教育机构的成年人提供第二次机会，让所有人随时随地都能接受高等教育。以马来西亚学生入学率为例，远程教育所带来的教育发展是显著的。在马来西亚几年前远程教育和传统教育的界限就已经开始模糊，并且这种界限将变得更加模糊。[2]《马来西亚高等教育蓝图》由其教育部作为初步讨论文件于 2014 年底发布，其中表明，马来西亚打算利用大规模网络公开课和技术来提高教育质量，从而扩大受教育机会。[3]

（二）马来西亚宏愿开放大学对 OER 相关政策与倡议的促进

WOU 是亚洲最年轻的开放大学，于 2007 年 1 月正式向学生开放，其愿景是打造一个充满活力的社区，通过提供开放式远程教育，进一步激发人们终身学习意愿，支持创新和培养个人全面发展与成长。WOU 致力于扩大高等教育的机会，并在教学上精益求精，以提高学生的水平。WOU 由马来西亚教育基金会拥有，该基金会是一个慈善性的非营利组织，为社会提供

---

[1] 冈本义辉,司韦. 马来西亚的教育制度[J]. 南洋资料译丛,2013(1):34-37.

[2] 张爱萍,魏志慧. 远程教育:为国家的人力资源能力建设服务——访马来西亚宏愿开放大学校长邓立真教授[J]. 开放教育研究,2009(6):4-8.

[3] FADZIL M,LATIF L A,MUNIRA T A. MOOCs in Malaysia:a preliminary case study[C]// E-ASEM forum:Renewing the lifelong learning agenda for the future. Bali,Indonesia:Universiti Malaya Publisher,2015:1-17.

可获得的、灵活的和可负担的教育，支持终身学习。WOU 包含基础研究学院、工商管理学院和科技学院，为学习者提供 11 个学位课程；其中 6 个课程是工商和管理，其余 5 个是科学和技术。WOU 的所有课程都采用了 ODL（Open and Distance Learning，开放和远程学习）模式，提供的学习资源包括专门设计的自我学习材料、在线互动和网络资源、面对面的导师支持和 WawasanLearn 学习管理系统。各区域中心还提供图书馆（包括电子图书馆）和其他行政资助。WOU 致力于在 OER 政策框架内与教育学习界共享其知识产权。根据 WOU 的愿景和使命，WOU 提出 OER 相关政策❶，这些政策声明旨在直接或间接降低成本：其一，理事机构和最高管理层将通过适当的政策和战略决策，在学校中促进 OER 的发展和实施；其二，所有学者和学术支持人员理解 OER 发展的理念，以及了解 OER 在课程开发中的实践，同时采用 OEP 帮助学习者获得知识社会的学习能力。

  教育质量是 WOU 一切工作的基础。WOU 以其学术计划、课程、教材和整个学习过程为基准，培养出有知识的、有能力的专业人士。为了提高教学质量并让不同专业的学生在规定的最短年限里完成学业，WOU 在课程学习资源建设上主要采取两种途径：一是根据一定的协议，借用远程教学经验丰富的大学（如香港公开大学）开发的教材；二是采用已有的教材，开发配套适合成人远程学习的资源（如学习指南、学习辅导、学习评价等）。WOU 采用的 ODL 系统的一个显著特点是，它以学习者为中心，而不是传统大学采用的以教师为中心的教育形式。马来西亚有超过 15 000 名年龄在 21~71 岁的成人学习者在 WOU 获得了学习机会❷，其中大部分属于 21~30 岁的年龄组的在职专业人士，他们必须平衡好工作、家庭、个人生活和学习。面对这些问题，采用混合式学习方法的 ODL 能够帮助学习者打破时间和空间上的限制。

  在远程学习中，由于学习者不能立即接触到教师，学习材料成为主要的信息来源。这些学习材料要经过适当的设计，以支持自主学习方式。LMS

---

 ❶ Wawasan Open University. WOU-OER policy. World open educational resources congress Paris OER Declaration[C/OL]Paris：UNESO，2012[2022-05-15]. http://eprint. wou. edu. my/policies. html.

 ❷ HYLEN J. Open educational resources：Opportunities and challenges[J]. Proceedings of open education，2006，17(2)：49-63.

WawasanLearn 是 WOU 采用的主要学习平台，为学习者提供完善的、符合教学规律的、自学的课程材料和其他补充材料，这些材料来自互联网上的 OER。为了继续向学习者提供负担得起的教育，WOU 以可持续的商业模式运作，具有技术辅助的教学和学习的优势。实现这一目标的举措之一是通过使用上传至在线学习平台的 OER 来降低课程材料制作和分发的成本。

WOU 课程的学术内容是通过学习者自学的学习材料和全面的课程指南来实现的，该指南建议学习者如何安排学习进度以达到最佳效果。WOU 的课程材料流程采用协作开发团队（Collaborative Development Team，CDT）的方法，这些材料可能包括教科书或 OER，以及通过在线学习平台提供的补充学习资源。这样，课程材料使学习者能够在任何时间和任何地点参与学习活动，以适应个人的学习风格和需求。自 2007 年 WOU 成立以来，其已逐步将其提供的课程材料从传统的印刷品形式和光盘形式转移到一个完全数字化的环境中，即通过在线 LMS WawasanLean 传送可下载的 PDF。为了确保 WOU 课程材料的质量，学校建立了一个框架和政策来指导其所有课程材料的设计、开发和制作。2013 年，WOU 被英联邦学术组织授予远程教育材料优秀奖，以表彰其在设计和开发学习材料方面的成就。

尽管与亚洲地区的其他大型开放大学相比，WOU 是一个相对较小的机构，但却率先响应了全球倡导的开放教育运动。在 WOU 首任副校长的领导下，该校施行了许多与开放教育相关的重要举措。其中包括分别在 2012 年和 2014 年于 WOU 举行的两次开放式教育资源区域研讨会上，政策制定者、学者和从业者汇聚一堂，分享 OER 的经验、知识和做法。WOU 还创建了一个亚洲论坛、一个分享 OER 信息和良好做法的门户网站 OERAsia，并启动了一个 OER 的数字化知识库。[1]

（三）OER 项目成果

1. OERAsia 网站

WOU 国际关系学院与加拿大国际发展与研究中心（International Development and Research Centre of Canada，IDRC）一起创建了一个名为亚洲经济研究中心的在线网站 OERAsia，该网站是一个亚洲论坛，分享亚洲地区 OER 良好做法的信息、观点、意见、研究报告、知识资源以及指南和工具包。

---

[1] DHANARAJAN G, PORTER D. Open educational resources: An Asian perspective[R]. Vancouver: Commonwealth of Learning and OER Asia, 2013.

OERAsia 和 WOU 对英联邦学术组织和教科文组织开展的 2012 年《巴黎开放教育资源宣言》的起草工作做出了重大贡献。同时，为了回应 WOU 理事会在 2010 年 12 月提出的建议，理事会敦促大学采用 OER，改造现有的课程开发流程，以提高开发课程的质量和效率，降低开发成本。为此，WOU 成立了一个 OER 指导委员会，该委员会由一名具有 ODL 和 OER 专业知识的高级专业人员领导，由院长、教育技术与出版部和图书馆与学习服务部主任及质量保证部主任组成，并由一名教授负责监督建设。在 2012 年 2 月 29 日举行的第 30 次教代会上，学校起草并批准了一份题为《开放教育资源在马来西亚宏愿开放大学的整合：政策方向、战略产出和行动计划》的报告。后来，大学教务委员会还批准了一份关于 OER 的政策文件。这些都为 OER 的发展奠定坚实基础。❶

2. WawasanLearn 平台

WOU 的课程交互模块包括两个部分：一是使用作为课程负责人和课程开发团队的学者专门为 ODL 设计的自主学习材料进行自学；二是主题专家通过每月面对面辅导、电话辅导和 WawasanLearn 在线辅导提供支持。由于学生分布在马来西亚各地，WOU 在槟城、吉隆坡、怡保、柔佛巴鲁、哥打巴鲁和古晋等城市开设学习中心或区域办事处，为学生提供实体图书馆、辅导和行政支持。然而，由于学习者的地理分布，学生、教师和课程负责人之间的持续互动主要以 WawasanLearn 方式为主。

WOU 的虚拟学习环境基于 Moodle 的课程管理系统组成，称为 WawasanLearn 或 LMS。❷ 它是一个在线学习平台，在在线环境中为学习者提供各种支持，通过使用计算机程序组织课程作业，从而监控学生的学习记录和进度。学习者能够访问补充材料，进行在线测验及与教师和其他学习者借助在线论坛交流，随时随地寻找问题的解决方案。❸

---

❶ Wawasan Open University. World open educational resources congress (2012) [EB/OL]. (2012-07-22) [2022-05-15]. http://eprint.wou.edu.my/policies.html.

❷ SINGH G K. Implementation of electronics principles course module in a virtual learning environment [C] // 24th World Conference, International Council for Open and Distance Education (ICDE). Bali, Indonesia: ICDE, 2011: 1-10.

❸ PING T A. Students' interaction in the online learning management systems: A comparative study of undergraduate and postgraduate courses [J]. Asian association of open universities journal, 2011, 6(1): 59-73.

该平台开始支持学生论坛、学生聊天和查询，提供建构主义的学习方法，使用户能够在与学习环境交互时构建新知识。WawasanLearn 上提供了文本页面、网页、网站链接、目录、论坛几种类型的资源。大多数 ODL 学生使用 WawasanLearn 进行的学习活动有访问课程材料、导师标记的作业、论文范本和学生门户，他们还使用该平台访问在线论坛、查看导师公告。WawasanLearn 的可用性，对 WOU 来说是必不可少的。WawasanLearn 不仅是一个传播课程内容的工具，也是一种在教学过程中促进学习者和教师之间交流的手段。保证充分的交流机会是有效互动的基础。课程团队可以通过动态创建和放置补充资源来积极支持学习，主动与学员互动，同时教师可以建立面对面的会议，积极参与学习者的学习中。

WawasanLearn 的使用为学习者建立了一个良好的学习社区，向学习者提供优质的学术支持，使其能够持续获取学术资源。课程过程中的课程负责人会让学习者在学习过程中有更好的参与体验。学习者能够通过该平台展开积极讨论或与其他学习者合作且进行头脑风暴，这有助于学习者拓宽思路。教师和课程协调员可通过分析学习者的活跃水平和在论坛中发表的评论来评估学习效果。

二、印度尼西亚

（一）国家基本情况

印度尼西亚共和国，简称"印尼"，是东南亚国家，首都为雅加达，是全世界最大的群岛国家，疆域横跨亚洲及大洋洲，官方语言为印尼语。印尼实行总统制，人民协商会议为最高权力机构，总统为国家元首、行政首脑和武装部队最高统帅。[1]

按照办学性质划分，印尼的教育系统可分为正规教育（Formal Education）、非正规教育（Non-formal Education）和非正式教育（Informal Education）三大类。正规教育是指教育部门认可的教育机构所提供的有目的、有

---

[1] 印度尼西亚国家概况[EB/OL]. https://www.mfa.gov.cn/web/gjhdq_676201/gj_676203/yz_676205/1206_677244/1206x0_677246/.

组织、有计划的全面系统的训练和培养活动❶，包括1~9年级的基础教育、10~12年级的中等教育以及高等教育。非正规教育是指正规教育体系以外的教育和培训活动，包括宗教类教育（伊斯兰教为主）、扫盲运动等。非正式教育是指在工作和日常生活中所进行的教育。

印度尼西亚的教育系统由三个部门管理——包括教育和文化部（Ministry of Education and Culture，MoEC）、研究技术部和宗教事务部，并被下放到地方政府（区和市）。正规的中小学教育由 MoEC 管理，高等教育最早也是由 MoEC 管理，但现在由研究和技术部负责。此外，伊斯兰学校由宗教事务部负责。

2012年，MoEC出席了世界开放教育资源大会，在《巴黎开放教育资源宣言》的基础上，提出了建设 OER 的倡议，这为该国 OER 相关政策的发展奠定了基础。印度尼西亚是少数的几个已经认可、开发并实施 OER 的亚洲国家之一❷，其高等教育在建立 OER 的监管与运作方面一直处于领先地位，而基础教育和中等教育仍处在跟进建设中。

总的来说，印度尼西亚的 OER 正在发展中，目前已经取得了一些成就，如 RumahBelajar、Guru Pintar Online 以及 SUAKA 等 OER 项目平台。但尽管有了这些成果，OER 在印度尼西亚的发展仍处于初级阶段。

（二）印尼开放大学对 OER 相关政策与倡议的促进

迄今为止，印度尼西亚支持 OER 的政策是较为分裂的。尽管 OER 项目和实践取得了一些进展，但如果没有有力的相关政策，可能无法持续或进一步发展。

印度尼西亚的一些大学已经开展部分工作，如印尼开放大学（Universitas Terbuka，Indonesian Open University，UT）、印度尼西亚大学（University of Indonesia，UI）、卡渣玛达大学（Gadjah Mada University，GMU）以及万隆理工学院（Bandung Institute of Technology，BIT）。这些大学发布了自己的内部法规，以管理和实施本校开发的 OER 项目。其中，UT 的校长法令规定

---

❶ 郑明霞.印尼独立以来高等教育发展与变革研究[D].厦门：厦门大学,2013:23-24.
❷ JACOBI R,JERLGERHUIS H,VAN DER WOERT N,et al. Trend report open educational resources 2013 [R]. Netherlands：Open Educational Resources Public Interest Group,2013:68.

了 UT 教材的开放许可和开放教材的类型。从国家层面来看，这种做法可作为参考：既保护了知识产权，又允许其他人使用和修改相关教育资源。另外，《国家教育系统法》促进了各种教育资源的创造与使用，可以用数字化和印刷的方式来设计 OER。MoEC 还发布了一项关于 ICT 管理的部级条例。其中提倡使用 RumahBelajar 作为数字化教育资源门户，以供教育工作者、学生以及更广泛的教育社区使用。同时，印度尼西亚是所有国际版权公约的签署国，也是世界知识产权组织（World Intellectual Property Organization，WIPO）的成员。其《版权法》尊重教育和研究活动，该法律的第 15 条规定，在研究、教育和科学活动中使用受版权保护的材料时，提及这些材料的来源可不被视为侵权。虽然这一立场存在部分争议，但仍然为促进 OER 发展的环境提供了窗口。[1]

印度尼西亚高等教育部门率先实施了 OER 倡议，印尼政府于 2012 年出台的《高等教育法》规定，政府应当开发开放学习资源。虽然印度尼西亚高等教育部及其政府分别使用了"OER"和"开放学习资源（Open Learning Resources）"两种术语来表达相关政策，但是由于二者在某种意义上存在可互换性，因此在这里并不做区分。然而，在《高等教育法》中并没有明确的开放许可框架。其他相关的法规是 MoEC 关于高等教育远程教育系统的，明确了远程教育的特点：是通过使用数字资源，可以随时随地进行开放且独立的学习。相关法规为各大学实施 OER 项目提供了有力的保障。

印度尼西亚的 OER 与 ICT 在教育项目中相互交织。虽然 OER 可以进行数字化或印刷，但印度尼西亚所有的 OER 都是基于技术平台的，这一方向是在 2013 年制定的 OER 战略中决定的。该战略主要支持高等教育校园内的 OER 系统——主要由人员、过程、内容和工具四部分组成，并由政策和基础设施资源支持。整体的 OER 系统会受到外部因素的影响，如教育趋势、政府监管、价值期望等。

虽然 ICT 技术尚未普及所有的学校、教师和学生——这意味着互联网连接和硬件的获取、软件和人力资源的分配还不平等，但印度尼西亚仍鼓励

---

[1] FITRIANSYAH R, FATATINAH L, SYAHRIL M. Critical review: Professional development programs to face open educational resources in Indonesia[J]. Indonesian journal on learning and advanced education, 2020, 2(2): 109-119.

在教学中使用 ICT。二十多年来，印尼政府一直在努力，为所有教育机构提供硬件、软件和基础设施，以跟上技术的发展，为 OER 发展提供支持。

（三）OER 项目成果

教育部作为决策者，授权高等教育总局等和 ITC 来实施 OER 项目，其他参与的组织主要有印度尼西亚开放大学等。这些机构都启动了 OER 项目，并在 OER 的发展中起到了里程碑式作用。其主要成果如下。

1. 印度尼西亚开放大学教师在线 MOOC

1984 年，UT 成立，其主要服务于在职教师，提供教师资格升级，并建立了开放式初中、高中，这标志着人们对开放式和远程教育的兴趣与日俱增。UT 率先使用 OER、基于 ICT 的教师远程教育以及基于 ICT 的资源共享和协作，包括电子书、电子期刊、电子图书馆。

多年来，UT 一直在开发本地开放内容，用于支持学生与公众的学习。早期的两项 OER 举措是 Guru Pintar Online[1]（或 Smart Teacher Online）和 UT 互联网电视[2]（UT's Internet TV），这两项举措都致力于提高教师教学能力。Guru Pintar Online 课程的目标有三方面：一是提供与学习和教学过程相关的 OER，包括教学职业的法规；二是促进在线交流；三是促进教师之间的互动。为了实现这些目标，该课程提供了三个功能，分别为学习资源、参考资料和教师在线论坛。它提供的服务都是开放的，并定期更新，供教师或其他感兴趣的用户使用。用户如果想要下载学习资源和参加在线论坛，则需要在系统中注册。UT 的互联网电视流媒体视频，提供视听教育资源的访问，用于丰富 OER 和培养不同学生的学习风格。

2011 年，UT 着手开发一个包含电子书、电子期刊、课程大纲和论文的数字图书馆，以 OER 的形式向公众开放。2012 年，UT 将各种 OER 集成到一个名为 Sumber Pembelajaran Terbuka（SUAKA-UT）的单一门户网站。

---

[1] NOVIYANTI M, JOVANKA D R. "Guru Pintar Online" as open education resources to improve the quality of mathematics instruction in elementary school[R]. Indonesia: Bandar Lampung University, 2013: 394-402.

[2] BELAWATI T, ZUHAIRI A. The practice of a quality assurance system in open and distance learning: A case study at Universitas Terbuka Indonesia (The Indonesia Open University)[J]. The international review of research in open and distributed learning, 2007, 8(1): 1-15.

UT 最新的 OER 计划是开发 MOOC。❶ 2014 年 3 月，该计划推出了 5 个项目：公共演讲、营销管理、远程教育、食品加工和儿童英语。这些 MOOC 是专门为那些想要获得在线学习体验的用户准备的。同时，这也是 UT 的社区服务项目。当前，更多的课程正在开发中，并将会上传至 MOOC 知识库。

目前，UT 的 OER 正在使用 CC BY NC-SA 和 CC BY NC-ND 许可，这是该国唯一一个明确声明使用开放许可政策以共享 OER 的教育机构。UT 的学生和普通公众都可以注册、完成课程并获得证书，课程经过认证后，学员可获得学分。此外，即便是非 UT 的学生，也有机会通过注册成为 UT 的学生，参加学习课程并经过认证而获取学分。

2. Pustekkom 数字化资源

Pustekkom，是 MoEC 的 ICT 教育中心。它被授权在开放和远程教育中发展和使用 ICT 的技术政策，并为各级学校开发教育媒体。为了更好地执行任务，其主要有以下四个 OER 项目。

（1）Buku Sekolah Elektronik（BSE）。❷

BSE 是一个电子教科书（电子书）项目，它使印度尼西亚成为首批使用 MOOC 的国家之一。BSE 项目首先从出版商那里购买所有教科书的版权，然后以数字形式提供给每个人，其主要服务对象为教师、学生和学生父母。电子书支持下载，学校可以使用电子版或印刷版来分发给学生。2022 年，BSE 为小学、初中和高中提供了 1331 个科目的电子书籍。

（2）Rumah Belajar。❸

Rumah Belajar 作为 e-dukasi.net 门户的更新，是 2011 年开发的门户网站。该网站约有 13 000 份数字学习资料，包括多媒体、音频和视听资源。虽然在该网站中没有对相关学习资料显示任何许可，但其内容可由印度尼西亚教育界的所有学校、教师、学生和其他人访问。

---

❶ UT. Universitas Terbuka MOOCs[EB/OL]. (2023-01-03)[2023-02-06]. http://moocs.ut.ac.id.

❷ PRATAMA A R, FIRMANSYAH F M. How can governments nudge students to become ebook readers? Evidence from Indonesia[J]. Digital library perspectives, 2020, 37(3): 275-288.

❸ HEVRIA S. Constructivist learning model using Portal Rumah Belajar for primary school student[R]. Paris: Atlantis Press, 2019: 268-271.

(3) TV Edukasi（TV-E）和 Suara Edukasi。

这两个分别是教育电视节目流媒体和教育广播的门户网站。目前，Pustekkom 已编制了 9000 多个电视和音频节目。

(4) 印度尼西亚综合开放和在线学习平台。

该平台于 2014 年推出，与 Rumah Belajar 门户链接。尽管它仍处于起步阶段，但这标志着印尼政府正努力扩大通过类似于 MOOC 和 OCW 的形式来提供获得高等教育的机会。

三、英国

(一) 国家基本情况

英国的全称为大不列颠及北爱尔兰联合王国，本土位于欧洲大陆西北面的不列颠群岛。其官方称拥有十四个海外领地。总人口超过 6700 万人，其中以英格兰族为主体民族（占全国总人口的 83.9%）。英国是英联邦元首国、七国集团成员国、北大西洋公约组织创始会员国，同时也是五大联合国安全理事会常任理事国之一。英国政体为议会制的君主立宪制。英国是一个高度发达的资本主义国家，为欧洲四大经济体之一，其国民拥有极高的生活水平和良好的社会保障体系。❶

其义务教育归地方政府主管，高等教育则由中央政府负责。同时，英国重视教育和科研水平的提高，不断地加大教育投资。中小学公立学校学生免交学费，占学生总数的 90% 以上。私立学校师资条件与教学设备较好，但收费高，学生多为富家子弟，约占学生总数的 7%。文盲率仅为 1%。此外，英国是世界高科技、高附加值产业的重要研发基地之一，科研几乎涉及所有科学领域。❷ 综合来看，在经济、政治等各方的支持下，英国的教育具有较为完善的系统，新技术的产生与应用势必会对教育的变革起到一定的促进作用。

英国的大学最早创建于公元 12 世纪，它们长期致力于为上层社会培养人才，并在此基础上形成了精英教育的传统。虽然英国高等教育历史悠久，

---

❶ 印度尼西亚国家概况[EB/OL]. https://www.mfa.gov.cn/web/gjhdq_676201/gj_676203/yz_676205/1206_677244/1206x0_677246/.

❷ 印度尼西亚国家概况[EB/OL]. https://www.mfa.gov.cn/web/gjhdq_676201/gj_676203/yz_676205/1206_677244/1206x0_677246/.

但高等教育向中下层民众开放的时间却要从19世纪伦敦大学的学位开放和大学推广运动开始。❶第二次世界大战之后，英国的社会、经济和教育环境发生了快速而剧烈的转型。开放大学的概念源于这一历史转型中三种教育大趋向的汇流：其一是成人教育的供应；其二是教育广播电视的发育；其三是扩大教育平等的政治目标。由此，开放大学应运而生，成为开放教育的先锋❷、国际高等教育革新潮流中的成功典范。

直至现在，谈及英国的OER，OU依旧是其中最具代表性的中流砥柱。截至2019年，其建校50周年的年度报告显示，OU是英国"最大"的大学，现有17万多名学生，全球的157个国家及地区已有264万学生接受了OU的教育，为世界各地成千上万的学习者提供了教学支持。❸可见，OU在英国高等教育历史和OER的发展历程中都扮演了重要角色。而2006年启动建立的OpenLearn项目及平台更是英国OER的重要载体，是OU乃至世界OER发展的重要里程碑，直至现在该平台仍在运行和不断更新，访问量已经超过1亿次。

（二）**OpenLearn 项目的发展**

OU创办于1969年，自1971年正式开始招收学员，距今已有五十余年的办学历史，并在成立之初就与BBC（British Broadcasting Corporation，英国广播公司）建立了独特的合作关系——共同制作广播、电视和在线频道的内容。另外，值得注意的是，OU是英国唯一一所致力于开放和远程学习的大学。其首任名誉校长克罗瑟在1969年7月的成立典礼上宣布开放大学的使命是"人的开放、地点的开放、方法的开放和理念的开放"，即为希望实现抱负和发挥潜力的人提供高质量的大学教育，促进教育机会和社会公正。❹ 21世纪是信息技术快速发展的时代，在20世纪的最后10年里，计算机和互联网的迅速发展对大学校园产生了重要影响，数字化校园成为信息时代大学的共同趋势。❺

---

❶ 李慧迎.战后英国大学开放教育资源研究[D].长沙:湖南师范大学,2019:4-5.
❷ 韦润芳.英国开放大学再认识:溯源篇[J].中国远程教育,2010(1):27-32.
❸ The Open University. Annual report 2018/2019[R/OL].（2019-04-23）[2022-05-25]. http://www2.open.ac.uk/about/annual-report-2018-19/.
❹ 韦润芳.英国开放大学再认识:溯源篇[J].中国远程教育,2010(1):27-32.
❺ 赵国栋,黄永中,张捷.西方大学"开放教育资源运动"研究[J].比较教育研究,2007(9):35-40.

OU 于 2006 年 3 月 10 日启动 OCI 项目，并于同年 10 月 25 日正式发布了 OpenLearn 网站，标志着开放学习项目开始实施，OU 也就成为了英国第一所加盟 OER 的大学。作为 OCI 项目的一部分，OpenLearn 的工作重点也是围绕 OU 的办学理念来开展的，其理念是开放获取和知识共享。OpenLearn 网站自开通以来受到了全球各界的极大关注，其第一周浏览量就达 23 000 次，通过电子邮件和网站论坛收到反馈信息上千条。❶

从 2006 年起，经过为期两年的试验，OpenLearn 平台逐步进入正轨，成为 OU 的一个重要组成部分，以一种更加开放的学习方式为学习者、教育者以及开放大学带来收益，每年吸引了超过 500 万的独立访问者。❷ 同时，OpenLearn 作为 OU 提供的免费学习平台，其中的学习资源是从 OU 为学习者提供的基础平台上的正式课程改造而来，主要包括技巧技能、艺术、商务管理、教育学、计算机技术等各领域多方面内容，支持对课程的部分体验式学习，主要目的是吸引有兴趣的学习者注册成为正式学习者。❸ 这一时期，用户增强了自身对 OER 的认识与学习经验，并能够通过网络接触到高等教育群体，与其共同学习、展开交流。同时，用户在 OU 学习，从而使得 OU 的声望逐渐提升，获得国内外更多的关注，不断推动大学本身与 OER 的发展与传播。截至 2008 年，OpenLearn 平台的访客数据在两年间显著增长，平台已经有超过 300 万的用户数量，超过 7.5 万的注册用户，并且有 69% 的用户来自非英国地区。同时，平台也与一些新的合作伙伴建立了合作关系。❹

2008—2010 年，OU 继续向 OpenLearn 项目提供资金支持，但资助的标准有所降低，不过该项目仍作为学校长期重点发展的项目。2009 年的平台数据分析研究了学习者进入平台的渠道比例，其中 45% 的游客为通过搜索

---

❶ 罗琳霞,丁新.英国开放大学"开放学习"项目评述[J].开放教育研究,2007(4):109-112.

❷ 刘志芳.开放教育资源(OER)在英国的应用研究及对中国的启示[J].现代远距离教育,2014(3):75-80.

❸ 孙维祎,赵红梅.MOOCs 国际开放教育资源质量保障标准探索及启示——以英国开放大学开放教育资源为典型案例的研究[J].成人教育,2021,41(10):15-21.

❹ 刘志芳.英国开放大学 OpenLearn 项目发展模式研究[J].中国远程教育,2013(8):39-44.

进入，另外 45% 来自推荐网址，剩余的则来自直接输入网址。可见平台的传播力度是较为广泛的，人们也对 OER 有了一定的使用经验，这一调查在一定程度上反映出用户寻找信息的趋势——这些为之后平台的推广提供了指导。在 2010 年后，OpenLearn 被新命名的开放媒体部（Open Media Unit）全盘接管，但大部分资金仍来自 OU 内部而不是外部捐款。不过，OpenLearn 不断调整运作模式以适应当前的开放媒体活动，为了迎合 OU 的战略优化，学校关闭了 Open2.net（这个网站曾与 BBC 合作播放一些节目），并把该平台里的内容移到了新改版的 OpenLearn 里。❶

（三）OpenLearn 项目对 OU 与 OER 的推动作用

OpenLearn 以提供开放免费的在线资源而成为 OU 的一个接入点。随着科学技术的发展、课程资源的开发与相关服务支持的完善，OpenLearn 平台吸引了越来越多的访问者，同时也为 OU 带来了更多的生源与合作机构，使其在英国乃至国际上都存在较大的影响力这让更多的人了解并使用 OER，获得多样的学习机会 OpenLearn 以其开放共享的理念推动了教育公平的实现，同时也在推动着 OER 的不断发展与进步。

在 OpenLearn 发展的 10 年间，一直存在着对非正式学习是否认可的讨论，特别是对为参与和完成 OpenLearn 课程而颁发的开放数字徽章和参与声明（非认证证书），也有学者强调学习者希望非正式学习得到认可。据报道，通过颁发开放式学习（OU-branded）数字徽章和证书，提升了学习者对学习的认可。大多数学习数字徽章课程（Badged Open Courses，BOC）认证的人表示，他们获得了成就感（84%），同时保持了积极性（58%），但这些参与 BOC 的非正规学习者合格度总体上不如 OpenLearn 学习者。❷ 考虑到 BOC 的成功，OpenLearn 项目被重新聚焦到使用该平台的 OU 学生身上。在 2015 年开展的一项研究中，调查了 1 万名 OU 的正式学生，看看他们是否使用 OpenLearn 来增强学习，或者是否真的意识到 OpenLearn 的存在。在 1127 名受访者中，48% 使用过 OpenLearn，其中大多数（72%）通过视频、

---

❶ 刘志芳.英国开放大学 OpenLearn 项目发展模式研究[J].中国远程教育,2013(8):39-44.

❷ LAW P. Recognising informal elearning with digital badging:Evidence for a sustainable business model[J].Open praxis,2015,7(4):299-310.

活动或其他短视频观看过免费课程。在使用过 OpenLearn 的受访者中，48%的人表示，他们对自己的学习有了信心。❶

截至 2019 年，OU 已经走过了 50 个年头。其官方网站的年度报告❷表明，由于大学和 BBC 的合作关系，全球的 157 个国家及地区已有 264 万多学生接受了 OU 的教育。同时，OU 已经成为非全日制本科生最受欢迎的英国大学，学生总体满意度排在英国大学前二十的位置，其中 OU 在评估和反馈方面排名第一。2018—2019 年，英国开放大学分析工具（OU Analysis，OUA）入围了泰晤士报高等教育奖。它是一个可以帮助 OU 导师监控学生是否需要额外支持的前瞻性工具，有助于跟踪学生的学习参与度。此外，OU 的赞比亚教育校本培训项目在苏格兰政府的资助下运作，帮助赞比亚中央省的小学改善教学质量和学生学习体验，并创建了一个基于学校的可扩展、可持续的教师发展方案。该项目于 2017 年获得苏格兰政府 130 万英镑的资助，并将持续到 2022 年。同时，在其年度报告中不难发现，求职与招聘过程中依旧存在问题，如 74% 的威尔士组织表示由于缺乏合适的技能人才，在招聘时遇到了困难。而 OU 也一直致力于展开机构组织间的合作，尝试去弥补不足。例如，在 2019 年 5 月，OU 发布报告称某些障碍导致英国国家医疗服务体系中护士短缺。由此，OU 和怀特岛国民健康服务信托基金合作开展为期三年的计划，以增加岛上的护士人数。此外，OU 在年度报告中还提及了关于环境保护、囚犯教育、网络实验室等项目的投入。

据最新的 2021 年 OU 财务报表来看，其财务状况良好，与 2020 年相比整体呈上升态势，这反映出注册 OU 学习的学生人数在增长，当前总人数已经超过了 20 万人。❸ 这一增长又在一定程度上反映了其战略的重点和成果，也证明了 OU 在线上提供的服务是具有吸引力的。目前，OU 的办学范围在不断扩大，涉及的领域也越来越广泛，体现出其国际影响力以及在推动世界 OER 发展中的重要作用。

---

❶ LAW P, JELFS A. Ten years of open practice: A reflection on the impact of OpenLearn[J]. Open praxis, 2016, 8(2): 143-149.

❷ The Open University. Annual report 2018/2019[R/OL]. (2019-04-23)[2022-05-27]. http://www2.open.ac.uk/about/annual-report-2018-19/.

❸ The Open University. Financial statements 2021[EB/OL]. (2021-07-31)[2022-05-27]. https://www.open.ac.uk/about/main/sites/www.open.ac.uk.about.main/files/files/Financial-Report-2021.pdf.

附录　缩略语对照表

英文缩略语	英文全称	中文全称	中文简称
AGPL	Affero General Public License	Affero 通用公众特许条款	
ALECSO	Arab League Educational, Cultural & Scientific Organisation	阿拉伯联盟教育、文化和科学组织	
ANDS	Australian National Data Service	澳大利亚国家数据服务局	
APC	Article Processing Charge	文章处理费	
ATLAS	Accessible Teaching, Learning, and Assessment Systems	无障碍教学、学习和评估系统	
AU	Athabasca University	阿萨巴斯卡大学	
AusGOAL	Australian Government Open Access and Licensing Framework	澳大利亚政府开放存取和许可框架	
B.C.	Province of British Columbia	不列颠哥伦比亚省	
BBC	British Broadcasting Corporation	英国广播公司	
BMBF	Bundesministerium für Bildung und Forschung	德国联邦教育和研究部	
BY	Attribution	署名	
CC	Creative Commons	知识共享组织	
CCi	Creative Commons International	国际知识共享组织	
CC 协议	Creative Commons License	知识共享许可协议	CC 协议
CDT	Collaborative Development Team	协作开发团队	
CERI	Centre for Educational Research and Innovation	教育创新研究中心	
CIHR	Canadian Institutes of Health Research	加拿大卫生研究院	
CIME	Council on Information and Media Education	资讯及传媒教育委员会	
CIPPIC	Canadian Internet Policy and Public Interest Clinic	加拿大互联网政策和公共利益所	
CIS	Commonwealth of Independent States	独立国家联合体	独联体

续表

英文缩略语	英文全称	中文全称	中文简称
CMEC	Council of Ministers of Education of Canad	加拿大教育厅长学会	
COL	Commonwealth Of Learning	英联邦学习共同体	
COVID-19	Corona Virus Disease 2019	新型冠状病毒肺炎	新冠肺炎
CSS	Cascading Style Sheets	层叠样式表	
DFG	Deutsche Forschungsgemeinschaft	德国研究基金会	
DLM	Dynamic Learning Map	动态学习地图	
EADTU	European Association of Distance Teaching Universities	欧洲远程教学大学协会	
FCIER	Federal Centre for Informational and Educational Resources	联邦信息和教育资源中心	
FSF	Free Software Foundation	自由软件基金会	
GNU	GNU's Not UNIX	革奴计划	
GTC	Global Translator Community	全球翻译社区	
HEIs	Higher Education Institutes	高等教育机构	
HU	Harvard University	哈佛大学	
ICDER	Integrated Collection of Digital Educational Resources	数字教育资源综合集合	
ICEE	International Center for Engineering Education	国际工程教育中心	
ICT	Information and Communication Technology	信息与通信技术	
IDRC	International Development and Research Centre of Canada	加拿大国际发展与研究中心	
IITK	Indian Institute of Technology Kanpur	坎普尔印度理工学院	
IRFOL	International Research Foundation for Open Learning	国际开放学习研究基金会	
IRI	Institute of Research and Innovation	研究与创新研究所	
IRRODL	International Review of Research in Open and Distributed Learning	《开放和分布式学习研究国际评论》	
ISKME	Institute for the Study of Knowledge Management	美国知识管理研究协会	
ITB	Bandung Institute of Technology	万隆理工学院	
LMS	Learning Management System	学习管理系统	
LOR	Learning Object Repositories	学习对象存储库	

续表

英文缩略语	英文全称	中文全称	中文简称
LORQAF	Learning Object Repositories Quality Assurance Framework	学习对象存储库质量保证框架	
LRE	Learning Resource Exchange	学习资源交换	
MDL	Multilingual Digital Library	多语言数字图书馆平台	
MER	Ministry of Education and Research	罗马尼亚教育和研究部	
MES	Ministry of Education and Science	俄罗斯联邦教育和科学部	
MIT	Massachusetts Institute of Technology	麻省理工学院	
MoEC	Ministry of Education and Culture	（印度尼西亚）教育和文化部	
MOMA	The Museum of Modern Art	纽约现代艺术博物馆	
MOOC	Massive open online courses	大型开放式网络课程	慕课
MORIL	Multilingual Open Resources for Independent Learning	多语言开放资源自主学习项目	
NASA	National Aeronautics and Space Administration	美国国家航空航天局	
NC	Non Commercial	非商业使用	
ND	No Derivative Works	禁止演绎	
NMEICT	National Mission in Education through ICT	通过信息通信技术开展教育的国家使命	
NSERC	Natural Sciences and Engineering Research Council of Canada	加拿大自然科学与工程研究理事会	
OA	Open Acess	开放存取	
OCI	Open Content Initiative	开放内容创新项目	
OCW	Open Courseware	开放课件计划（项目）	
ODL	Open and Distance Learning	开放式远程学习	
OE	Open Education	开放教育	
OEC	Open Education Consortium	开放课程联盟	
OECD	Organization for Economic Co-operation and Development	经济合作与发展组织	经合组织
OEP	Open Educational Practices	开放教育实践	
OER	Open Educational Resource	开放教育资源	
OISE	Ontario Institute for Studies in Education	安大略教育研究院	
OKF	Open Knowledge Foundation	开放知识基金会	

续表

英文缩略语	英文全称	中文全称	中文简称
OLI	Open Learning Initiative	开放学习项目（倡议）	
OM	Operation Management	运营管理	
OU	The Open University	英国开放大学	
OUA	OU Analysis	英国开放大学分析工具	
OUC	The Open University of China	国家开放大学	
OuE	Opening up Education	开放教育行动计划	
OUM	Open University Malaysia	马来西亚开放大学	
PM	Production Management	生产管理	
SA	Share Alike	相同方式共享	
SETTT	Special Educator Technology-Based Training of Trainers	基于特殊教育者的成功培训师项目	
SEW	Single-Entry Window for Access to Educational Resources	单程教育窗口资源	
SSHRC	Social Sciences and Humanities Research Council of Canada	加拿大社会科学与人文研究理事会	
TESSA	The Teacher Education in Sub Saharan Africa	撒哈拉以南非洲地区师范教育	
U of R	University of Regina	加拿大里贾纳大学	
UCB	University of California-Berkeley	加利福尼亚大学伯克利分校	
UDL	Universal Design for Learning	通用学习设计	
UGM	Gadjah Mada University	卡渣玛达大学	
UI	University of Indonesia	印度尼西亚大学	
UNESCO	United Nations Educational, Scientific and Cultural Organization	联合国教育、科学及文化组织	联合国教科文组织
UNIR	Universidad Internacional de La Rioja	利奥哈国际大学	
USU	Utah State University	美国犹他州立大学	
UT	Universitas Terbuka, Indonesian Open University	印尼开放大学	
WCAG	Web Content Accessibility Guidelines	Web 内容可访问性指南	
WFHF	William & Flora Hewlett Foundation	威廉和弗洛拉·休利特基金会	
WOS	Web of Science	科学引文索引数据库	
WOU	Wawasan Open University	马来西亚宏愿开放大学	